与最聪明的人共同进化

HERE COMES EVERYBODY

CHEERS

元宇宙
改变一切

THE
METAVERSE

And How It Will
Revolutionize Everything

[加] 马修·鲍尔 著
MATTHEW BALL

岑格蓝 赵奥博
王小桐 译

浙江教育出版社 · 杭州

Matthew Ball

元宇宙商业之父

马修·鲍尔

元宇宙先行者，引领人类从互联网时代进入元宇宙时代

2020 年 1 月，一篇名为《元宇宙：它是什么，去哪里寻找，又该如何去建设，它的前景如何》（*The Metaverse: What It Is, Where to Find it, Who Will Build It, and Fortnite*）的随笔风靡互联网，文中对于元宇宙及其未来发展的描述系统且充满预见性。这篇文章不仅将"元宇宙"这个概念带入大众视野，更为元宇宙的未来发展描绘了行动路线。而这一篇卷起热潮的文章的作者就是马修·鲍尔。

虽然 2020 年才在世界范围内引起广泛关注，但鲍尔关于元宇宙的研究早在 2018 年就开始了，当时他就撰写了一系列与"元宇宙"主题相关的文章。2021 年被称为"元宇宙"元年，国际顶尖互联网公司纷纷布局元宇宙，其中就有苹果、Facebook、微软、英伟达、百度、腾讯、网易等，Facebook 更是一举将公司名改为 Meta Platforms，彰显其进军元宇宙的决心。喧嚣之后，鲍尔重新回顾了一年多以来的思考，将这个被誉为元宇宙的"九章算术"的系列随笔整理成书，展现了一个元宇宙研究者清晰的思路和开阔的视野，是初探元宇宙时破除成见、避免狭隘，获得科学认知的重要资料。

在鲍尔看来：元宇宙，即未来。近 200 年前，电力革命让人类进入了电力时代，为人类社会带来了巨大变化和长足进步，爱迪生作为佼佼者，在历史上留下了浓墨重彩的一笔。而近 200 年后的今天，元宇宙成为引爆人类社会新未来的重要机遇，马修·鲍尔作为最早、最全面探索元宇宙的先行者，将引领我们真正从互联网时代进入元宇宙时代。

METAVE

元宇宙商业之父，绘制元宇宙构建与布局的终极蓝图

马修·鲍尔在元宇宙领域的见解，对扎克伯格、比尔·盖茨、贝佐斯等都产生了深刻影响，是当之无愧的"元宇宙商业之父"。

马修·鲍尔之所以在元宇宙领域有如此多的建树，也得益于他之前的经历——历任埃森哲战略高管、亚马逊全球战略主管，同时作为一位具有未来视野的投资人，鲍尔是知名早期风险投资基金 EpyllionCo. 的管理合伙人，也是世界上管理规模最大的游戏创投基金 Makers Fund 的风投合伙人，还是 Roundhill Ball Metaverse ETF 基金的管理人。

凭借未来视野以及独到的投资眼光，鲍尔敏锐地察觉元宇宙将全面颠覆我们的工作、生活与思维方式。他在《元宇宙改变一切》这本启蒙指南中，化身为一个"造梦者"，为我们描绘了商业、教育、社交、时尚、工业、金融、医疗、支付等各个领域的元宇宙未来图景，给出了构建元宇宙的终极框架和行动路线，致力于帮助所有人受益于元宇宙时代。

RSE

元宇宙思想家，
助推元宇宙重塑人类
美好未来

作为元宇宙领域的思想家，马修·鲍尔致力于不断启迪人类思考以构建更好的未来。

在马修·鲍尔看来，元宇宙是一场颠覆性的变革，是巨变。而"巨变"的另一面，无疑就是"时机"。他一方面指出，元宇宙就像移动互联网一样，将带来价值数十万亿美元的机会，覆盖全球几乎所有行业和市场。它既可以促进经济增长，又可以缔造全球领先的独角兽企业。另一方面，在全民参与以及构建元宇宙之前，要审慎地成为一个"警觉的乐观主义者"，建立正确引导元宇宙向有益于人类的未来发展的底层思维。所以，他致力于帮助大众理解正确认知元宇宙的关键问题：什么是元宇宙？为什么我们最终会移居元宇宙并在其中生活？元宇宙什么时候到来？它将如何改变我们的生活、工作和思考方式？

鲍尔笔耕不辍，一直在为《纽约时报》《经济学人》《彭博商业周刊》等报纸杂志撰写"元宇宙"主题文章。2022 年 7 月，《时代周刊》将他的文章《进入元宇宙：下一个数字时代将改变一切》（*Into The Metaverse：The Next Digital Era Will Change Everything*）作为当期封面文章。

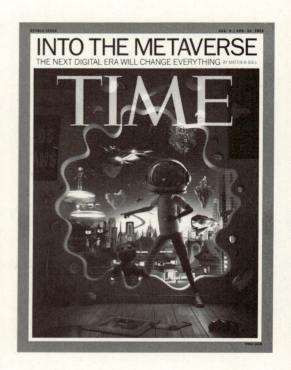

献 给

罗伊丝、爱丽丝和希拉里

To

Rosie, Elise, and Hillary

THE META-VERSE

And How It Will
Revolutionize Everything

你对"元宇宙"了解多少？

扫码鉴别正版图书
获取您的专属福利

扫码获取全部测试题及答案，
测一测你对"元宇宙"
了解多少

- 元宇宙的提出者是谁？（　）

  A. 马修·鲍尔

  B. 马克·扎克伯格

  C. 尼尔·斯蒂芬森

  D. 蒂姆·斯威尼

- 元宇宙是什么？（　）

  A. Web3

  B. 虚拟世界

  C. 游戏

  D. 以上都不是

- 元宇宙什么时候到来？（　）

  A. 已经到来

  B. 即将到来

  C. 至少 10 年后才能到来

  D. 遥遥无期

扫描左侧二维码查看本书更多测试题

在新一轮的技术发展周期中，在核聚变发电、无人驾驶汽车、人形机器人、元宇宙等产业开始大力发展之际，我们引入马修·鲍尔撰写的此书，有其重要意义。

元宇宙领域有四大争议：一是名实之争，对于元宇宙的概念，众说纷纭，不过也有基本共识，例如认为它是三维化的时空互联网。正如"文化"一词，尽管大家很难对其有一个统一概念，但并不妨碍我们进行文化建设。二是成败之争，这一点其实并不需要争论，从 0 到 1 的创新总是充满失败的可能性，在元宇宙的多条实现路径中，VR、AR、全息投影或脑机接口随着时间的推移，总有一条会成功。三是利弊之争，对于未来的恐惧，使我们过度地担忧，其实人类在合适的生产力阶段，采取合适的生活方式是一种必然。如果对 100 年前的人说，100 年后的人每天将花五六个小时在一个叫"手机"的物品上，并且每天要刷上百次，那他们照样也会很忧虑的。而这恰恰是我们今天的生活。整体而言，我们需要在数字健康、数字生活、数字劳动、数字治理当中取得平衡。四是目前很多人对于元宇宙概念，观感并不好。对于新的概念，只要它拓展了人类的认知边界，并在实践中产生巨大影响，我们都应该好好研究，好好交流。

最后，再次表达对马修·鲍尔的尊敬，他是权威的元宇宙研究专家之一。希望元宇宙产业研究者和从业者能够共同为元宇宙这一产业形态发展而努力，为人类更加美好的未来而奋斗。

沈阳

清华大学新闻与传播学院元宇宙文化实验室教授、博士生导师

在元宇宙概念白热化的今天，马修·鲍尔的这本书非常及时。他以翔实的科技商业史料为依据，全面拆解了"元宇宙"这个概念。科技从来都不能独立发展，基于新技术的新业态必须有人性、科技与经济的完美结合，才能够蓬勃发展。让我惊喜的是，此书结构化地阐述了元宇宙的多个构成元素，包括算力、网络、互操作性、扩展性、可持续性、主导权等。他强调了用户的 3D 虚拟化体验、互通性和可持续商业模式的重要性，并弱化了与区块链、NFT 等技术的相关性，对此，我非常认同。未来已来，只是发展并不均衡。新生代在虚拟世界里的投入和体验已经预示了元宇宙发展的必然性，我相信读这本书能让我们以正确的方式去开启未来。

宋继强

英特尔中国研究院院长

只有把新技术、新理念放到历史的纵深中全面审视，秉持一种全局观和未来观，才能穿越"新概念雾霾"，不纠结于现象和概念，还原技术演进的规律，逼近商业变革的本质。这也正是《元宇宙改变一切》的独特之处。

安筱鹏

阿里研究院副院长

《元宇宙改变一切》这本书写得很好。我觉得这本书一直在用双关语展示作者对元宇宙的复杂看法。外行看热闹，内行看门道。如果真是在研究元宇宙，无论是个人，还是公司，都能够悟出一些作者文字背后的意思，这也是我觉得这本书特别重要的地方，它在不断地"立"，也在不断地"破"，一方面告诉读者元宇宙的未来很美好，另一方面也提醒读者要小心，隐晦地表达了对元宇宙人文方面的警醒和反思。

韦青

微软（中国）公司首席技术官

《元宇宙改变一切》这本书是我读过的跟元宇宙相关的最实际、最实在、最有干货的作品之一。这本书从结构上为读者打开了全数字化时代的生活方式的大全景视角。

这个生活方式的来源，不是梦想，不是科幻，不是畅想，而是基于过去50年发明的一系列数字化生产力工具箱的组合，以及我们在这个组合之上所建立的经济关系、政治关系和治理关系。只有这样，我们才有可能通过一套新的方法或一条新的路径，向新文明迈进。

葛颀

中赫集团副总裁

工体元宇宙 GTVerse 首席架构师

本书是一部宏大的关于元宇宙的元叙事（metanarrative）。马修·鲍尔清晰而全面地定义了元宇宙，澄清了事实与想象、趋势与炒作、科技与科幻，分析了具有代表性的产业案例，并指明了构建元宇宙的行动方向。

马修·鲍尔让读者看到了元宇宙不仅是科技进步和商业变革的产物，更是一场伟大的社会实验，将从根本上改变我们的生活、工作乃至思维方式，元宇宙或许将成为人类未来的栖息地。

余晨
《看见未来》《元宇宙通证》作者
易宝支付总裁

马修·鲍尔的"九章算术"，对于元宇宙产业来说，既系统辽阔，又充满具体而微的可操作性。简而言之，如果移动互联网是人和信息的连接，那么对于元宇宙的场景连接，不仅需要平衡，更应该以稳定、流畅、信任为原则去定义真实的场景体验。

《元宇宙改变一切》立足场景和产业加以阐释，堪称新时代的正本清源之作，值得每一个思考下一代互联网的从业者深入研读。

吴声
场景方法论提出者
场景实验室创始人

一千个读者眼中有一千个哈姆雷特，元宇宙也是如此，马修·鲍尔给出了一种清晰的描述：元宇宙是支持多人同时在线的逼真且实时交互的虚拟体验；元宇宙更像是由不同小宇宙组成的星系，其存在的核心是不同世界中虚拟产品的互通性；除了塑造元宇宙之外，"元宇宙+"也将是新热点，游戏和教育是当然的赛道，其他领域也值得期待。

吴晨
《经济学人·商论》执行总编辑

马修·鲍尔是元宇宙领域真正的意见领袖。他在网上发布的9篇关于元宇宙的文章是引领很多人认识这个领域的启蒙读物，业内将其称为"元宇宙的'九章算术'"。《元宇宙改变一切》这本书是这些文章的升级版，篇幅加倍，内容也加倍。通过阅读此书，读者将对元宇宙的前世今生以及未来有一个全面深入的了解。

陈永伟

《比较》杂志研究部主管

《元宇宙漫游指南》作者

科幻未来主义是大众的真正财富，这种未来主义是灵动的，而不是固守的；是发展的，也是反思的；是脱域的，也是连续和依赖的。而元宇宙，便是灵动、发展以及脱域的典型代表。

元宇宙最早脱胎于斯蒂芬森的科幻作品《雪崩》，在该书中，斯蒂芬森描述了一个光怪陆离的全新虚拟世界，为我们带来了关于未来的种种畅想。随着现代技术的发展，我们即将得以进入这样的元宇宙，真正生活在一个全新的充满希望和可能性的时代。但是与此同时，我们也一定不能忘记：元宇宙还应该是需要反思的和可持续的，而马修·鲍尔的这本《元宇宙改变一切》，便可以启发我们，让我们具备底层逻辑，以更好地构建能持续发展的元宇宙大未来。

吴岩

科幻作家

南方科技大学教授

马修·鲍尔多年深厚的行业分析与投资实操经验，令他的这本《元宇宙改变一切》卓尔不群，成为同类著作中最为全面精到而又富有见解的作品。

陈楸帆

中国作协科幻文学委员会副主任

中国科普作协副理事长

马修·鲍尔是我敬仰已久的人。我真的很喜欢读他这些年的作品。感谢他写了这本书，感谢他一直以来对"元宇宙"这个话题的关注和思想引领。

马克·扎克伯格
Facebook 创始人兼 CEO

《元宇宙改变一切》将帮助所有人准确理解元宇宙！"元宇宙"是一个全新的流行词，但很少有人能给它下定义。马修·鲍尔的新书全面论述了元宇宙实现的潜力和关键挑战。

这本书有助于区分事实与炒作、虚构与现实，对于任何想了解元宇宙未来可能性的人来说，都是首选读物。

里德·哈斯廷斯
奈飞创始人

元宇宙是一个新世界。《元宇宙改变一切》这本书是启蒙指南与行动路线图，是每一个创业者与每一家领先公司的领导者的必读书。

吉田宪一郎
索尼 CEO

马修·鲍尔在这本书中提出的观念将持续塑造人类共同的未来——无论是线上还是线下。

菲尔·斯宾塞
微软游戏 CEO

马修·鲍尔是元宇宙开创者，这本书能为我们所有人带来启发，并帮助我们避免落入与元宇宙相关的"陷阱"。

蒂姆·斯威尼
Epic Games 创始人兼 CEO

元宇宙如何改变一切？

王飞跃
复杂系统管理与控制国家重点实验室主任
中国科学院自动化研究所研究员

关于元宇宙现象与本质

莎士比亚曾说：一千个读者眼中就会有一千个哈姆雷特。对于"元宇宙"，一千个人的头脑里，会有"一千零一夜"的元宇宙（Metaverse）之梦。再结合马修·鲍尔关于元宇宙的文章，就会发现，在每一个元宇宙里至少有上亿个"哈姆雷特"，他们不停地在自问：To be or not to be（in the Metaverse）？（是生活在元宇宙之中，还是消失在元宇宙之外？）

自从 2021 年 Facebook 创始人扎克伯格宣布其公司更名为 Meta Platforms 之后，"元宇宙"一词顿时在全世界热了起来，引发人们的热烈讨论：这是 Trick or Treat（是"猪"都会飞的风口还是割"韭菜"的时机）？Hope or Hype（是科技新希望还是商业新忽悠）？这些问题归根结底就是：到底什么是元宇宙？元宇宙究竟意味着什么？

　　曾任亚马逊全球战略主管的马修·鲍尔应该是回答这些问题的最佳、最权威人士。他去年在 Facebook 改名之前发布的《元宇宙入门》（The Metaverse Primer），几乎是阅读量最高的"元宇宙"主题的文章，或许扎克伯格就是受此影响才决定变"脸"为"元"，自我革命，All in Meta！毫无疑问，正是马修·鲍尔的努力，才使元宇宙成为西方投资者、商界人士和政客追逐的新热点，并引发世界性热潮，成了令无数相关人士向往并希望可以借其通向新世界的"蓝海"。因此，在"元宇宙入门"基础上完成的《元宇宙改变一切》，应该是每一位关注元宇宙人士的必读之物。

　　在本书中，马修·鲍尔以其一贯的风格，用翔实的素材、深入的分析，全面论述了元宇宙的现状和潜力，是目前关于这一"形而上"愿景之最"形而下"的权威著作。在我看来，元宇宙的出现推动人类社会关注方式和信用机制的变革。而且，无论你我对其的态度是认可的"To be"还是否定的"Not to be"，元宇宙都将改变一切。相信本书将有助于大家正确理解元宇宙，避免落入"黑"科技的"黑洞"，自然地融入科技发展之历史潮流，共同引导智能科技向善，推动人类社会向健康可持续的智慧社会发展。

　　特别令人赞赏的是，马修·鲍尔在本书中没有在众多的"哈姆雷特式"元宇宙问答或定义中选边站队，更没有对五花八门、各式各样的元宇宙愿景及其实现进行预测或"算命"，只是力求客观地描述各路"元军"的努力、希望、意义，为大家进一步的畅想提供了良好的素材与空间。至于元宇宙为何能改变世界，或借用本书英文书名 The Metaverse: And How It Will

Revolutionize Everything 提出的问题，依然是读者自己必须面对并回答的"哈姆雷特式"问题。

本书让我遗憾之处是没有对"元宇宙"一词的英文起源进行全面而客观的梳理，特别是没有对 1981 年弗诺·文奇（Vernor Vinge）的《真名实姓》（*True Names*）和 1984 年威廉·吉布森（William Gibson）的《神经漫游者》（*Neuromancer*）催生元宇宙的作用给予充分的阐述。实际上，没有吉布森在其 1982 年的处女作《全息玫瑰碎片》（*Burning Chrome*）中提出的"赛博空间"（cyberspace）一词，并在《神经漫游者》中发扬光大，很难想象 1992 年尼尔·斯蒂芬森（Neal Stephenson）①会在《雪崩》（*Snow Crash*）中提出"元宇宙"一词。此外，马修·鲍尔还有意无意地忽略了 1991 年出版的《镜像世界》（*Mirror Worlds*）及其作者戴维·格勒尔特（David Gelernter），以及众多和镜像世界有关的小说和影视作品。从时间上和技术上看，其实"镜像世界"才是当下人们谈论的元宇宙之真身。

无论如何，同马修·鲍尔一样，我坚信元宇宙将改变人类社会的一切，就像从农业社会到工业社会是一场产业与社会革命，元宇宙、数字孪生和平行智能等将是从工业社会到智业社会这场革命的关键科技与产业支撑及基础设施。这些技术就是"新 IT"智能技术（Intelligent Technology），是"旧 IT"信息技术（Information Technology）和"老 IT"工业技术（Industrial Technology）的升级和升华。"老""旧""新"三种 IT 技术将融汇起来，开发我们面临的波普尔的"三个世界"：物理世界，以老 IT 工业技术为主；心理世界，以旧 IT 信息技术为主；人工世界，以新 IT 智能技术为主。这一切的

---

① 科幻作家，被誉为"元宇宙之父"。其系列作品 *Fall*、*Termination Shock*、*Zodiac*、*Reamde* 将由湛庐策划推出。——编者注

本质就是：通过虚实互动一体化的元宇宙等技术，人类社会将信用度（Trust）和关注力（Attention）等人工世界的理念，转化为可大批量生产并可大规模流通的新商品，就像工业革命是以利用纺织机将心理世界的"时尚"转化为实际的新商品为起点一样，使整个人工世界成为人类发展的新边疆和提高效益的新途径。据此，元宇宙及其支撑和衍生科技必将改变一切。

关于元宇宙的哲学与科技

哲学上，元宇宙 Metaverse 之"元"就是形而上学 Metaphysics 之"元"（Meta）。元宇宙的实质就是"形而上"，其实际功能就是激发大家的想象力和创新能力。所以，不是一千个人应有一千个元宇宙，而是每个人都该有自己的"一千零一夜"之元宇宙梦。

我的元宇宙梦就是为此类理念建立相应的科学与技术及其工程支撑体系，这就是我一直倡导的平行智能与平行系统。借用我为中国青年科技工作者所撰的另一部元宇宙专著所写之序，在此就元宇宙之哲学和科技，谈谈自己的初步想法。

"形而上者谓之道，形而下者谓之器"，这本是中国古老的哲学思想，但今日的元宇宙之"Meta"，区块链之"DAO"，还有各种智能科技新 IT 之"器"般的理念与算法，从维纳的《控制论》（Cybernetics）到吉布森的赛博空间，从人工智能（AI）到深度学习（DL），从影子系统、数字孪生到平行智能，已将这一哲学思想转化为技术要求和工程系统，如图 0-1 和图 0-2 所示。

图 0-1　平行智能与元宇宙:迈向智慧社会的"真"(TRUE)与"道"(DAO)

资料来源: Fei-Yue Wang, Parallel Intelligence in Metaverses: Welcome to Hanoi! *IEEE Intelligent Systems*, Vol.37, No.1, pp.16-20, 2022.

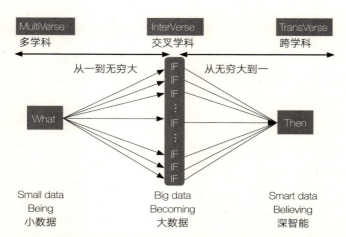

图 0-2　学科交叉与元宇宙:在多重元宇宙和交叉学科中实现"循环因果"和 "小数据-大数据-深智能"智能科技新范式

资料来源: Fei-Yue Wang, The DAO to MetaControl for MetaSystems in Metaverses: The System of Parallel Control Systems for Knowledge Automation and Control Intelligence in CPSS, *IEEE/CAA Journal of Automatica Sinica*, Vol.9, No.11, pp.1899-1908, 2022.

《圣经·新约·约翰福音》开篇第一句就是"太初有道，道与神同在"。中国经典《道德经》第四十二章开首即为"道生一，一生二，二生三，三生万物"。二者之合，恰好"形而上"地刻画出未来智能技术的必然流程：

- 太初有道，元源太初，是催生控制论的"循环因果论"，将区块链之"道"与元宇宙之"元"，通过"真"与"道"的理念融合起来，变成技术，特别是机器学习等"形而下"的人工智能技术，为"真"的可信（Trust）、可靠（Reliable）、可用（Useful）、效益（Effective/Efficient），以及"道"的层次和功能（分布／全中心、自动／自主、组织／行动），提出具体要求；

- 道生一，就是我们必须面对的特定自然系统和问题；

- 一生二，就是我们开始解决问题时必须面对的界限和"小数据"；

- 二生三，就是我们的由经验、模型、"实验"（特别是"计算实验"）所产生的"大数据"；

- 三生万物，就是通过智能方法从大数据中提炼出来的各种具有针对性的"深智能"；

- "小数据－大数据－深智能"这一流程尽归于"元"，在"元宇宙"中必然存在其对应物，从而实现虚实合一、平行互动。由此，必然走向基于ACP（A：人工社会；C：计算实验；P：平行执行）的平行智能方法，融机器人、区块链和智能科技为一体，变革生产资料、生产关系和生产力，进入人类社会发展的新阶段。

这一切的本质，就是试图把过去受个人认知能力的"密勒指数"（Miller indices，5±2），以及社会认知容量的"邓巴圈"（150±50）之限而无法商品化的关注力和信用度转化为可批量化生产、可规模化流通的新型商品。这正是我们研究元宇宙的原因和动机。我们相信，如果正确的元宇宙模式成功，将革命性地变革经济商品的范畴。同时，也能够极大地扩展提高社会效益的途径，加速从工业时代到智业时代的进程。

20 世纪 80 年代初，从利用蒙特·卡罗方法（Monte Carlo method）和高斯随机场（Gaussian Random Field）进行材料缺陷研究开始，我有幸在浙大走上了利用计算手段设计、分析、实验、验证物理系统的学术研究道路。20 世纪 90 年代初，我向美国国家航空航天局（NASA）提出将模型作为数据产生器和可视化工具的"影子系统"方法，即今天的数字孪生思想。21 世纪初，在科学哲学家卡尔·波普尔"三个世界"理论的影响下，我在中国科学院提出"平行系统"及其平行智能，以及相应的 ACP 方法和 CPSS（Cyber-Physical-Social Systems）概念。我一直希望这些研究能够催生新的产业革命，促成智能企业和智能产品——从我们日常离不开的智能家居系统开始。为此，2000 年在上海举办的第一届中国家电科技大会上，我做了"家用'网器'及其互联互通与产业革命"的大会报告，提出互联网将导致"第四次产业革命"，即"工业 4.0"，而 OSGi 将开启"第五次产业革命"，即"工业 5.0"。同年，我与广东科龙电器集团、中国科学院和美国亚利桑那大学合作，成立国际研发中心和创业公司，于 2000 年至 2001 年进行云计算和物联网相关科研和系统开发，有幸发表了平行、ACP 和 CPSS 领域的开拓性文章。这些经历，让我对数字孪生和元宇宙等有了进一步的思考与认识，相信本书的出版将更深入地推动元宇宙智能科技的发展与应用。

元宇宙在赛博空间中孕育，在《镜像世界》一书中诞生，借小说《雪崩》

成名。我的希望是，通过平行智能，元宇宙进化到钱学森的"灵境"技术，最终构成"明境、临境、灵境"三位一体的智能科技体系，即三境智能：明察其境、身临其境、智汇灵境，成为不但更有"中国味"，也更加人性化，能更好地服务于人类的向善的新科技。

于怀德海学院

2022 年 8 月 18 日

这才是你该了解的元宇宙

胡志鹏
网易集团高级副总裁
雷火事业群总裁

2010 年 12 月 15 日，杭州落下这年冬天的第一场大雪。虽距 2011 年元旦还有十多天，这漫天飞雪还是让人们提前感受到了节日的气息。与此同时，还在限号测试的在线游戏《倩女幽魂》中的数字杭州也在一夜之间银装素裹。虚拟世界和真实世界的惊人同步，似乎打破了次元边界，让玩家们兴奋不已。

作为开发组，我们其实为这一刻准备了几个月。"如果杭州今年不下雪，这个场景还放出去吗？"之前有同事问我。"那就等明年！"我如是回答。作为技术出身的制作人，我从不认为游戏是避世之所，它应该与现实照应，用超现实的体验去拓宽生命的维度。十几年来，在这个理念的指引下，我们让《微微一笑很倾城》的主角们在三界并肩作战，也在人间相亲相爱；我们让现代人有机会"走"上《清明上河图》的虹桥，去看一场汴京的烟火。在线游戏不只是游戏，也是一个社区、一种生活。为此，我们不停尝试，在2018年9月上线了基于区块链的跨游戏虚拟资产"伏羲通宝"，在2020年10月，将一场全球AI学术会议搬入了一个名为"瑶台"的虚拟世界。

然后，我们等来了Roblox在2021年3月的上市和那个如今无人不晓的词"元宇宙"。我最初并没有留意这个词，只把它当作Roblox招股书中的噱头，直到朋友圈中各行业的朋友都开始谈论它，并认为游戏是元宇宙的当下形态，我才后知后觉地感受到不同。作为从业者，虽然有"十年窗下无人问，一举成名天下知"的荒诞感，还是对有更多人关注到这个行业感到开心。

之后我读了一些书和文章，也参加了不少讨论会，却渐渐有了错乱感。大部分时间，大家都在自说自话。正如本书所言，"尽管人们对元宇宙充满幻想，但对这个术语却没有统一的定义或者描述。大多数行业领导者以符合他们自己的世界观或能彰显自己公司能力的方式来定义它"。我当时的想法更悲观一些："元宇宙也许不过为过去数年间那些看上去很酷炫，又迟迟找不到落地商用场景的技术提供了一个讲新故事的世界观框架，媒体炒作是因为资本垂青，而资本垂青不过是想顺势而为，拉高出货。"有此想法的国内同行不止我一人。2022年7月，我参加一场在线的图形学前沿专题讨论会。讨论主题时，主持人提了元宇宙，大家如临大敌。一位资深图形学家说："不能太强调元宇宙，讲点VR（Virtual Reality，虚拟现实）技术、混合现实技术、下一代互联网平台就可以。现在比较怕和元宇宙扯上关系！"一位优秀的创业者也说："建议不要提元宇宙，这会让人觉得又有公司开始忽悠政府、投资人和大众，或者又迷失方向了。"呜呼，不过短短一年多，红极一时的"元宇宙"竟然污名如斯，的确令人扼腕。

所以，当我有幸第一时间读到本书时，真有一种"如听仙乐耳暂明"的幸福感。马修·鲍尔如同李白笔下"西下峨眉峰"的高僧大德，大笔一挥就是万壑松风，绣口一张就是万象森罗。从基本元素到技术前提，从硬件入口到软件生态，从公司战略到社会治理，一本书把迄今为止有关元宇宙的问题都讲透了。正如书名"元宇宙改变一切"，这本书担得起当下拨乱反正、正本清源的重任，它总结了一切也预测了一切。如果你只有读一本关于元宇宙的书的时间，那么我会毫不犹豫地推荐此书。

"历史总是惊人地重演"，这本书最独特的地方，就是帮助我们不断回顾历史。从第二次工业革命、互联网和移动互联网的诞生和成长中寻找相似的阶段，以此说明未来的不可预测性。书中没有向我们描述元宇宙的最终形态，它会给人类社会带来何种程度的变革，以及怎样的公司能在新一波浪潮中一飞冲天，而哪些如日中天的公司又会黯然掉队，但它让读者坚信元宇宙终将成为人类的未来。

本书的另一大特点是时效性，它讲述了截至 2022 年 3 月关于元宇宙的所有全球重大事件。其中既有轰动一时的微软收购动视暴雪案，也有对英伟达的元宇宙杀手锏 Omniverse 平台的独家点评，更不用说书中如数家珍的诸多创新产品和业界秘辛，都是我首次听说，读来非常过瘾。

预测未来最好的方式就是去实现它。让我们心怀梦想，脚踏实地。无论元宇宙将以何种方式到来，只有让人们的现实生活更美好，它才有真正的价值，因为我们是真实的物理存在，我们最终会回归家庭和社会。正如《雪崩》中"史上最酷滑板女郎"Y. T. 留给读者的最后一句话："好啊，看来是该回家了。"

元宇宙没有终极版本，但会分期兑现

袁佛玉
百度集团副总裁

　　"元宇宙"是近年来一个热门概念。有意思的是，我们在网络上看到的绝大多数讨论，基本上都围绕着一个问题：元宇宙究竟是什么？对于一个极具话题性的概念，我们仍需要反复讨论其定义本身，这也算是颇为独特的一个现象了。正因为元宇宙概念还没有一个教科书式的板上钉钉的说法，导致部分人对元宇宙产生了怀疑和观望：连一个"是什么"都说不清的事物，被质疑不是很正常的事情吗？但我们不妨从另一个角度思考一下：如果元宇宙概念里没有包含某些真金白银，还能引起如此高的关注度？恐怕连质疑元宇宙的人们都不能说服自己。

　　《元宇宙改变一切》的确与众不同。作者完全不纠结于是否要给元宇宙下明确的定义，而是从一开始就承认，即使在最专业的人士（比如世界各大互联网巨头的掌舵者们）那里，元宇宙当前也没有一个完全一致的定义。但关键是，所有人看待元宇宙时仍然有统一的大方向，这个大方向里包含了元宇宙精确概念的内涵和外延。

《元宇宙改变一切》让人惊喜的是，书中详细论述了元宇宙可能涉及的核心，包括内在元素、计算底层逻辑、虚拟世界基础、用户互操作性、元宇宙数据流通与区块链的关系、元宇宙硬件支持等。每个方面的讨论都绝不是泛泛而谈，绝不是灌水充数。每一页都含有丰富的信息和独立的思考。很显然，作者马修·鲍尔对互联网商业和技术的涉猎相当广泛，同时对元宇宙有相当深刻的认知，因此才给出了如此有价值、逻辑严密、见解精辟的论述。

我建议你找一个不受打扰的时间，认真读完本书。如果你能完全理解本书并融会贯通，可以毫不夸张地说，你对元宇宙，乃至对当前互联网全局发展态势，都将有上一个台阶的全新认知。若你正好也是互联网从业者，本书更是对你知识图谱的一次特别难得的"充电"。这是一本所有关心元宇宙、关心互联网未来的人都不容错过的好书。坐下来认真读完，相信你将得出和我一样的结论。

你可能会为元宇宙的超时空颠覆性所震惊。"颠覆的一面是巨变，另一面是时机"，元宇宙正是这样一个时机，它正带领我们进入一片美好的星辰大海。那我们离元宇宙的星辰大海有多远？一个判断是：元宇宙没有"终极版本"，但会分期兑现。游戏、娱乐、艺术，处于元宇宙的最前沿。与此同时，元宇宙也正在医疗、工业等领域，连接现实与虚拟空间。比如，在工业元宇宙的应用场景中，一位三一重机的技术专家，可以通过百度智能云"工业 AR 远程协助系统"，指导千里之外的人员戴上 AR 眼镜维修设备。这也是元宇宙的一种价值兑现。

关于构建元宇宙需要哪些技术支撑，这在业界是比较有共识的，包括AI技术、云计算技术、VR技术、AR（Augmented Reality，增强现实）技术、区块链技术等。其中，"AI+云计算"，是构建元宇宙基础设施底层架构的核心能力。元宇宙对计算能力的需求是近乎无穷的，元宇宙平台连续有效运转、大规模用户同时互动，依赖于云计算技术的支撑。"AI+云计算"可以更好地承载海量数据的处理、超大模型的训练、高并发业务的开展。

AI在构建元宇宙的人、环境、内容等方面，潜力无限。元宇宙中的"人"，无论是虚拟数字人还是数字孪生。它们之于元宇宙，就像我们之于今日的世界，是一种建构基础。百度专门打造了一个数字人平台"曦灵"，可以生成虚拟偶像、虚拟主播、虚拟员工等。随着算法的突破，百度能让AI数字人的生产周期，从几个月缩短到几个小时；AI数字人的制作成本，从百万级降低到万元级。我相信，每个人都有一个数字人的元宇宙时代，很快就会到来。

另外，构建一个超越现实的复杂、多元、具有沉浸感的元宇宙，没有AIGC（Artificial Intelligence Generated Content，人工智能自动生成内容）是不可能实现的。AI具有在元宇宙里创造复杂3D环境的潜力。比如，在元宇宙里开一个咖啡馆，对咖啡馆进行布置，包括对咖啡桌、咖啡机、墙上的装饰画、店里的绿植进行布置。想要什么，跟AI说一声就有了。今天，基于深度学习、大模型等技术，百度AI已经能够在几十秒时间内创造出不同风格的画作。未来10年，AIGC可以实现以现在1/10的成本，以现在百倍甚至千倍的生产速度，生成AI原创内容，让浩瀚的元宇宙空间更加充盈。

今天，许多人努力探求元宇宙的意义和真相，思考其可能的发展路线，尝试各种初步的构想，其中必然包含着商业动机，包含着战略取向，但最根本的内容依然来自那一个最纯真的念头，即我们对美丽新世界的憧憬和向往，而它必然是光明的、美好的。

正如马修·鲍尔所言，元宇宙最令人兴奋的一个方面，是我们对自己的未来有决定权，并有能力对现状进行"重置"。

元宇宙，一股永恒的力量

2020 年，在美国一个很受欢迎的播客上，有人问我："今天谁最接近元宇宙？"我回答说："答案很简单——不是《堡垒之夜》（*Fortnite*）、《我的世界》（*Minecraft*）或 Roblox，而是腾讯。"

后来，经常有人问我，我的观点是否发生了改变。此时，Roblox 已成为家喻户晓的名字兼颇受欢迎的 3A 游戏 ①。Roblox 公司也是第一家宣布计划构建元宇宙的上市公司，并自认为在数百万个相互连接的虚拟世界中，它已远远领先于自己最强劲的竞争对手。2021 年，Facebook 改名为 Meta

---

① 3A 是对具有大量制作和营销预算的电子游戏的非正式分类，这类电子游戏通常由大型电子游戏工作室和发行商推出。3A 类似于电影界的"大片"，但这两个术语都不与财务成功挂钩。

Platforms[①] 以表达自己对元宇宙的信念，好像每年在元宇宙软件、硬件和生态系统上花费超过 100 亿美元还不足以表明决心！还有，在宣布收购动视暴雪时——这是历史上规模最大的科技巨头收购案，微软表示，动视暴雪公司将"为虚拟世界提供构建模块"。另外，Epic Games 在构建元宇宙方面花的时间不输任何一家公司，其旗舰游戏《堡垒之夜》和游戏引擎——虚幻引擎（Unreal Engine）正在持续不断地消除娱乐方式在物理世界和虚拟世界之间的界限。

今天，谁最有可能构建元宇宙

我对未来充满希望，因为我相信"今天谁最接近元宇宙"的答案总是可以改变的。消费者、开发者和政府等身份主体仍然可以影响谁将成为元宇宙中的领导者，以及这些领导者将以何种方式引领元宇宙的发展。我也相信元宇宙将在许多不同公司的助力下诞生，这些公司之间既有合作，也有竞争。赢家不止一个，元宇宙也没有"终极版本"。

但如果我们换一种问法，例如换成"谁最有可能构建元宇宙"或"谁实现的元宇宙版本将最符合我们的想象，最能让我们发挥全部潜力"，我相信最有可能的答案是：中国。

中国可能在元宇宙的构建中处于领先地位的原因有很多。首先，支付网络和技术是现代经济的基础。中国的数字支付系统比世界上其他大部分地区的数字支付系统更普及、更强大、更易于使用，而且更集成、更实惠。简而

---

① 为清晰起见，本书仍将 Meta Platforms 称作 Facebook。如果在解释元宇宙及其各种平台的同时，还要讨论一个名为 Meta Platforms 的元宇宙领域早期领导者，只会增加理解的难度。

言之，元宇宙意味着人们的工作、生活、休闲、交友、理财等活动在虚拟世界的比重将不断增加。微信、哔哩哔哩、拼多多、抖音等平台一直是西方大科技公司羡慕的对象，因为它们已经实现了数字技术与现实世界的无缝融合。游戏将处于元宇宙发展的最前沿，而没有哪个国家游戏行业的发展速度比中国更快。10 年间，米哈游、网易、腾讯天美等中国游戏开发商已经开发出世界级的游戏引擎、IP 和数字商业模式。

其次，中国大力建设 5G 基础设施，投资额远远超过美国以及世界上的其他国家和地区。要想构建元宇宙，全面覆盖、低延迟、高容量和价格合理的互联网连接是先决条件。这决定了虚拟世界能"真实"到何种程度，谁有能力参与其中，甚至元宇宙何时能够实现。人工智能和机器学习也是能够体现中国研发实力的领域，这两项技术对于向元宇宙输入数据以及促进不同世界和技术之间的互联至关重要。

然而，虽然构建元宇宙需要非凡的技术成就，但更重要的是：我们要认识到，最大的挑战通常与人类本身相关。

与人有关的关键挑战

元宇宙以"互操作"为前提。它是一个由不同虚拟世界、技术和服务组成的网络，这些虚拟世界之间可以交换信息，它们信任彼此对这些信息的修改，也信任这些虚拟世界中的个人用户对信息的修改。但是互操作需要所有参与者同意并使用特定的技术标准，共享它们的私有数据，以及开放专有系统。这其实很难，因为大多数公司并不喜欢分享数据或根据他人的需求做出技术决策。在大多数情况下，它们更愿意提高自己的短期利润，而非为集体成功而投资。

因此，如果我们怀疑元宇宙在西方国家的潜力，那么原因就在于许多科技巨头将抵制互操作。这些公司中的每一家都清楚，如果它们通力合作，就可以建立一个更加繁荣的未来。全球性和去中心化互联网就是证据。然而，这些公司及其高管可能会担心，如果与竞争对手合作，它们会失去控制权或部分利润。也有一些公司仍然希望独立构建元宇宙，或者至少拥有它的很大一部分控制权。相比之下，中国更有机会建立一个真正可互操作的元宇宙，一个由中国全体公民和公司合作构建的元宇宙，一个反过来又能满足其需求的元宇宙。

今天，元宇宙的很多方面仍然存在不确定性，例如元宇宙将使用哪些"互操作格式"，如何设计"互操作协议"，以及将如何构建"元宇宙经济"中的各种商业模式和培养用户行为。因此，在这些因素的助推下，可能会产生一个更全面但不那么引人注目、尚未活力四射的元宇宙。

基于上述情况，《元宇宙改变一切》这本书在中国出版，我感到非常兴奋。我非常希望元宇宙能成为一股永恒的力量。它可以让我们更紧密地联系在一起，同时增加获得教育、医疗保健和经济发展的机会，并推动互联网下一个阶段的发展。本书就是为了促成这一目标而写的。我在书中总结了20世纪元宇宙相关文献的许多重要经验教训，以及50年来各界为构建元宇宙而做的努力。同时，我回顾并反思了我们在过去犯下的错误、面临的限制、需要的技术，并探讨了为什么确保元宇宙这一互联网的"继承者"真正符合我们的预期如此重要，以及为什么我希望我们能做到。

目　录

第一部分　什么是元宇宙

第二部分　如何构建元宇宙

第三部分 元宇宙如何彻底改变一切

元宇宙，生活、工作
与思维的大变革

技术经常会带来意想不到的惊喜，但规模最大、最让人惊叹的发展往往是人们在几十年前就预料到的。20 世纪 30 年代，时任美国华盛顿卡耐基研究所主席的范内瓦·布什（Vannevar Bush）[①] 开始研究一种假想式机电设备，用于存储所有书籍、档案记录和通信信息，并通过关键词将它们机械地关联在一起，而不是采用传统的、以分层存储模型为主的方式。尽管该设备的档案库非常庞大，但布什强调这个名为 Memex（memory extender，"内存扩展器"的缩写）的机电设备，能够以"极快的速度和灵活性"进行检索。

在进行这项研究之后的几年里，布什成为美国历史上最具影响力的工程师和科学管理者之一。1939 年至 1941 年，他是美国国家航空咨询委员

[①] 美国科学家、工程师，"曼哈顿计划"的组织者和领导者。——译者注

会（National Advisory Committee for Aeronautics）副主席，并暂时担任主席一职，该委员会是 NASA 的前身。在任职期间，布什说服时任美国总统的富兰克林·罗斯福建立了美国科学研究与发展办公室（Office of Scientific Research and Development）。这是一个新的联邦机构，由布什管理并直接向总统汇报。这个机构得到了几乎无限量的资助，用于开展秘密项目的研究，从而帮助美国在第二次世界大战中取得胜利。

在美国科学研究与发展办公室成立 4 个月后，罗斯福总统与布什和副总统亨利·华莱士会面，批准了名为"曼哈顿计划"的原子弹计划。为了管理这个计划，罗斯福创建了一个"顶级政策小组"，成员包括他本人、布什、华莱士、陆军部长亨利·斯廷森（Henry L. Stimson）、陆军上将乔治·马歇尔（George C. Marshall）和化学家詹姆斯·科南特（James B. Conant）。科南特还负责管理以前由布什管理的美国科学研究与发展办公室的一个分支机构。此外，铀委员会（Uranium Committee，后来被命名为 S-1 执行委员会）的事务由布什全权负责。

1945 年，战争结束后，布什不再担任美国科学研究与发展办公室的负责人。但在离任前两年，他写了两篇著名的文章。第一篇《科学，无尽的前沿》（Science, the Endless Frontier）是写给总统的。在这篇文章中，布什呼吁政府加大对科学和技术的投资，不要因为处在和平时期而减少资助，并提议建立美国国家科学基金会。第二篇文章《诚如所思》（As We May Think）发表在《大西洋月刊》上，首次公开详细阐述了布什对 Memex 的看法。

在接下来的几年里，布什辞去公职，远离公众视野。但很快，他对政府、科学和社会的各种贡献就开始显现。从 20 世纪 60 年代开始，美国政府资助了美国国防部的各种项目。国防部与外部研究人员、大学和其他非政府机构的网络合作，共同奠定了互联网的基础。与此同时，布什的 Memex 为"超文本"的诞生和演变提供了信息支持。超文本是万维网的基本概念之一，通常是用超文本标记语言（Hyper Text Markup Language，HTML）编写的，用户只需点击文本链接，就能立即访问几乎无限的在线内容。20 年后，国际互联网工程任务组（Internet Engineering Task Force，IETF）组建，目的是指导互联网协议套件（TCP/IP 协议）的技术演变，并在美国国防部的帮助下成立了万维网联盟，该联盟负责管理 HTML 的持续开发以及其他事务。

未来已来，元宇宙是我们下一个生存之地

虽然技术进步通常发生在人们的视线之外，但人们往往能从科幻小说中探知未来。1968 年，只有不到 10% 的美国家庭拥有彩色电视，但当年票房排名第二位的电影《2001：太空漫游》（2001: A Space Odyssey）设想了这样的未来：人类将冰箱大小的设备压缩成薄如杯垫的显示屏，并成为人们在用餐时使用的稀松平常之物。今天看这部电影的人看到这些设备时会立刻联想到 iPad。按照常理，想象中的技术，就像布什的 Memex 一样，要花比最初预计还要长的时间才能实现。在斯坦利·库布里克（Stanley Kubrick）这部开创性的电影上映 42 年后，以及在这部未来主义电影设定的背景时间约 10 年后，iPad 才面世。

2021 年，平板电脑已经得到普及，太空飞行也不再遥不可及。在那个夏天，亿万富翁理查德·布兰森（Richard Branson）、埃隆·马斯克和杰夫·贝佐斯争相将民用旅行带入低轨道，并开创了一个致力于制造太空电梯并进行星际殖民的时代。同时，另一个有着几十年历史的科幻概念——**元宇宙，似乎已经变为现实。**

2021 年 7 月，Facebook 创始人兼首席执行官马克·扎克伯格说："我认为在 Facebook 的下一个发展阶段中，我们将真正改变人们对我们的认知，我们将从一家社交媒体公司转变为一家元宇宙公司。很明显，在打造人们今天使用的应用程序的过程中，Facebook 所做的一切努力，都将直接促成这一愿景的实现。"[1] 此后不久，扎克伯格公开宣布 Facebook 成立了一个致力于实现元宇宙战略的部门，并任命该部门的负责人为 Facebook 的首席技术官，全面负责各类未来主义前沿项目，包括旗下虚拟现实头戴设备制造商 Oculus 的 VR（Virtual Reality，虚拟现实）、AR（Augmented Reality，增强现实）眼镜及脑机接口。2021 年 10 月，扎克伯格宣布 Facebook 将更名为 Meta Platforms，以体现公司向"元宇宙"转变的决心。令许多 Facebook 股东吃惊的是，扎克伯格同时表示，他在元宇宙上的投资至少将使 2021 年的营收减少 10 亿美元，但同时他表示，这些投资再过几年就会换来回报。

扎克伯格的大胆声明引发了巨大的关注，但他的许多同行和竞争对手在此前的几个月也出台了类似的举措，并发布了类似的声明。2021 年 5 月，微软首席执行官萨提亚·纳德拉（Satya Nadella）开始介绍微软主导的"企业元宇宙"。同样，计算和半导体行业巨头英伟达的首席执行官兼创始人黄仁勋（Jensen Huang）告诉投资者，"元宇宙中的经济体量……将大于现实世界的经济体量"[①]，而英伟达的平台和处理器将是元宇宙经济的核心。[2] 2020 年第四季度和 2021 年第一季度，游戏行业迎来了有史以来最大的两次 IPO，这两家公司分别是游戏引擎开发公司 Unity Technologies 和 Roblox，而它们在谈到企业历史和自己的雄心时都提及了元宇宙。

在 2021 年剩下的时间里，"元宇宙"一词几乎成了一个卖点，因为每

---

① 世界银行 2022 年公布的数据显示，2021 年全球国内生产总值（GDP）为 96.1 万亿美元。

家公司及其高管似乎都会不由自主地提到它，认为它会让公司更赚钱，让客户更开心，让自己比对手更有竞争力。在 Roblox 公司于 2020 年 10 月上市之前，"元宇宙"在美国证券交易委员会的文件中只出现过 5 次①。2021 年，这个词则被提了 260 多次。同年，向投资者提供金融数据和信息的软件公司彭博（Bloomberg）编目了上千篇包含"元宇宙"一词的报道。在此之前的 10 年中，"元宇宙"一词总共只出现过 7 次。

对元宇宙感兴趣的并不只有西方国家和这些国家中的企业。2021 年 5 月，中国互联网游戏巨头腾讯，公开介绍了它对元宇宙的愿景，并称其为"超级数字场景"（Hyper Digital Reality）。第二天，韩国科学和信息通信技术部宣布成立"元宇宙联盟"，成员包括 450 多家公司，比如 SK 电讯、友利银行和现代汽车。8 月初，韩国游戏巨头 Krafton 公司，也是游戏《绝地求生》（*PlayerUnknown's Battlegrounds*，*PUBG*）的开发商，完成了韩国历史上的第二大 IPO。我想，Krafton 的投资银行家肯定会告诉潜在的投资者：该公司将成为元宇宙行业的全球领导者。在接下来的几个月里，中国互联网公司阿里巴巴和全球社交网络平台 TikTok 的母公司字节跳动都开始注册各种元宇宙商标，并收购了各类 VR 和 3D 相关领域的初创公司。与此同时，Krafton公开承诺推出"《绝地求生》元宇宙"。

戏剧性的反应，真正拉开颠覆的序幕

元宇宙激发的不只是技术资本家和科幻迷的想象力。2021 年夏天，中国开始对国内游戏产业进行整顿，并颁布了几项新政策。腾讯等公司随即宣

---

① 该数据源自彭博公司数据库，收集日期为 2022 年 1 月 2 日，并去掉了那些只有名字中包含 Metaverse 一词的公司。

布将定期使用面部识别软件和玩家上传的身份证信息对玩家进行身份验证，确保未成年人不会借用成年用户的设备玩游戏，从而规避这些规则。大约在同一时间，腾讯承诺为实现"可持续社会价值"和"共同富裕事业"投入1 000亿元。[①]据彭博资讯报道，这些资金主要用于"增加贫困人群的收入、改善医疗援助、提高农村经济效率和补贴教育项目等领域"。[3]两周后，阿里巴巴也承诺做出等额捐赠。

2021年8月，对于游戏内容和平台在公众生活中的作用越来越重要这一点，中国国内多方表达了更为明显的担忧。当时的《证券时报》提醒读者，元宇宙是一个"宏大而虚幻的概念"，"盲目投资最终受伤的可能是自己的钱包"[②]。[4]

中国并不是唯一一个对此表示担忧的国家。2021年10月，欧洲议会成员表达了相同的观点。其中，克里斯特尔·沙尔德莫斯（Christel Schaldemose）的话特别发人深省。她是欧盟的首席谈判代表，致力于对数字化时代法规进行全面改革（其中大部分改革是为了遏制像Facebook、亚马逊和谷歌这些科技巨头的权力）。她在接受丹麦《政治报》（*Politiken*）采访时说，"元宇宙的计划非常令人担忧"，欧盟"必须考虑这些因素"。[5]

许多关于元宇宙的声明、批评和警告可能只是虚拟幻想在现实世界中的投射，或者更主要的目的是以全新的方式讲述故事，从而推动产品发布和市场营销活动，而不是真的为了改变人们的生活。毕竟，科技行业向来喜欢使

---

① 2021年4月，腾讯启动了一个名为"可持续社会价值创新"的全新战略并且投入了500亿元。紧接着在8月再次投入500亿元，启动"共同富裕专项计划"。——编者注
②《证券时报》在描述元宇宙时引用了我的话。

用流行词，而这些流行词往往"概念先行"，如 3D 电视；或者与最初的设想差距较大，如 VR 头显或虚拟助手。但世界上规模较大的公司很少在早期阶段围绕这些想法公开调整自己的方向，从而避免员工、客户和股东对它们的愿景实现情况进行评估，因为当初它们对此可谓信心满满。

对元宇宙的戏剧性反应折射出了这样一种信念，即人们越来越相信它是下一个伟大的计算机和网络平台，它将带来的转变从影响范围上讲，类似于从 20 世纪 90 年代的个人电脑和固定线路的互联网到今天的移动互联网和云计算的转变。这一转变让大众认识了一个曾经晦涩难懂的商业术语——颠覆（disruption），并改变了几乎每一个行业，同时重塑了现代社会和政治。然而，这种转变与即将到来的元宇宙带来的转变之间有一个关键区别，那就是时机。目前，大多数行业和个人都没有预见到移动互联网和云计算的重要性，因此无法对这一变化做出反应，也无法抵御那些更了解它们的人带来的破坏。但人们对元宇宙所做的准备比我预想的要早得多，而且这些准备都是主动的。

2018 年，我开始在网上发表一系列关于元宇宙的文章，当时它只是一个模糊的边缘概念。在此后的几年里，这些文章的阅读量高达数百万，因为此前只存在于科幻小说中的元宇宙，已经出现在了《纽约时报》的头版头条和世界各地的企业战略报告中。

《元宇宙改变一切》在此前那一系列文章的基础上做了更新、补充和扩展。本书的核心目的是给这一尚不成熟的理念一个清晰、全面和可信的定义。然而，我的目标更远大：我希望帮助读者理解实现元宇宙需要满足哪些条件，为什么整整几代人最终会移居元宇宙并在其中生活，以及它将如何彻底改变我们的日常生活、工作和思考方式。在我看来，这些变化的总价值将达到数十万亿美元。

THE META-VERSE

And How It Will
Revolutionize Everything

第一部分

什么是元宇宙

看到元宇宙潜在价值的公司数量之多，也正说明了这个机会的巨大和它会带来的多样性。更重要的是，什么是元宇宙、它有多重要、它何时到来、它将如何运作以及它所需要的技术进步，正是围绕对这些问题的争论，产生了影响广泛的颠覆机会。

And How It Will Revolutionize Everything

元宇宙，重写人类未来简史

　　"元宇宙"一词最早出现在科幻作家尼尔·斯蒂芬森 1992 年出版的小说《雪崩》中。虽影响深远，但其实斯蒂芬森在这本书中并没有给出元宇宙的明确定义，他所描述的是一个持续存在的虚拟世界，它几乎和人类生存的方方面面都有联系，与其互动并对其产生影响。在该书中，**元宇宙是一处工作和休闲之所，是自我实现和体力消耗之所，更是艺术和商业的中心**。在任何时候，元宇宙世界的主街（The Street）上都有大约 1 500 万个由人类控制的虚拟化身在活动。斯蒂芬森称这条主街为元宇宙中的百老汇和香榭丽舍大街，但它的长度足以环绕这个面积为地球面积 2.5 倍以上的虚拟星球。与这一宏大图景形成鲜明反差的是，在斯蒂芬森这部小说出版的那一年，现实世界中的互联网用户总数还不到 1 500 万。

　　虽然斯蒂芬森在小说中描绘的愿景很生动，对许多人来说也很受鼓舞，但它也是反乌托邦的。《雪崩》的背景设定是 21 世纪初，全球经济崩溃已持续多年。大多数政府部门已经被营利性特许准国家实体和"边缘集聚区"（burbclaves）^①所取代。每个集聚区都像城邦国家一样运作，有自己的边界，有法律部门、武装部门等职能部门。¹有时，种族甚至会成为获得"公民身份"的唯一条件。元宇宙是数百万人的避难所和机遇之地。在这里，现实世界中的一个比萨外卖员可以化身为天才剑士，能够借助内部通道进入虚拟世界中最热门的俱乐部。尽管如此，斯蒂芬森的小说也清楚地表明：《雪崩》中的元宇宙让现实生活变得更糟。

虽然大多数人都没有意识到，但和范内瓦·布什一样，斯蒂芬森对现代科技的影响只会随着时间的推移而加深。与斯蒂芬森的对话启发了亚马逊创始人杰夫·贝佐斯，后者于 2000 年创立了蓝色起源（Blue Origin），这家公司是私营航空航天制造商，并提供亚轨道飞行服务。斯蒂芬森在那里兼职工作到 2006 年，后来一直担任该公司的高级顾问。截至 2021 年，蓝色起源被认为是同类型企业中价值排名第二位的公司，仅次于埃隆·马斯克创立的太空探索技术公司（SpaceX）。Keyhole，即现在的谷歌地球，它的三位创始人中有两位曾表示，他们的构想来源于《雪崩》中的类似产品，同时他们也曾邀请斯蒂芬森参观自己的公司。2014 年至 2020 年，斯蒂芬森还是 Magic Leap 的首席未来学家，他的作品也启发了这家混合现实技术公司。该公司后来从包括谷歌、阿里巴巴和美国电话电报公司在内的企业那里获得 5 亿多美元的募资，估值一度达到 67 亿美元。当然，由于各方实现愿景的方式相左，该公司经历了资本重组和创始人离职的情况。^②斯蒂芬森的

---

① suburban enclaves 的缩写，一种只欢迎特定身份群体进入的郊区社区。——译者注

② 该公司的估值最终不足最高估值的 1/3，公司的投资者聘请了长期在高通和微软担任执行副总裁的佩吉·约翰逊（Peggy Johnson）担任首席执行官。正是在此期间，斯蒂芬森与许多员工以及其他执行官集体离职。

小说也成了各种加密货币项目、去中心化计算机非加密网络建设以及基于电脑生成动画（Computer-generated Imagery，CGI）的电影制作的灵感来源。CGI 技术可以通过对演员进行动作捕捉，让远在千里之外的人坐在家里就能获得如临现场般的观影感受。

尽管斯蒂芬森的作品对全世界产生了深远影响，但他一直提醒人们不要从字面上解读他的作品，特别是《雪崩》。

- 2011 年，这位科幻作家在接受《纽约时报》采访时表示："就算花上一整天，我也说不完自己的理解中存在多少错误。"[2]

- 2017 年，《名利场》（Vanity Fair）杂志问及他对硅谷的影响时，他提醒大家要记住："《雪崩》写于我们所知的互联网和万维网普及之前，里面的内容只是我的胡编乱造。"[3]

因此，我们不应该过度解读斯蒂芬森的某些具体愿景。虽然他创造了"元宇宙"一词，但他并非第一个提出此概念的人。

　　1935 年，斯坦利·温鲍姆（Stanley G. Weinbaum）创作了一部名为《皮格马利翁[①]的眼镜》（*Pygmalion's Spectacles*）的短篇小说，故事围绕一个类似 VR 眼镜的神奇护目镜展开，它能够制作"给人带来视觉和听觉双重沉浸式体验的电影……你身处故事之

---

① 皮格马利翁是希腊神话中的塞浦路斯国王。在奥维德的史诗《变形记》（*Metamorphoses*）中，皮格马利翁爱上并娶了自己雕刻的宛若真人的美丽女人雕像。后来女神阿芙洛狄忒把它变成了真正有生命的女人。

中，当你对影子说话时，影子会做出回应，这可不是让你出现在屏幕上那么简单，这个故事就是关于你的，你身在其中"。[4] 雷·布拉德伯里（Ray Bradbury）则在 1950 年出版的短篇小说《天鹅绒》（*The Veldt*）中虚构了一个小家庭，家中的父母被一个 VR 托儿所取代，孩子们沉迷其中不愿离开，最终他们把自己的父母锁在托儿所里，并将其杀害。菲利普·迪克（Philip K. Dick）则将他于 1953 年撰写的故事《泡沫的烦恼》（*The Trouble with Bubbles*）的背景设定为：在未来，"人类已经深入探索了外太空，但从未成功地找到生命"。因为渴望与其他世界和生命体建立联系，人类开始购买一种名为"工艺世界"（Worldcraft）的产品。通过它，人类可以建立和拥有自己的世界，这些世界的成熟程度甚至到了可以产生有知觉的生命和高度发展文明的境地。但大多数人最终摧毁了他们创造的世界，迪克称这是一种"神经质"，是"想摧毁一切的疯狂之举"，目的是满足"造物主厌世"这一假想。几年后，艾萨克·阿西莫夫（Isaac Asimov）出版了小说《裸阳》（*The Naked Sun*）。他在书中描绘了这样一个社会：人类认为面对面的互动——"看到"对方和身体接触是浪费时间且令人反感的举动，人们的大多数工作和社交都应通过远程投影的全息图和 3D 电视完成。

1984 年，威廉·吉布森通过小说《神经漫游者》将"赛博空间"一词普及开来。他将赛博空间定义为"每个国家的数十亿合法操作者每天都在经历的一种同感幻觉……一个从人类系统的每台计算机中抽取出来的数据的图形表征，具有难以想象的复杂性。光线在非空间的思维、数据丛集和聚类中迂回交错，就像城市的灯光，不断远离"。值得注意的是，吉布森将赛博空间的视觉抽象称为"矩阵"（The Matrix）。15 年后，拉娜·沃卓斯基（Lana

Wachowski）和莉莉·沃卓斯基（Lilly Wachowski）[1]在其执导的同名电影《黑客帝国》中重新定义了这个词。在电影中，"矩阵"指的是对1999年的地球的持续模拟，但在2199年，全人类在不知情的情况下被无限期地强行连接到这个模拟星球中。这种模拟的目的是安抚人类，让人类的意识永远沉浸在幻觉里。因为在22世纪，有意识的人工智能在征服了地球后，就一直把人类当作生物电池来使用。

从科幻走进现实，技术远比文学乐观

无论身为作家或导演的斯蒂芬森、吉布森、沃卓斯基姐妹、迪克、布拉德伯里和温鲍姆的愿景有什么不同，他们描绘的虚拟世界都是反乌托邦的。然而，对于实际的元宇宙来说，我们没有任何理由相信这是必然的结果，或者是可能的结果。戏剧性是大多数小说的核心，而非一个完美社会所必需的。

我们可以将法国哲学家兼文化理论家让·鲍德里亚（Jean Baudrillard）作为对比。他在1981年创造了"超现实"（hyperreality）一词，人们经常将他的作品与吉布森的作品以及受吉布森影响的作品联系起来。[2]鲍德里亚将超现实描述为一种状态，即现实和拟态（simulation）无缝衔接，让人难以区分。虽然很多人觉得这个想法颇为可怕，但鲍德里亚认为，重要的是个

---

[1] 1984年，两人尚未改名，她们的原名分别是劳伦斯·沃卓斯基和安德鲁·保罗·沃卓斯基。——编者注

[2] 1991年4月，当被问及鲍德里亚时，吉布森说："他是一位很酷的科幻作家。"沃卓斯基姐妹曾邀请鲍德里亚参与电影《黑客帝国》的制作，但他拒绝了，后来还说这部电影错误地解读了他的思想。影片中，当黑客首领墨菲斯把主角尼奥引入现实世界时，他告诉尼奥："正如鲍德里亚的设想，你的一生都将在地图中度过，而不是在领土中度过。"回想一下腾讯对其元宇宙愿景最初的命名：超级数字场景。

体会在哪里获得更多的意义和价值，而在他的推测中，会是在拟态世界。[5]
元宇宙的构想也与 Memex 的想法密不可分，布什想象的是一个通过文字链
接起来的无限文件资料库，而斯蒂芬森和其他人则设想了无限互联的世界。

比斯蒂芬森的小说和那些给予他灵感的其他作品更有指导意义的是，过
去几十年来人们为建立虚拟世界所做的诸多努力。这段历史不仅展现了元宇
宙这几十年来的发展，而且揭示了它的更多本质。**这些可能的元宇宙并不以
征服或牟取暴利为核心，而是以合作、创造和自我表达为核心。**

一些观察者将"原生代元宇宙"的历史追溯至 20 世纪 50 年代大型计
算机兴起之时，当时使用不同设备的用户第一次可以在同一个网络上分享
纯粹的数字信息。然而，大多数人认为 20 世纪 70 年代基于文本的虚拟世
界的出现标志着原生代元宇宙的形成。这里所说的基于文本的虚拟世界就
是多用户地下城（Multi-User Dungeons，MUD），它实际上是角色扮演类
交互式游戏《龙与地下城》（*Dungeons & Dragons*）的软件版本。在游戏中，
玩家可以使用类似人类语言的文本命令进行交流，探索一个由非玩家角色
（Non-playable Characters，NPC）和怪物组成的虚拟世界，获得装备和经
验，并最终夺回神奇的圣杯，击败邪恶的巫师或拯救公主。

MUD 的日益流行催生了多用户共享幻觉（Multi-User Shared Hallucinations，
MUSH）或多用户体验（Multi-User Experiences，MUX）。MUD 要求玩家在
具体的、通常是幻想性的叙事中扮演特定角色，而在 MUSH 和 MUX 游戏
中，玩家能够以协作的方式定义世界及其目标。玩家可以选择将 MUSH 相关
的场景设定在一个法庭上，并且能够扮演被告、律师、原告、法官和陪审团
成员等角色。玩家可以随时决定将乏味的诉讼程序转变为一场人质事件，然
后由其他玩家吟诵一首荒诞不经的诗来化解危机。

下一个巨大的飞跃是 1986 年发布在 Commodore 64①计算机上的在线游戏《栖息地》（*Habitat*），该游戏由卢卡斯影业发行，该公司由《星球大战》的导演兼编剧乔治·卢卡斯（George Lucas）创立。在该游戏中，"栖息地"是"一个多人参与的在线虚拟环境"，即吉布森于 1984 年出版的小说《神经漫游者》中的赛博空间。与 MUD 和 MUSH 不同，《栖息地》中的世界是图形化的，因此用户能够看到虚拟环境和人物。尽管它们只是 2D 像素风格的，不过与过去只能阅读文字描述相比，算得上一个飞跃。此外，该游戏的玩家对游戏环境拥有更大的控制权。虚拟世界的法律和发展都由游戏中的"市民"负责，由于依靠以物易物获得必要资源，玩家还要提防自己的商品被抢或其他人谋财害命。这种挑战会在游戏中引发混乱，而每当混乱出现时，玩家社区就会建立新的规则、法规和机构来维持秩序。

尽管这款游戏不像 20 世纪 80 年代的其他电子游戏，如《吃豆人》（*Pac-Man*）和《超级马里奥兄弟》（*Super Mario Bros.*）知名度那么高，但它打破了 MUD 和 MUSH 只受小众群体欢迎的局面，最终获得了商业上的成功。这款游戏也是第一个重新定义梵文 avatar（化身）一词的游戏，我们可以将其大致理解成用户的虚拟身体是"从天而降的神灵在人间的化身"。几十年后，因为斯蒂芬森在《雪崩》中再次使用了这个词，这种表达就被沿用了下来。

20 世纪 90 年代，虽然没有出现大型的"原生代元宇宙"游戏，但进步仍在继续。那 10 年间，数百万消费者体验到了第一个等距 3D（也叫作 2.5D）虚拟世界带来的三维空间的幻象，但用户只能在两个轴上移动。⁶ 不久之后，全 3D 的虚拟世界出现了。在 1994 年发布的 *Web World* 和 1995 年

---

① Commodore 64，也叫 C64、CBM 64，在瑞典被称作 VIC-64，是由康懋达国际公司（Commodore）于 1982 年 1 月推出的 8 位家用计算机。——译者注

发布的 *Activeworlds* 等多款游戏中，用户能够实时地合作建立一个可视化虚拟空间，不再通过异步命令和投票来完成这一过程，还可以利用其中的一些图形工具来获得更好的体验。值得注意的是，*Activeworlds* 也明确表示过要建立斯蒂芬森构想的元宇宙，希望玩家不只是享受其中的虚拟世界，还要努力扩张这个世界，推动它的繁荣发展。1998 年，虚拟世界 On Live! Traveler 推出空间语音聊天功能，用户可以由此得知其他玩家的相对位置，在用户说话的时候，其虚拟化身的嘴巴也会跟着一张一合。第二年，3D 游戏软件公司 Intrinsic Graphics 完成了对 Keyhole 的拆分。虽然 Keyhole 直到被谷歌收购才广为人知，但有了它，世界上所有人访问整个地球的一个虚拟复制品这件事，首次得以实现。在随后的 15 年里，Keyhole 中的大部分地图被部分更新为 3D 形式，并与谷歌更为大型的地图产品和数据库相连，使用户也能实时更新交通等信息。

在互联网泡沫①破灭之后，随着游戏《第二人生》（*Second Life*）于 2003 年推出，许多人，特别是在硅谷工作的人，开始思考平行虚拟生存的可能性。《第二人生》发布的第一年，就吸引了 100 多万用户。此后不久，许多现实世界的组织相继在这个平台上开展业务，其中就包括阿迪达斯、英国广播公司和富国银行等营利性组织，以及美国癌症协会和救助儿童会（Save the Children）等非营利性组织，甚至包括哈佛大学——哈佛大学法学院在《第二人生》上发布了独家课程。2007 年，该平台还构建了一个虚拟股票交易所，目的是帮助在该平台上开展业务的公司使用平台发行的林登币（Linden Dollars）来筹集资金。

---

① 互联网泡沫是指 20 世纪 90 年代末发生在欧美及亚洲多个国家的股票市场中，科技公司和新兴的互联网公司股价迅速上升的事件。——译者注

最重要的是，林登实验室作为开发商，并没有参与调节或促成《第二人生》中的交易，也没有积极地指导制造或出售产品。交易是买家和卖家根据感知的价值和需求直接进行的。总的来说，林登实验室的运作更像一个政府组织而不是一个游戏开发商。该公司确实提供了一些面向用户的服务，如身份管理、所有权登记和虚拟法律系统，但它的重点并不是直接建立一个围绕《第二人生》的宇宙，而是通过不断改进的基础设施、技术能力和工具来实现经济的繁荣，从而吸引更多现实开发者和创造者。他们将为其他用户创造可做的事情、可访问的地方和可购买的物品。这样一来，该平台就能吸引更多用户，进而产生更多的消费，然后反过来又会吸引开发者和创造者进行投资。为此，《第二人生》还为用户提供了导入平台之外的虚拟物品和材质的权限。到了 2005 年，也就是《第二人生》推出仅仅两年之后，它的年均 GDP 就超过了 3 000 万美元；到 2009 年更是超过了 5 亿美元，其用户在这一年将 5 500 万美元兑现为现实世界的货币。

尽管《第二人生》取得了巨大成功，但真正将其理念传递给主流受众的，其实是于 21 世纪第二个 10 年中才兴起的虚拟世界平台《我的世界》和 Roblox。除了在技术上比《第二人生》有了很大进步，《我的世界》和 Roblox 还把重点放在了儿童和青少年用户身上，因此这两个平台不仅能力更强，也更易使用。

在 21 世纪的第二个 10 年中，一群用户在《我的世界》中合作建造了面积约为 1 300 平方千米的城市，跟洛杉矶差不多大。有一个名叫 Aztter 的电子游戏主播平均每天工作 16 小时，耗时一年，用大约 3.7 亿个游戏块建造了一个精妙绝伦的赛博朋克城市。[7] 而规模并不是该平台唯一让人惊叹的地方，2015 年，美国威瑞森通信公司（Verizon）在《我的世界》中制造了一部手机，它可以与现实世界进行实时视频通话。2020 年 2 月，当新型冠状病毒肺炎疫情蔓延时，《我的世界》中的一个中国玩家社群迅速建造了一个与现实世界中一模一样、占地 120 万平方英尺①的医院，致敬现实世界中抗疫前线的建筑工人，并得到了全球媒体的广泛报道。[8] 一个月后，"无国界记者"（Reporters Sans Frontières）组织委托玩家在《我的世界》中建造了一座博物馆。该博物馆由来自 16 个不同国家的 24 名虚拟建造者在 250 小时内组装完成，共使用了超过 1 250 万个游戏块。

Roblox，让元宇宙从科幻走进现实

截至 2021 年底，每月有超过 1.5 亿人在使用《我的世界》，这一数字是 2014 年微软收购该游戏平台时的 6 倍多。但是，这仍然远远比不上新的市场领导者 Roblox 的规模，Roblox 的月活跃用户已经从不到 500 万增长到 2.25 亿。Roblox 公司发布的数据显示，2020 年第二季度，在美国 9 ～ 12 岁儿童中，经常使用该平台的占 75%。这两款游戏合在一起，所有用户每个月的使用时间累计超过 60 亿小时，对应在由超过 1 500 万名用户设计的 1 亿个不同的游戏世界里的总计使用时间。Roblox 上的玩家玩的次数最多的游戏是 *Adopt Me!*——它由两名业余玩家在 2017 年开发，玩家可以在该游戏中孵化、饲养和买卖各

---

① 1 平方英尺 ≈ 0.09 平方米；1 英寸 =2.54 厘米；1 英亩 ≈ 4 047 平方米；1 磅 ≈ 0.45 千克。为了确保数据的准确性，本书中保留了部分英制单位。——编者注

种宠物。截至 2021 年底，该游戏的虚拟世界被访问次数达到 300 多亿次，是 2019 年全球旅游出行人次的 15 倍以上。此外，Roblox 上的开发者团队，虽然其中许多都是成员少于 30 人的小团队，但他们已经累计从该平台获得了超过 10 亿美元的收入。同时，Roblox 公司几乎已经成为最有价值的游戏公司，其价值比传奇游戏公司动视暴雪和任天堂高出近 50%。

尽管《我的世界》和 Roblox 的受众和开发者社区数量有巨大的增长，但在 21 世纪的第二个 10 年接近尾声的时候，许多其他平台也开始涌现。到了 2018 年 12 月，轰动一时的电子游戏《堡垒之夜》推出《堡垒之夜》创意模式（creative mode），这是《我的世界》和 Roblox 的世界建设套装的翻版。与此同时，《堡垒之夜》本身也在尝试成为一个承载非游戏体验的社交平台。2020 年，嘻哈明星特拉维斯·斯科特（Travis Scott）在《堡垒之夜》中举办了一场演唱会，有 2 800 万名玩家在现场观看，还有数百万人在社交媒体上观看直播。

斯科特在演唱会上翻唱了基德·库迪（Kid Cudi）的歌曲，一周后，这首歌首次登上美国"公告牌"（Billboard）最热门的 100 首歌曲榜单榜首，这也是库迪首支登顶的单曲，并在 2020 年成为美国年度第三大单曲。此外，斯科特演唱的几首曲目出自他两年前发行的专辑 Astroworld，在此次演唱会结束后，这些曲目也重返"公告牌"排行榜。18 个月后，《堡垒之夜》的官方活动视频在 YouTube 上的播放量已接近 2 亿次。

从 MUD 到《堡垒之夜》，社交虚拟世界数十年的历史有助于解释：为什么元宇宙的灵感已经从科幻小说和专利转变成消费者的真实行为和企业技术的发展前沿？我们现在正处于这样一个阶段——这些经历可以吸引数以亿计的人，这些虚拟世界的边界更多在于人类的想象力，而不是技术限制。

2021 年中期，就在 Facebook 公布元宇宙计划的几周前，《堡垒之夜》开发商 Epic Games 的首席执行官兼创始人蒂姆·斯威尼（Tim Sweeney）在 Twitter 上发布该公司 1998 年的游戏《虚幻竞技场》（*Unreal Tournament*）的预发布代码，并补充称，当该游戏的第一个版本于 1998 年发布时，玩家"可以进入门户网站，在用户运行的服务器之间旅行"。"我记得有一次，社区中的一些玩家创造了一个没有发生战斗的洞穴地图，并围成一个圈站着聊天。但这种玩法并没有持续太久。"[9]几分钟后，他补充道，"我们对元宇宙的渴望已经存在很长、很长时间……但直到最近几年，我们才能在短时间内勉强凑齐可用的部件。"[10]

这是所有技术变革的轨迹。移动互联网自 1991 年就存在了，而且在很早之前人们就预测到了它的出现。但直到 21 世纪头 10 年快结束的时候，无线速度、无线设备和无线应用程序的必要组合才发展到这个阶段：发达国家的每一个成年人，以及在未来 10 年内，地球上的大多数人，都想要并负担得起智能手机和宽带计划。这反过来又推动了数字信息服务和人类文化的整体转变。看看下面这些例子：当即时通信先驱 ICQ 在 1998 年被互联网巨头"美国在线"收购时，拥有 1 200 万用户。10 年后，Facebook 的月活跃用户超过 1 亿人。到 2021 年底，Facebook 的月活跃用户高达 30 亿人，其中约 20 亿人每天都会使用该服务。

当然，一些变化也是世代传承的结果。在 iPad 首次发布后一两年的时间里，我们经常在新闻报道和网络上的流行短视频中看到这样的内容：婴幼儿拿起一本类似于杂志或书的东西，试图"滑动"它根本不存在的触摸屏。今天，那些孩子应该已经长到十一二岁了。2011 年的 4 岁儿童现在也即将成年。有些媒介消费者现在正在花自己的钱购买内容，有些已经成为内容创造者。虽然先前那些懵懂无知的孩童现在明白了为什么成年人会认为他们徒劳地缩放一张纸的举动如此滑稽，但老一辈人仍不太理解年轻人的世界观和偏好。

Roblox 是这一现象的绝佳案例。该游戏平台于 2006 年推出，大约 10 年后才有了大量受众。又过了 3 年，非玩家群体才真正注意到这款游戏，而那些注意到它的人基本上都会对它的低保真图像嗤之以鼻。2 年后，它成为历史上最大的媒体体验平台之一。这 15 年的成长在一定程度上是技术进步的结果，但巧合的是 Roblox 的核心用户正是那些长大了的"iPad 原住民"（iPad Native）。换句话说，Roblox 的成功除了首先要开发这款产品之外，还需要通过其他技术来影响消费者的思维方式。

即将到来的控制权之争

在过去的 70 年里，"原生代元宇宙"已经从文本聊天工具和 MUD 发展为生动的虚拟世界网络，其人口规模和经济水平可以与现实世界中的小国相匹敌。这种进程会在未来的几年甚至几十年里继续下去，为虚拟世界带来更多的现实主义、体验的多样性、参与者、文化影响和价值。最终，斯蒂芬森、吉布森、鲍德里亚等人想象的元宇宙的其中一个版本必将实现。

而在这个元宇宙中，将会出现许多争夺霸权的"战争"。它们将在科技巨头和代表新生力量的初创公司之间展开，就硬件、技术标准、工具，以及内容、数字钱包和虚拟身份等展开争夺。而这场争夺战不单纯是为了扩大市

场规模或"转向元宇宙"的生存需要。

2016 年，也就是《堡垒之夜》推出的前一年，以及早在"元宇宙"一词进入公众视野之前，斯威尼就告诉记者："元宇宙将比其他任何事物都更具渗透性和感染力。如果一家中央公司控制了元宇宙，它将变得比任何政府都更强大，甚至成为地球的主宰①。[11]虽然你可能会认为这种说法有点言过其实，但从互联网的起源看，它还是有一定道理的。

今天的互联网的基础是在几十年内由各大财团和非正式工作组建立起来的，后者由政府发起的研究型实验室、大学、独立的技术人员和机构组成。这些大多不以盈利为目的的集体通常专注于建立开放标准，目的是在不同的服务器之间共享信息，从而更容易针对未来的技术、项目和想法展开协作。

这种方法的好处是多方面的。例如，任何一个可以联网的人都能在几分钟内免费使用纯 HTML 创建一个网站，而使用像 GeoCities 这样提供个人主页服务的平台速度会更快。这个网站的单一版本可以（至少有可能）被每一个连接到互联网的设备、浏览器和用户访问。此外，没有用户或开发者需要"脱媒"，只要他们愿意，就可以为任何人制作内容并与之对话。而通用标准的使用也意味着雇用外部供应商并与之合作，整合第三方软件和应用程序，以及重新使用代码都更加容易，而且费用更低。这些标准中有许多是免费和开源的，这意味着个人的创新往往有利于整个生态系统，同时给需要付费的专有标准带来了竞争压力，并有助于遏制网络和用户之间的平台——设备制造商、操作系统、浏览器和互联网服务提供商等的寻租倾向。

---

① 美国加州北区地方法院在 Epic Games 起诉苹果公司的裁决中写道："法庭认为斯威尼先生本人对元宇宙的未来所秉持的信念是真诚的。"

　　更重要的是，所有这些都不会阻止企业在互联网上盈利、部署付费墙或建立专有技术。相反，互联网的开放性使更多公司能够在更多领域建立起来，触达更多用户，实现更大利润，同时也防止了前互联网巨头（主要是电信公司）控制互联网。开放性也是人们普遍认为互联网实现了信息民主化的原因。当今世界上大多数最有价值的上市公司都是在互联网时代创立或重生的，这也得益于它的开放性。

　　不难想象，如果互联网是由跨国媒体集团为了销售小部件、提供广告服务、获取用户数据或控制用户的端到端体验①而创建的，那会是怎样的不同场景：下载一张 JPG 格式的图片可能要花钱，而下载一张 PNG 格式的图片可能要再多支付 50% 的费用。视频通话可能只有通过由宽带运营商自己的应用程序或入口才能实现，或者只对那些由同一宽带供应商提供服务的用户开放。（想象一下这种情形："欢迎来到您的 Xfinity Browser™，点击这里获取由 Zoom™ 提供的 Xfinitybook™ 或 XfinityCalls™。对不起，'奶奶'不在我们的网络中，但您只要花 2 美元，就可以与她通话……"）想象一下，如果开发一个网站需要一年或 1 000 美元。或者，如果网站只能在 IE 浏览器或谷歌浏览器中运行，而你必须支付年费才能使用某个浏览器。或者你只有向你的宽带供应商支付额外的费用，才能阅读某些编程语言或使用某种网络技术。（再想象一下这种情形："这个网站需要 Xfinity Premium 与 3D 技术。"）当美国政府在 1998 年以涉嫌违反"反托拉斯法"为由起诉微软公司时，该案件的起因是微软决定将自己专有的 IE 浏览器与 Windows 操作系统捆绑。然而，如果互联网是由一家公司创造的，难道它还会允许一个与之形成竞争的浏览器存在吗？如果该公司一家独大，它是否会允许用户在这些浏览器上做他们想做的任何事情，比如访问和修改他们选择的任何一个网站？

———————

① 美国电话电报公司和"美国在线"都尝试过，但都失败了。——译者注

目前，人们预测元宇宙会是一个"企业互联网"。互联网的非营利性质和早期历史源于这样一个事实：政府发起的研究型实验室和大学实际上是唯一拥有计算人才、资源和建立"网络的网络"这一宏大目标的机构，而在营利性部门中很少有人理解其商业潜力。**但对于元宇宙来说，情况大不相同，而且恰恰相反，它是由私人企业开创和建立的，它的目标很明确，那就是提供商业服务、收集数据、出售广告位和销售虚拟产品。**

更重要的是，在元宇宙涌现的时候，最大的垂类和横向技术平台已经对我们的生活以及现代经济的技术和商业模式产生了巨大影响。这种力量在一定程度上反映了数字时代深刻的反馈循环。例如，梅特卡夫定律指出，通信网络的价值与用户数量的平方成正比，这种关系有助于大型社交网络和服务保持增长，并对新晋竞争对手构成挑战。而任何一项基于人工智能或机器学习的业务，随着其数据集的增长，都能从类似的优势中获益。互联网广告和软件销售的主要商业模式也是规模驱动的，因为出售另一个广告位或应用程序的公司几乎没有增量成本，广告商和开发商主要关注的都是消费者已经在哪里，而不是他们可能在哪里。

但是，为了确保用户和开发者群体基础，同时也为了扩展到新的领域并打压潜在的竞争对手，科技巨头在过去 10 年里一直在想方设法关闭它们的生态系统。具体来说，它们将自己的许多服务强行捆绑在一起，阻止用户和开发者轻易地导出自己的数据，关闭各种合作伙伴程序，百般阻挠开放标准的制定和发布，因为这会令它们蒙受损失，甚至会撼动它们的行业霸主地位，当然，它们也可能采用间接的阻挠手段。这些手段与反馈循环相结合，产生了更多的用户和更大的利润，而这实际上关闭了互联网的大部分权限。如今，开发者要想获得这些，必须先获得许可并支付费用。而用户几乎没有自己的在线身份、数据所有权。

　　正是在这一点上，对元宇宙中反乌托邦式世界的恐惧似乎是合情合理的，而不是危言耸听。元宇宙意味着人们的工作、生活、休闲等活动的比重在虚拟世界中将不断增加，而不仅仅是通过数字设备和软件对现实世界中的这些部分进行扩展或辅助。它将成为数百万人乃至数十亿人的平行世界，位于我们的数字和实体经济之上，并将两者结合起来。因此，控制这些虚拟世界及其虚拟组成部分的公司将比那些在今天的数字经济中处于领先地位的公司更具统治力。

　　同时，元宇宙也将使当今数字化存在的许多难题，例如数据权利、数据安全、虚假信息和激进化、平台权力和监管、技术滥用和用户幸福感变得更加尖锐。因此，在元宇宙时代处于领先地位的公司，其理念、文化和优先考虑的事项将决定未来是比现在更好还是更糟，而不仅仅是虚拟化程度或能带来多少利润。

　　在世界上最大的公司和最有雄心的初创公司投身元宇宙之际，用户、开发者和消费者必须明白：**我们对自己的未来有决定权，并有能力对现状进行"重置"**。没错，元宇宙即使不可怕，也会让人望而生畏，但它也提供了一个机会，让人们更紧密地联系在一起，改变那些长期抵制颠覆、必须发展的行业，并建立一个更平等的全球经济体系。这让我们看到了元宇宙最令人兴奋的一个方面：今天，人们对它的了解是多么有限。

THE METAVERSE
透视元宇宙

今天，我们对元宇宙的了解必须从科幻走进现实

1. 元宇宙是一处工作和休闲之所，是自我实现和体力消耗之所，更是艺术和商业的中心。

2. 理想中的元宇宙并不以征服或牟取暴利为核心，而是以合作、创造和自我表达为核心。

3. 元宇宙的灵感已经从科幻小说和专利转变成消费者和企业技术的发展前沿。它们的边界更多在于人类的想象力，而不是技术限制。

4. 斯蒂芬森、吉布森、鲍德里亚等人想象的元宇宙的其中一个版本必将实现。而在这个元宇宙中，将会出现许多争夺霸权的"战争"。

5. 元宇宙提供了一个机会，让人们更紧密地联系在一起，改变那些长期抵制颠覆、必须发展的行业，并建立一个更平等的全球经济体系。这让我们看到了元宇宙最令人兴奋的一个方面：今天，人们对它的了解是多么有限。我们对自己的未来有决定权，并有能力对现状进行"重置"。

困惑与不定：是炒作，还是真未来

尽管人们对元宇宙充满幻想，但这个术语没有统一的定义或描述。大多数行业领导者以符合他们自己的世界观或能彰显自己公司能力的方式来定义它。

微软首席执行官萨提亚·纳德拉将元宇宙描述为一种可以将"整个世界变成一个应用程序"的平台[1]，并可以通过云软件和机器学习进行功能扩展。你应该能想到，微软已经有了一个"技术堆栈"[2]，这是对尚不确定的元宇宙的一种"自然契合"。该技术堆栈涵盖了该公司的 Windows 操作系统、云计算产品 Azure、通信平台 Microsoft Teams、AR 头显 HoloLens、游戏平台 Xbox、职场社交平台 LinkedIn，以及微软自己的"元宇宙"，包括《我的世界》、《微软模拟飞行》（*Microsoft Flight Simulator*），乃至太空题材的第一人称射击游戏《光环》（*Halo*）。[3]

马克·扎克伯格在表达 Facebook 的元宇宙愿景时侧重于沉浸式 VR①，以及将相距遥远的不同个体连接起来时的社交体验。值得注意的是，Facebook 的 Oculus 部门在产品销量和投资方面都很容易成为 VR 市场的领导者，而其社交网络是全球最大和使用人数最多的。与此同时，《华盛顿邮报》将 Epic Games 对元宇宙的愿景描述为"一个广阔的、数字化的公共空间，用户可以在这里自由地与品牌互动，允许自我表达和释放快乐……用户可以和朋友一起玩《堡垒之夜》这样的多人游戏，随后通过流媒体平台奈飞（Netflix）观看电影，然后带他们的朋友去试驾一辆新车，这辆虚拟世界中的新车与现实世界中的对应物完全一样。（在斯威尼看来）它不会是由 Facebook 等平台提供的精心设计的、充斥着各类广告的新闻推送"。[4]

在许多情况下，高管在讨论元宇宙时使用的描述表明，他们虽然觉得有必要使用这个流行语，但并未真正掌握它的整体含义。对于他们的业务来说，情况更是如此。2021 年 8 月，Tinder、Hinge 和 OKCupid 等交友网站所属的 Match 集团表示，它们的服务很快就会提供"增强功能、自我表达工具、对话式人工智能和一些我们认为是元宇宙的元素，这些元素可以改变在线会面和相互了解的过程"。虽然该集团没有进一步详细说明，但据推测，其元宇宙计划将围绕虚拟商品、货币、化身和改进约会场景等方面展开。

虽然元宇宙的定义尚不明确，但它似乎即将到来，因此腾讯、阿里巴巴和字节跳动等中国科技巨头开始将自己定位为元宇宙的领导者。而其国内竞争对手在陈述自己也会成为这个价值数万亿美元的未来领域的先行者时，显

---

① 从技术层面看，"虚拟现实应用"指的是计算机生成的对三维物体或环境的模拟，具有看似真实、直接或像现实世界中一样的用户体验和互动。在现代的使用情景中，它常指的是沉浸式 VR，可使用户完全沉浸其中，与观看电视等设备上的画面时只有部分感官沉浸其中的体验完全不同。

得有些力不从心。例如，中国游戏巨头网易的投资者关系主管在该公司2021年第三季度的财报电话会议上说："元宇宙的确是当今的全球新流行语。与此同时，我认为没有人真正亲身体验过它。但在网易，我们已经做好了技术上的准备。当这一天到来时，我们知道如何积累知识和相关的技能组合。因此，我认为当这一天真正到来时，我们很可能成为元宇宙领域的领跑者之一。"[5]

在扎克伯格首次详细介绍了其元宇宙战略一周后，美国消费者新闻与商业频道（CNBC）的吉姆·克拉默（Jim Cramer）发现自己成了网友嘲讽的对象，因为他在向华尔街投资者解释元宇宙时不知所云。[6]

> **克拉默**：你得看看 Unity Technologies 第一季度的电话会议内容，它真正解释清楚了什么是元宇宙。元宇宙代表一种理念，它认为你……你基本上可以在 Oculus 或其他什么中看到一切。你说："我喜欢那个人穿那件衬衫的样子，我想订购那件衬衫。"它是或最终是英伟达推出的，或订购过程是使用英伟达的技术实现的。当我在英伟达公司与黄仁勋一起工作时，会发生什么？你可以想象，这是可以想象的。戴维，听我说。因为这很重要。
>
> **戴维·费伯（David Faber）**：我最近看到了扎克伯格对元宇宙的解释……
>
> **克拉默**：他说得一点儿也不清楚……一点儿也不！
>
> **费伯**："元宇宙是一种持续性同步环境，在那里我们可以待在一起，我认为这可能与我们今天看到的社交平台的某种混合体有些类似，但不同之处在于，元宇宙是一种你能够沉浸其中的环境。"从这段话中我们能够了解它是什么，它是"全息甲板"①。

---

① 全息甲板是电影《星际迷航》中出现的一种技术，联邦星舰企业号上的船员可以利用全息甲板探索模拟环境或参加互动式虚拟体验。——编者注

克拉默：它是一个全息图，类似于……

费伯：……类似于《星际迷航》……

克拉默：……最终，你独自进入了一个房间，你感觉有点儿孤独。而你喜欢古典音乐，当你走进房间，对你看到的第一个人说："你认为你喜欢莫扎特吗？你听过《哈夫纳》（Haffner）吗？"然后对你看到的第二个人说："在听《哈夫纳》之前，你有没有听过贝多芬的《第九交响曲》？"现在我来告诉你，这些人并不存在。

费伯：明白了。

克拉默：这就是元宇宙。

在克拉默明显感到困惑的同时，科技界的许多人仍在对元宇宙的关键要素争论不休。

从 Facebook 到微软再到 Roblox：元宇宙，一个永无止境的虚拟世界

一些观察家争论的焦点是：AR 是元宇宙的一部分，还是与之分离；元宇宙是只能通过沉浸式 VR 头显来体验，还是在用户使用这类设备时获得的体验最好。在加密货币和区块链领域的许多人看来，元宇宙是当今互联网的一个去中心化版本，由用户而不是平台控制其底层系统，以及他们自己的数据和虚拟商品。其中一些观点值得我们深思，如 Oculus VR 前首席技术官约翰·卡马克（John Carmack）认为，如果某家公司在元宇宙领域一家独大，那么元宇宙就无法成为我们想要的元宇宙。Unity

元宇宙先锋

THE METAVERSE

Technologies 的首席执行官约翰·里奇蒂洛（John Riccitiello）并不认同这种观点，但他也指出，要想解决中央控制的元宇宙带来的危险，需要采用 Unity Technologies 的跨平台引擎和服务套件等技术，它们"降低了花园围墙的高度"。Facebook 没有表示元宇宙是否可以由私人运营，但该公司认为，元宇宙只有一个，是一个整体，就像"互联网"一样，不存在"一个互联网"或"多个互联网"。而微软和 Roblox 公司则在谈论"多个元宇宙"。

　　按照人们对元宇宙达成的共识，我们可以这样描述它：一个永无止境的虚拟世界，其中的每个人都有一个有趣的化身，在身临其境的 VR 游戏中竞争赢取积分，他们可以选择自己最喜欢的社区，并随心所欲地扮演自己幻想中的角色。这在欧内斯特·克莱恩（Ernest Cline）的《玩家 1 号》（*Ready Player One*）中得到了体现。这部 2011 年出版的小说被视为斯蒂芬森的《雪崩》的主流精神继承者，并在 2018 年被斯皮尔伯格改编为电影《头号玩家》。与斯蒂芬森一样，克莱恩从未对元宇宙（或他所谓的"绿洲"）做出明确的定义，而是围绕在其中可以做什么和成为怎样的人来描述它。这种对元宇宙的看法类似于普通人在 20 世纪 90 年代对互联网的理解：它是"信息高速公路"或"万维网"，我们用键盘和鼠标"冲浪"，只不过元宇宙采用的是 3D 形式。20 多年后我们发现，用互联网的概念去理解元宇宙是非常糟糕的做法且会造成误导。

　　关于元宇宙的分歧和困惑，再加上它与部分反乌托邦科幻小说的联系，即技术资本家操控着虚拟世界和真实世界的人类生存，招来了各种各样的批评。一些人认为很多公司只是把这个术语当作噱头，其他人则想知道元宇宙与游戏《第二人生》的体验有何不同。《第二人生》已经存在了几十年，虽然一度被认为会改变世界，但最终还是消失在了人们的记忆中，并从玩家的个人电脑上卸载了。

一些记者认为，大型科技公司突然对元宇宙这个模糊的概念感兴趣，实际上是为了避免监管。[7]该观点认为，如果世界各国政府相信一个颠覆性的平台转变即将到来，即使是历史上最大、地位最稳固的公司也不需要由政府动手拆分，自由市场和竞争对手将完成这项工作。另一些记者的观点则恰恰相反，元宇宙正在被这些竞争对手利用，借监管机构之手对今天的大型科技巨头展开反垄断调查。在以反垄断为由对苹果提起诉讼的一周前，Epic Games 首席执行官蒂姆·斯威尼在 Twitter 上称"苹果公司已经堵住了元宇宙的实现之路"，该公司的法律文件详细说明了苹果公司的哪些政策将阻碍它的出现。[8]负责这起诉讼的联邦法官似乎至少接受了"将元宇宙作为监管策略"这一部分，他在法庭上表示："我们应该清楚。Epic Games 公司之所以出现在这里，是因为如果不对苹果公司的行为加以限制，这家价值数十亿美元的公司很可能会变成数万亿美元的公司。但它这样做并不是出于内心的善意。"[9]

法官还提到，关于 Epic Games 对苹果公司和谷歌公司的诉讼，"记录显示，有两个主要原因促使 Epic Games 采取行动。首先，Epic Games 寻求的是能够带来巨大金钱收益和财富的系统变革。其次，诉讼是一种挑战苹果公司和谷歌公司政策和做法的机制，而这两家公司的做法都阻碍了斯威尼先生对即将到来的元宇宙的构想。[10]也有人认为，首席执行官们正在用这个词来为那些自己钟爱的、离公开发布还有好几年的研发项目背书，这些项目可能比预计发布时间晚得多，而且对股东缺乏吸引力。

令人困惑是一切颠覆的重要特征

所有新的、特别是具有颠覆性的技术都值得审视和怀疑。但是，目前关于元宇宙的争论仍然没有尘埃落定，因为至少到目前为止，元宇宙还只是一种理论。它是一种尚不明确的构想，而不是一种实际可感知的产品。因此，很难伪造元宇宙的具体内容，而且每一家公司都难免会根据自身能力和偏好做出理解。

然而，看到元宇宙潜在价值的公司数量之多，也正说明了这个机会的巨大和它会带来的多样性。更重要的是，什么是元宇宙、它有多重要、它何时到来、它将如何运作以及它所需要的技术进步，正是围绕对这些问题的争论，产生了影响广泛的颠覆机会。具有不确定性和令人困惑并不代表这个概念不可行，它们正是其颠覆潜力的特征。

参考一下互联网。维基百科对互联网的描述如下，而且自 2005 年前后一直到现在基本没有变化：由相互连接的计算机网络组成的全球系统，使用 TCP/IP 协议在网络和设备之间通信。它是一个"网络的网络"，由地方到全球范围内的私人、公用、学术、商业和政府网络组成，通过一系列电子、无线和光学网络技术连接。互联网承载着广泛的信息资源和服务，如相互链接的超文本文件和万维网的应用、电子邮件、电话和文件共享。[11]

维基百科的描述涵盖了互联网的一些基本技术标准，并明确了它的覆盖范围以及一些用例。今天，普通人很容易读到这个定义，然后根据自己的使用情况对它进行判断，并且可能认识到为什么它是一个有效的定义。但是，即使你在 20 世纪 90 年代理解了这个定义，它也没有清楚地解释未来可能是什么样子的，即便是在经历了"千年虫"病毒之后，情况依然如此。甚至连专家都不十分清楚我们要在互联网上构建什么，更不用说什么时候构建或者通过什么技术构建了。**如今，互联网的潜力和需求是显而易见的，但在当时，几乎没有人能够针对未来构建一个统一的、易于理解的、正确的愿景。**

这种不明晰导致了一些常见的错误类型。有时，新兴技术被视为一个微不足道的玩具。有时，即便人们了解其潜力，也不清楚它的本质。大多数情况下，人们不明白哪些具体的技术将蓬勃发展，以及为什么会这样，但有时，除了具体的时间点之外，我们什么都猜对了。

1998 年，即将在 10 年后获得诺贝尔经济学奖的保罗·克鲁格曼（Paul Krugman）写了一篇（无意中）具有讽刺意味的文章《为什么大多数经济学家的预测是错误的》（*Why Most Economists' Predictions Are Wrong*）。他这样写道："互联网的增长将急剧放缓，因为人们很快就会发现梅特卡夫定律，即'一个网络的价值与联网的用户数的平方成正比'这一结论是错误的。大多数人彼此之间无话可说！到 2015 年左右，人们会发现，互联网对经济的影响并不比传真机大。"[12]

克鲁格曼的预测早于互联网泡沫破裂，也早于 Facebook、腾讯和 PayPal 等公司的创立，但很快事实就证明他的预测是错误的。然而，在他发表声明之后，围绕互联网的重要性展开的争论持续了十几年。例如，直到 2015 年左右，好莱坞才意识到，要将他们的业务核心转向互联网，而不仅仅是 YouTube 视频和 Snapchat 故事等低成本、用户生成的内容。

人们即使对下一个平台的重要性有了充分的了解，也仍可能并不清楚其技术前提、相关设备的作用和商业模式。1995 年，微软创始人兼首席执行官比尔·盖茨写下了著名的"互联网浪潮"（Internet Tidal Wave）备忘录，他在其中解释说，互联网"对我们业务的每一部分都至关重要"，是"自 1981 年 IBM 个人电脑问世以来最重要的一次发展"。[13] 这一观点被认为是微软"包围、扩展再消灭"（Embrace, Extend, Extinguish）战略的起点，美国司法部认为这是该公司利用其市场力量追赶并消灭互联网软件和服务市场领导者而采取的措施的一部分。

在比尔·盖茨的备忘录公开 5 年后，微软推出了它的第一个手机操作系统。然而，该公司误判了主流手机所采用的元素（触摸屏）、平台商业模式（应用商店和服务，而不是操作系统销售）、设备的作用（成为大多数购买者的主要计算设备，而不是次要设备）、吸引力程度（对所有人而言）、最佳价位（500 ～ 1 000 美元），以及作用（大多数功能，而不仅仅是工作和接打电话）。正如众所周知的那样，微软的错误始于 2007 年，而当时正值第一款 iPhone 发布。当被问及该设备的前景时，微软的第二位首席执行官史蒂夫·鲍尔默（Steve Ballmer）笑着回答道："500 美元？全额补贴？有计划吗？我说那是世界上最贵的手机……而且它对商业用户没有吸引力，因为它没有键盘。它注定无法成为一个很好的电子邮件收发工具。"[14] 苹果的 iPhone 和 iOS 操作系统，以及谷歌的安卓系统所迸发的颠覆性力量令微软的手机操作系统元气大伤且一直没有复原。安卓系统面向的是微软的许多典型 Windows 制造商，如索尼、三星和戴尔，但安卓系统是免许可的，甚至与设备制造商分享应用商店的部分收入。到 2016 年，全球大部分互联网用户使用的都是移动计算机。2017 年，即第一部 iPhone 问世 10 年后，微软宣布停止开发 Windows Phone。

作为消费互联网崛起的最大赢家之一，Facebook 最初也误判了移动互联网时代，但它能在被取代之前改正自己的错误。Facebook 曾错误地认为人们访问互联网主要是通过浏览器，而不是应用程序。

　　在苹果推出 iPhone 的 App Store 4 年后，在它开展著名的"为其打造一款应用"（There's an app for that）广告活动 3 年后，在儿童教育节目《芝麻街》（Sesame Street）模仿该活动 2 年后，Facebook 这个社交网络巨头仍然专注于基于浏览器的体验。虽然 Facebook 确实在苹果发布 App Store 的同一天发布了一个移动应用，并迅速成为在移动设备上访问 Facebook 的最常见方式，但这个应用实际上只是一个在非浏览器界面加载 HTML 的"瘦客户端"①。

　　2012 年中期，Facebook 终于重新推出了它的 iOS 应用，"从头开始重建"面向特定设备的代码。在一个月内，扎克伯格说，用户消费的"新闻推送故事量翻了倍"，"作为一家公司，我们犯的最大错误是在 HTML5 上押注了太多……我们不得不重新开始，把所有东西都改写成原生的。我们白白浪费了两年时间"。[15] 具有讽刺意味的是，Facebook 很晚才转向原生应用程序，而该公司被视为将业务转向移动领域的成功案例也有这方面的原因。在2012 年，Facebook 的移动广告收入占总广告收入的份额从不足 5% 飙升至23%，但这恰恰说明了该公司在过去几年中因押注 HTML5 而损失了多少移动领域的收入。Facebook 转变较晚还带来了其他后果，如错失机会和减少数十亿美元的收入。在做出转变 10 年后，Facebook 的产品中拥有最多日活跃用户的是 WhatsApp。WhatsApp 是 Facebook 在 2014 年以近 200 亿美元收购的项目。WhatsApp 于 2009 年开发，是一款智能手机通信应用。当时，Facebook 处于拥有近 3.5 亿月活跃用户的领先优势。华尔街的许多人也认为Instagram 是其最有价值的资产。Instagram 是 Facebook 在重新推出 iOS 应用前的几个月以 10 亿美元收购的移动原生社交网络。

---

① 瘦客户端（thin client）指的是在"客户端－服务器"网络体系中的一个基本无需应用程序的计算哑终端。——译者注

虽然微软和 Facebook 在未来技术方面犯了根本性的错误，但其他许多押对了技术的公司以失败告终，因为没有市场支持。在互联网泡沫破灭前的几年里，人们将数百亿美元投在了美国各地的光纤网络建设上。由于铺设更多光纤对应的边际成本很低，因此在很多支持者的推动下，美国各地铺设的光纤数量远超需求。他们希望通过满足现有和未来的流量需求来垄断区域市场。然而在当时，互联网流量将在未来几年呈指数级增长这种信念本身是错误的。最终，只有不到 5% 的光纤被"点亮"，其余的则从未投入使用。

今天，横跨美国的数千千米"暗光纤"在很大程度上成了该国数字经济发展的助推器，默默地帮助内容所有者和消费者以较低的价格享受高带宽、低延迟。但是，从铺设这些线缆到现在的几年里，许多相关企业相继破产，包括 Metromedia Fiber Network、KPNQwest、360networks，以及美国历史上规模最大的破产企业之一 Global Crossing。其他几家公司，如 Qwest 和 Williams 通信公司，勉强逃过一劫。尽管世界通信公司和安然公司最终因财务造假而破产，声名狼藉，但它们误认为高速宽带将迅速供不应求，在光纤网络建设上投入数十亿美元加剧了其破产过程。安然公司深信人们对高速数据的需求迫在眉睫且难以满足，因此在 1999 年公布了交易带宽期货（如石油或硅）的计划，并认为其他企业会提前数年购买带宽，以免未来每比特交付成本大大增加。

技术转型之所以难以预测，就在于它不是由任何一项发明、创新或个人推动的，而是许多变化共同作用的结果。在一项新技术诞生后，社会和个人发明者会对它做出反应，从而产生新的行为和新的产品，这反过来又导致了基础技术新的用例，从而激发了更多新的行为和创造，如此往复。

递归革新（recursive innovation）的特点决定了，即使是 20 年前笃信互联网的人也很少预测到它今天的使用方式。最准确的预测通常是一些陈词滥调，如"我们将实现更多人上网，更频繁地使用更多的设备，实现更多功能"，而最不准确的预测往往是那些准确描述我们将在网上做什么，何时、何地、如何做，以及为了什么目的而做等内容。当然，很少有人能想象到在未来，整整几代人将主要通过表情符号、推文或拍摄的简短"故事"进行交流。或者，在社交新闻站点 Reddit 的股票投资论坛上，结合 Robinhood 等交易平台提供的免费和简单投资功能，将推动"你只能活一次"（You Only Live Once）交易策略的兴起，这反过来又将 GameStop 和 AMC 娱乐等公司从受新型冠状病毒肺炎疫情影响的破产危机中拯救出来。又或者，TikTok 上 60 秒长的混音音乐将重新定义美国"公告牌"音乐排行榜，并随之成为人们通勤时的背景音乐。据报道，20 世纪 50 年代，IBM 的产品规划部门花了整整一年时间，"坚持认为全国范围内的市场上不会超过 18 台计算机"。[16] 为什么？因为该部门无法想象，除了为了使用 IBM 当时正在开发的软件和应用程序之外，怎么可能有其他人需要这些设备。

　　无论你认为元宇宙一定会到来，还是对此持怀疑态度，还是介于两者之间，你都应该接受这样一个事实：现在我们还无法确定元宇宙到来时"生活中的一天"是什么样子的，以及那将带给我们怎样的体验。但无法准确预测人们将如何使用它，以及它将给人们的日常生活带来哪些改变，并不是坏事。恰恰相反，它是超时空颠覆性力量的先决条件。为即将到来的情况做好准备的唯一方法是将重点放在共同实现它的那些技术和特性上。**换句话说，我们必须对元宇宙进行定义。**

THE METAVERSE
透视元宇宙

超时空的颠覆力，元宇宙一定会到来的先决条件

1. 看到元宇宙潜在价值的公司数量之多，也正说明了这个机会的巨大和它会带来的多样性。更重要的是：什么是元宇宙、它有多重要、它何时到来、它将如何运作以及它所需要的技术进步，正是围绕对这些问题的争论，产生了影响广泛的颠覆机会。

2. 尽管人们对元宇宙充满幻想，但这个术语没有统一的定义或描述。大多数行业领导者以符合他们自己的世界观或能彰显自己公司能力的方式来定义它。

3. 在许多情况下，高管在讨论元宇宙时使用的描述表明，他们虽然觉得有必要使用这个流行语，但并未真正掌握它的整体含义。对于他们的业务来说，情况更是如此。

4. 现在我们还无法确定元宇宙到来时"生活中的一天"是什么样子的，以及那将带给我们怎样的体验。但无法准确预测人们将如何使用它，以及它将给人们的日常生活带来哪些改变，并不是坏事。恰恰相反，它是超时空颠覆性力量的先决条件。

8 个元素，精确定义元宇宙

有了上文这些重要内容的铺垫，我们就可以讨论元宇宙的具体定义了。虽然由于很多组织和机构都想在元宇宙的定义上掌握话语权，使得它的定义中存在矛盾之处，也有大量含义混淆之处，但我相信，即使身处元宇宙历史的早期，我们依然有可能给出一个清晰、全面和有用的定义。

我在写作和讨论有关元宇宙的内容时，对元宇宙的定义是：**大规模、可互操作的网络，能够实时渲染 3D 虚拟世界，借助大量连续性数据，如身份、历史、权利、对象、通信和支付等，可以让无限数量的用户体验实时同步和持续有效的在场感。**

本章将介绍这个定义中的每个元素，而在接下来论述的过程中，我不仅会解释元宇宙，还将阐述元宇宙与今天的互联网有何不同：要实现元宇宙，我们需要做些什么，以及它何时可能到来。

元素 1：虚拟世界，完美再现现实世界

　　如果说元宇宙的定义中存在让所有人（包括它的拥护者、怀疑者，甚至是那些几乎不熟悉这个词的人）认同的部分，那就是：它依托于虚拟世界。几十年来，建立虚拟世界主要是为了制作电子游戏，比如《塞尔达传说》（*The Legend of Zelda*）或《使命召唤》（*Call of Duty*），或者是为了制作剧情片，比如迪士尼旗下的皮克斯电影动画工作室制作的动画、华纳兄弟的《黑客帝国》。这也就是元宇宙经常被误认为是一种游戏或娱乐体验的原因。

　　虚拟世界是指由计算机生成的模拟环境。这些环境可以是沉浸式 3D、3D、2.5D（也叫作等距 3D）、2D 环境，通过 AR 在"真实世界"上分层，也可以是纯粹基于文本的，如 20 世纪 70 年代出现的游戏式 MUD 和非游戏式 MUSH。这些虚拟世界中可以没有个人用户，比如在皮克斯的电影中，在为了于生物课上演示而模拟的一个生态圈中。在其他情况下，虚拟世界面向的可能只是单个用户，如单人游戏《塞尔达传说》，也可能是多用户共享的，如多人联机游戏《使命召唤》。这些用户可能通过任意数量的设备，如键盘、运动传感器，甚至是追踪他们的运动的摄像头，与这个虚拟世界相互影响。

　　从风格上看，虚拟世界分为三类：第一类是对现实世界的完美再现（这些虚拟世界通常被称作"数字孪生"）；第二类是象征现实世界的虚构版本，如《超级马里奥：奥德赛》（*Super Mario Odyssey*）中的新唐克城（New Donk City），2018 年推出的在 PS① 上运行的《漫威蜘蛛侠》（*Marvel's*

---

① PS 是 PlayStation 的简称，是日本索尼公司开发的系列游戏机。PS1、PS2、PS3、PS4、PS5 均为已推出版本。——编者注

Spider-Man）中面积为实体 1/4 大小的曼哈顿城；第三类是完全虚构的世界，人们在其中可以完成很多他们在现实世界中不可能完成的事。虚拟世界可以设定为"游戏性的"，也就是说完成一定的目标，如获胜、杀戮、得分、击败或解决问题；也可以设定为"非游戏性的"，如进行教育或职业培训、商业、社交、冥想、健身等。

《动物之森》，驱动虚拟世界流行的伟大推手

也许令人惊讶的是在过去 10 年中，虚拟世界的发展和流行，在很大程度上都是在那些不以游戏性为目标或弱化游戏性目标的领域实现的。参考一下专门针对任天堂 Switch 游戏机制作的最畅销游戏吧，你可能以为我指的是 2017 年推出的《塞尔达传说：旷野之息》（*The Legend of Zelda: Breath of the Wild*）或《超级马里奥：奥德赛》。人们通常认为这两款游戏应该跻身有史以来最伟大的游戏之列，在历史上最受欢迎的电子游戏名单中也应占有一席之地。但这两款游戏都没能获此殊荣，胜出的是《动物之森：新视野》（*Animal Crossing: New Horizons*），它的上市时长不到其他两款任天堂游戏的 1/3，销量却比它们高出近 40%。虽然《动物之森：新视野》名义上是一款游戏，但玩家从事的实际上非常类似于一种虚拟形式的园艺工作。该游戏没有明确的目标，更不以赢为目的。玩家可以在一个热带岛屿上收集和制作物品，建立一个拟人化的动物社区，并与其他玩家交易装饰品和自己制作的物品。

近年来，虚拟世界创造的最大增长是在没有任何"游戏性"的世界实现的。例如，人们利用流行游戏引擎 Unity 创建了中国香港国际机场的一个数字孪生，目的是模拟客流、检修维护问题或跑道备份的影响，以及其他会影响机场设计选择和运营决策的事件。在其他案例中，人们会重建整个城市，然后与车辆交通、天气和其他市民服务的实时数据反馈进行连接，如警察、消防、救护车响应等数据。这种数字孪生的目标是使城市规划者能够更好地了解他们所管理的城市，并在区域划分、建筑审批等方面做出更明智的决策。例如，一个新的商业购物中心会对紧急医疗或出警时间造成哪些影响？某个建筑设计会对风况、城市温度或市中心的光线产生哪些不利影响？事实证明，虚拟世界是帮助人们了解上述情况的重要手段。

虚拟世界的创造者可以有一个，也可以有许多个；他们可以是专业人士，也可以是业余爱好者。不管他们是否以盈利为目的，都没有关系。然而，随着创建虚拟世界的成本、时间和难度急剧下降，它们的受欢迎程度也迅速提高，而这反过来又导致了虚拟世界数量的增加，以及虚拟世界之间和虚拟世界内部多样性的大大增加。以游戏 *Adopt Me!* 为例，它是 Roblox 平台上的一款游戏，在 2017 年夏天由两位独立开发者和其他几名没有经验的人共同开发。4 年后，这款游戏一度拥有近 200 万玩家（《塞尔达传说：旷野之息》在其生命周期内大约售出 2 500 万份），到 2021 年底，这款游戏的玩家使用次数已经超过了 300 亿次。

有些虚拟世界是完全持续性的，这意味着在其中发生的一切都可以永久存在，而在非持续性虚拟世界中，每个玩家的体验都会被重置。介于两者之间的虚拟世界是更常见的情况。想一想著名的 2D 横向卷轴游戏《超级马里奥兄弟》，它于 1985 年发布在任天堂娱乐系统（Nintendo Entertainment

System)^①上，第一关持续时间不超过 400 秒。如果玩家在此之前生命值为 0，他们可能会获得一条额外的生命，从而能够重新开始游戏，但这一关的虚拟世界将被完全重置，一切从头开始。也就是说，所有死去的敌人都会复活，玩家收集的所有物品也会被清空。然而，在《超级马里奥兄弟》中，一些物品可以持续存在。玩家在挑战第 4 关失败时，在之前的关卡中得到的硬币以及他们在游戏中的进程可以保留下来，直到耗尽所有生命值，之后所有数据才会被重置。

有一些虚拟世界则被限制在特定的设备或平台上。例如《塞尔达传说：旷野之息》《超级马里奥：奥德赛》和《动物之森：新视野》，它们只在任天堂 Switch 上运行。还有一些可以在多个平台上运行，比如任天堂的手机游戏，它们可以在大多数安卓和 iOS 设备上运行，但无法在任天堂 Switch 或任何其他游戏机上运行。有些游戏则是完全跨平台的。2019—2020 年，《堡垒之夜》在所有主要的游戏机（如任天堂 Switch、微软 Xbox One、索尼 PS4）、个人电脑设备（即运行 Windows 或 Mac OS 的设备）以及顶级移动平台（iOS 和安卓）上都可以使用。^② **这意味着单个玩家可以通过几乎任何设备访问游戏、账号和自己拥有的商品（例如虚拟背包或运动服）。** 在其他情况下，这些游戏名义上可以在多个平台上运行，但体验是相互隔绝的。《使命召唤》移动版与只有 PC 版和主机版的《使命召唤》战地版共享选定的账户信息，它们都是具有类似地图和机制的大逃杀游戏，但在其他方面就不同了，一个虚拟世界的玩家不能与另一个虚拟世界的玩家对战。

---

① 任天堂娱乐系统是欧美版的叫法，指的就是任天堂发行的第一代游戏机，中文名称为"红白机"。——编者注

② 在 Epic Games 于 2020 年 8 月起诉苹果公司后，苹果公司将《堡垒之夜》从其 App Store 中下架。

　　与现实世界一样，虚拟世界的管理模式也有很大不同。这些虚拟世界大多数是由开发和运营这个世界的个人或公司集中控制的，因此对该虚拟世界的经济、政策和用户享有单方面的控制权。在其他情况下，用户通过各种民主方式进行自我管理。一些基于区块链的游戏渴望在推出后尽可能地实现自主运营。

元素 2：3D，互联网的下一个伟大迈进

　　尽管虚拟世界有很多维度，但 3D 是元宇宙的一个关键部分。如果没有 3D，我们描述的元宇宙就和当前的互联网没什么区别了。毕竟，由留言板、聊天服务、网站建设者、图像平台和内容构成的互联网络已经存在并流行了几十年。

　　3D 的必要性不仅仅是因为它预示着新事物的出现。元宇宙的理论家认为，**为了使人类文化和劳动实现从物理世界向数字世界的过渡，必须借助 3D 环境**。例如，扎克伯格声称，与 2D 网站、应用程序和视频通话相比，3D 对人类来说是一种更直观的互动模式，特别是在社交应用中。当然，人类几千年来的进化并不是为了使用一个平面的触摸屏。

　　我们还必须考虑过去几十年来网络社区的性质和运营经验。20 世纪 80 年代至 90 年代初，互联网大多是文本形式的。一个在线用户通过用户名或电子邮箱地址或书面资料来表示他们的身份，并通过聊天室和留言板来表达自己的观点。20 世纪 90 年代末至 21 世纪初，个人电脑开始能够存储更大的文件，而互联网的速度提升使得上传和下载这些文件变得切实可行。因此，大多数互联网用户开始通过资料、照片展示自己，或者用包含少量低分辨率图片有时甚至是音频剪辑的个人网站来展示自己。第一批主流社交网络由此出现，如 MySpace 和 Facebook。20 世纪末至 21 世纪第二个 10 年刚刚

开始时，全新的在线社交形式开始出现。不经常更新的个人博客时代已成过去，由一张封面照片和一串陈旧的纯文本状态更新组成的 Facebook 页面的时代同样一去不复返。取而代之的是，用户通过几乎源源不断的高分辨率照片甚至视频来表达自己，其中许多照片和视频都是在旅途中拍摄的，而这些用户发布它们的目的只是分享自己在某时某刻正在做什么、吃什么或想什么。同样，这也是由 YouTube、Instagram、Snapchat 和 TikTok 等全新的社交媒体网络引领的。

这段历史给予我们的经验是：首先，人类会寻找最能代表他们所体验的世界的数字模型，这个模型需要包含丰富的细节，混合音频和视频，并且能够提供一种"在现场"的感觉，而不是静态或过时的画面。其次，随着我们的在线体验变得更加"真实"，我们将更多的现实生活放在网络上，将更多的时间花在网络上，从总体上看，人类文化更多地受到网络世界的影响。最后，这种变化比较明显的标志通常是新的社交应用程序的出现，而这些应用程序通常首先受到年轻一代的欢迎。综合来看，这些经验似乎支持这样的观点：**3D 是互联网的下一个伟大迈进。**

如果情况属实，我们可以想象"3D 互联网"最终会颠覆那些在很大程度上抵制数字颠覆的行业。几十年来，未来学家一直预测，教育，特别是高等教育和职业培训将在一定程度上被远程教育取代，而传统面对面形式教育的成本会持续增加，并且以高于平均通货膨胀率的数量级增加，此外，学院和大学的申请人数将继续激增。但实际情况是这些机构的教学模式大多没有改变，就连世界上最负盛名的学校都没有尝试推出能在质量或口碑方面能够媲美面对面授课的同类远程教育项目，部分原因是雇主似乎不太认可这些项目。而许多父母通过新型冠状病毒肺炎疫情期间的居家学习意识到，让儿童通过 2D 触摸屏学习存在诸多弊端。

许多人认为，3D 虚拟世界和仿真模拟，以及 VR 和 AR 头显的改进，将从根本上重塑我们的教学实践。具体而言，来自世界各地的学生将进入一个虚拟教室，与他们的同伴坐在一起，并与他们的老师进行眼神交流。他们还能缩小成血细胞，在人类的循环系统中旅行。之后，这些先前只有 15 微米高的学生会被重新放大，并解剖一只虚拟猫……

需要强调的是，尽管元宇宙应该被理解为一种 3D 体验，但这并不意味着元宇宙内的一切都将是 3D 形式的。许多人还会在元宇宙中玩 2D 游戏，或使用元宇宙来访问软件和应用程序，然后使用移动时代的设备和界面来体验这些软件和应用程序。此外，3D 元宇宙的出现并不意味着整个互联网和计算都将过渡到 3D 形式。早在 15 年前，人们就进入了移动互联网时代，但许多人仍然在使用非移动设备和网络。此外，两台移动设备之间的数据传输仍然主要依靠有线互联网基础设施。而且，尽管互联网在过去 40 年里不断发展，但仍存在离线网络和使用专有协议的网络。然而，正是 3D 技术使得如此多的新体验能够在互联网上建立起来，这也创造了接下来我们要描述的非凡的技术挑战。

我们还应该注意，元宇宙的任何一部分都不把沉浸式 VR 或 VR 头显作为必要条件。这些可能是体验元宇宙最流行的方式，但沉浸式 VR 只是其中一种访问方式。认为沉浸式 VR 是体验元宇宙的必备条件，就像认为移动互联网只能通过应用程序访问，因此排除了移动浏览器一样。事实上，我们甚至不需要屏幕就能访问移动数据网络和移动内容，就像车辆跟踪设备、选择耳机、无数机器对机器物联网（IoT）设备和传感器经常遇到的情况一样。顺便说一下，元宇宙也不需要屏幕，这部分内容我将在第 9 章中详细介绍。

元素3：实时渲染，使虚拟世界"活"起来

渲染是使用计算机程序生成一个2D或3D物体或环境的过程。这个程序的目标是"求解"一个由许多不同的输入、数据和规则组成的方程式，其中，规则决定什么应该被渲染（即可视化）和什么时候进行渲染，并通过使用各种计算资源，如图形处理单元（Graphics Processing Unit，GPU）和中央处理单元（Central Processing Unit，CPU）呈现最终效果。与数学问题一样，随着可用来求解该问题的资源（在我们这个例子中是指时间、CPU/GPU的数量和处理能力）不断增加，你可以解开更复杂的方程式，并在解决方案中给出更多细节。

以2013年的动画片《怪兽大学》（*Monsters University*）为例。即使使用工业级的计算处理器，这部电影的120 000多帧画面平均每一帧都需要29小时才能渲染完成。总的来说，即使在不替换任何一个渲染画面或不改变任何一个场景的情况下，这部电影仅渲染一次就需要两年多。考虑到这一挑战，皮克斯建立了一个由2 000台连在一起的工业级计算机组成的数据中心，这些计算机具有24 000个内核，在这些内核全部使用的情况下，可以在大约7秒内渲染出一个画面。[1] 当然，大多数公司负担不起这种超级计算机产生的费用，因此要花更多的时间等待。例如，许多建筑和设计公司需要等一个晚上才能得到一个高度精细的模型。

如果你正在制作一部将在IMAX屏幕上放映的好莱坞大片，或者当你在出售一项价值数百万美元的建筑翻新工程时，应该优先考虑视觉保真度。然而，在虚拟世界中的体验需要实时渲染。如果没有实时渲染，虚拟世界的大小和视觉效果将严重受限，参与的用户数量和每个用户可用的选项也会受到限制。为什么会出现这种情况？因为通过预先渲染的图像来体验一个沉浸

式环境需要每一个可能的序列都是预先制作好的，这就好比一本可选择剧情的冒险小说只能提供少量的选择，而不是无限的选择。换句话说，更出色的视觉效果的代价是更少的功能和代理。

例如，可以比较一下在电子游戏中导航罗马斗兽场和在谷歌地图上做同样的事情。两者都提供了 360 度的视角和多维度的移动（向上或向下看，向左或向右、向后或向前移动），但前者严重限制了人们的选择：如果你决定仔细观察某块石头，你能做的就是放大一个不是为这种仔细观察而设计的图像。图像本身是模糊的，而且视角是固定的。

尽管实时渲染可以使虚拟世界"活"起来，并对一个或一群用户的输入做出反应，但这意味着每秒必须至少渲染 30 帧，最好是 120 帧。这种限制必然会影响使用哪些硬件、使用多少硬件以及循环多少次，从而使渲染过程变得复杂。你猜得没错，沉浸式 3D 需要比 2D 更强大的计算能力。正如一般的建筑公司无法与迪士尼子公司建造的超级计算机抗衡一样，普通用户也买不起企业使用的 GPU 或 CPU。

元素 4：互操作性，元宇宙经济将驱动统一的传输标准

大多数元宇宙愿景的核心是用户能够将他的虚拟内容，如虚拟化身或背包，从一个虚拟世界带到另一个虚拟世界中，在那里，用户可以改变它的外观、进行出售，或与其他商品重新混合。例如，如果我在《我的世界》中买了一套服装，我可能会在 Roblox 中穿着，或者我可能会用我在《我的世界》中买的帽子搭配我在 Roblox 中赢得的毛衣，并在参加国际足球联合会开发和运营的虚拟比赛时穿戴。如果参赛者在这次活动中收到了独家物品，他们可以把它们随身带到另一个场景中，甚至可以在第三方平台上出售，就像出

售 1969 年第一届伍德斯托克音乐节的纪念 T 恤一样。

此外，元宇宙应该允许用户无论走到哪里或者选择做什么，他们的成就、历史，甚至财务状况都能在众多的虚拟世界和现实世界中得到认可。与之最相似的是国际护照系统、当地市场的信用评分，以及国家身份识别系统（如社会安全号码）。

为了实现这一愿景，虚拟世界必须首先实现"互操作性"，这个术语是指计算机系统或软件交换和利用彼此发送的信息的能力。

互操作性最典型的例子是互联网，它使无数独立、异质、自治的网络能够安全、可靠、以可理解的方式在全球范围内交换信息。所有这些都是通过采用 TCP/IP 协议实现的，这是一套通信协议，告诉不同的网络应该如何进行数据分组、寻址、传输、路由和接收。这套协议由 IETF 管理，这是一个非营利性的技术标准化组织，曾隶属于美国联邦政府，后来成为一个完全独立的全球性机构。

TCP/IP 协议的建立并没有单独产生我们今天所知的全球可互操作的互联网。我们说"互联网"而不是"一个互联网"，并选择使用"互联网"而不是其他实际的替代品，是因为几乎全球所有计算机网络，从中小型企业和宽带供应商到设备制造商和软件公司，都自愿接受这个 TCP/IP 协议。

此外，该组织还成立了新的工作机构，来确保无论互联网和万维网变得多么庞大和分散，它都能继续互操作。这些机构负责管理顶级分层网络域名（.com、.org、.edu）的分配和扩展，以及 IP 地址、统一资源定位符（Uniform Resource Locator，URL；用于指定计算机网络上某个资源的位置）等和 HTML。

同样重要的是，该组织为互联网上的文件建立了共同的标准（比如，数字图像的 JPEG 格式和数字音频的 MP3 格式），为互联网上的信息建立了共同系统，这些共同系统是根据不同网站、网页和网络内容（如 HTML），以及能够呈现这些信息的浏览器引擎（苹果的 WebKit）之间的联系而建立的。在大多数情况下，人们会先建立几个相互竞争的标准，然后再通过技术解决方案对这些标准进行相互转换（例如，将 JPEG 格式转换为 PNG 格式）。由于早期网络的开放性，这些替代方案大多是开源的，并力求最大限度的兼容性。今天，一张用 iPhone 拍摄的照片可以很容易地上传到 Facebook，然后从 Facebook 下载到 Google Drive，再发布到亚马逊的评论中。

互联网展示了在异质应用、网络、设备、操作系统、语言、区域、国家等之间建立、维护和扩大互操作性所需的系统、技术标准和协议的范围。然而，要实现一个可互操作的虚拟世界网络的愿景，还需要更多努力。

今天，几乎所有最流行的虚拟世界都使用各自不同的渲染引擎（许多发行机构在它们的游戏中使用了不同的渲染引擎），用完全不同的文件格式保存各自游戏中的物体、纹理和玩家数据，并且只保存玩家有可能需要的信息，也不存在能够与其他虚拟世界共享数据的系统。因此，现有的虚拟世界没有明确的方法来寻找和识别彼此，也没有共同的语言来沟通交流，更不用说连贯的、安全的和全面的联系了。

这种隔绝和分裂源于这样一个事实，即今天的虚拟世界及其构建者从未将自己的系统或体验设计成互操作形式的，而是打算将它们设计成具有可控经济体的封闭式体验，并据此不断进行优化。

而且，要想建立标准和解决方案，并没有显而易见、简单易行的方法，你可以想一想"可互操作的化身"。对于开发人员来说，就图像的定义和如何呈现它达成一致相对容易，对于图片这种由一个个彩色像素组成的静态2D内容单元来说，将它从一种图像文件格式（比如PNG）转换为另一种格式（JPEG）也非常容易。然而，3D化身则是一个更复杂的问题。具体来说，化身是一个完整的穿着衣服的3D形式的人，还是由身体头像加上服装组成的？如果是后者，他们穿多少件衣服，衬衫与套在衬衫上的夹克的定义是什么？一个化身的哪些部分可以重新着色？哪些部分必须一起重新着色（袖子是否与衬衫分开）？一个化身的头部是一个完整的对象，还是由几十个子元素，如单个眼睛（有自己的视网膜）、睫毛、鼻子、雀斑等组成的描述。此外，用户期望一个拟人化的水母化身和一个盒子状的机器人以不同方式移动。其他对象的情况也是如此。如果虚拟化身的脖子上有一处文身，那么无论他做什么动作，文身都应该固定在他的皮肤上。然而，当化身移动时，挂在脖子上的领带应该随着他的移动而移动，并且与之交互。而且领带的移动方式应该与贝壳项链不同，而贝壳项链的移动方式也应该与羽毛项链不同。仅仅分享化身的维度和视觉细节是不够的。开发人员需要理解它们的工作方式，并达成一致。

即使新的标准得到认可和改进，开发者仍需要能够正确解释、修改和批准第三方虚拟物品的代码。如果《使命召唤》想从《堡垒之夜》导入一个角色，那么《使命召唤》很可能想重新设计这个角色，以适应自己的现实主义风格。为此，它可能会拒绝导入那些在其虚拟世界中没有意义的内容，如《堡垒之夜》著名的 Peely 皮肤，一个巨大的拟人化香蕉（它可能无法适应《使命召唤》的汽车或门框的尺寸）。

　　其他问题也需要解决。**如果一个用户在一个虚拟世界中购买了一件虚拟物品，然后在其他许多虚拟世界中使用它，那么他们的所有权记录在哪里管理，这条记录如何更新？另一个虚拟世界如何代表其所谓的所有者申请该物品，然后验证该用户是否拥有该物品？如何管理货币化？**可以看到，不可改变的图像和音频文件不仅比 3D 物品更简单，而且我们可以很容易在计算机和网络之间发送它们的副本，关键是，不需要控制它们此后的使用方式以及谁有权使用它们。

　　而上述挑战还只是关于虚拟物品本身的。在可互操作的身份识别、数字通信，特别是支付方面，还存在着额外的、在很大程度上也非常独特的挑战。

　　更重要的是，我们希望被选中的标准更高效。以 GIF 格式为例。虽然它很常见，但在技术实现上很糟糕。通常，GIF 图像的文件相对较大，尽管经过压缩的源视频文件已经丢弃了许多帧，剩下的帧也已经失去了许多视觉细节，但文件依然很大。而采用 MP4 格式的文件，其大小通常是采用 GIF 格式的文件大小的 1/10 ～ 1/5，而且视频清晰度更高，细节更丰富。因此，GIF 的相对广泛使用会占用额外的带宽，等待文件加载的时间会更长，带来的整体体验更糟糕。这种结果似乎并不可怕，但我将在后文介绍，元宇宙对计算、网络和硬件的要求将是前所未有的。而 3D 虚拟物体要比图像文件大得多，而且可能重要得多。因此，格式的选择将对能够展示哪些内容、在哪些设备上展示，以及什么时候展示产生深远的影响。

　　标准化的过程是复杂、混乱和漫长的，它实际上是一个伪装成技术问题的商业和人类问题。**与物理定律不同的是，标准是通过共识而不是发现建立起来的。**达成共识往往需要做出让步，这样一来，任何一方都不会完全满意，也可能会导致不同派别之间"各自为政"。然而，这个过程从未结束。

新的标准不断涌现，旧的标准也在更新，有时甚至被废弃（我们正在慢慢弃用 GIF）。3D 形式的标准化进程是在虚拟世界出现几十年后才开始的，并且面临着损失数万亿美元的高风险，这将使这一进程更加困难。

从上述挑战来看，一些人认为，"元宇宙"不太可能成为现实，而许多竞争性的虚拟世界网络会出现。这种观点并不是第一次出现。20 世纪 70 年代至 90 年代初，人们就一直在争论是否会建立一个共同的互联网标准（这个时期被称为"协议战争"）。大多数人预计，世界及其网络将被分散在少数几个专有的网络堆栈中，这些堆栈只与特定的外部网络对话，而且只用于特定的目的。

事后看来，将互联网作为一个整体的价值是显而易见的。没有它，今天 20% 的世界经济就不会是"数字化"的，其余的大部分也不会是由数字化促成的。虽然不是每个公司都能从开放性和互操作性中获利，但大多数企业和用户都能受益。因此，可互操作性背后的驱动力不太可能是某个有远见的声音或新引进的技术，而将是经济。而最大限度利用经济学的手段将依赖于共同的标准，这些标准将通过吸引更多的用户和更多的开发者来增强元宇宙的经济活力，这将带来更好的体验，同时，这些体验的实现成本降低，运营利润提高，从而能够吸引更多投资。只要允许经济引力发挥作用，就没有必要让所有人都接受共同标准。毕竟，采纳共同标准的人会成长，拒绝采纳的人则会受限。

正因如此，理解如何构建元宇宙互操作性的标准才如此重要。**当这个互联网的继承者出现时，其中的引领者将拥有非凡的软实力。在许多方面，它们将决定物理规则，以及何时、如何以及为何更新这些规则。**

元素 5：大规模扩展，是虚拟世界而不是数字主题公园

为了让"互联网"成为"互联网"，我们普遍接受它必须有一个看似无限数量的网站和页面。例如，它不能只是少数开发者所拥有的少数门户网站。元宇宙也秉承着相似的原则。如果它要成为"元宇宙"，就必须拥有大规模的虚拟世界；否则，它更像是一个数字主题公园——一个拥有少数精心策划的景点和体验的目的地，永远不可能像外面的真实世界那样多样化，或者与之抗衡。

解读 Metaverse 一词的词源有助于理解元宇宙的含义。斯蒂芬森提出的这个新名词由希腊语前缀 meta 和词干 verse 组成，其中 verse 是 universe 一词的后缀。在英语中，meta 的大概意思是"超越"或"超出"。例如，metadata（元数据）是描述数据的数据，而 metaphysics（形而上学）指的是哲学的一个分支，"关于存在、特性和变化，空间和时间，因果关系，必然性和可能性"，而不是研究"物质、物质的基本成分、物质通过空间和时间的运动和行为，以及相关的能量和力量实体"。[2] 结合起来，meta 和 verse 是指一个统一的层次，位于所有单独的、由计算机生成的"宇宙"以及现实世界之上，这就好比宇宙中大约有数十万亿亿颗恒星一样。

此外，在元宇宙中，还可能存在"元星系"。元星系是一个虚拟世界的集合，它们都在一个单一的权力结构下运作，并通过一个视觉层清晰地连接起来。

根据这一定义，Roblox 就是一个元星系，而 *Adopt Me!* 则是一个虚拟世界。为什么？因为 Roblox 是一个由数百万个不同的虚拟世界组成的网络，其中之一就是 *Adopt Me!*，但 Roblox 并不包含所有虚拟世界，这也是我们称它为元星

系的原因。值得注意的是，单个虚拟世界本身可能有特定的子领域，就像互联网上的网络有自己的子网络一样，或者就像地球上的大陆包含着许多国家，这些国家可以进一步划分为州或省，而每个州或省都包含市、区、县等。

为了理解元星系在元宇宙中的作用，你可以想象 Facebook 在互联网中的作用。Facebook 显然不是互联网，但它是一个整合了 Facebook 页面和个人资料的集合。从简单的意义上讲，它是今天的二维元星系的一个版本。通过这样的类比，我们也可以考虑元宇宙可互操作性的可能程度。在现在的宇宙中，并不是所有物品都可以流通。我们可以把一把吉他带到金星，但它会立即被压碎；从技术角度看，把一个俄亥俄州的农场带到月球是可行的，但这是不现实的。在地球上，大多数人类制造的物品可以被带到大多数人类创造的地方，然而，我们有各种社会、经济、文化和安全方面的限制，这些限制会阻碍我们那样做。

虚拟世界数量的增长应该会推动其使用量的增加。包括蒂姆·斯威尼在内的虚拟世界领域的一些引领者认为，**最终每个公司都需要运营自己的虚拟世界**，它们既是独立的星球，又是《堡垒之夜》和《我的世界》等领先虚拟世界平台的一部分。正如斯威尼所说："就像几十年前每个公司都创建了自己的网页，然后在某个时刻每个公司又都创建了自己的 Facebook 页面一样。"

元素 6：持续性的挑战，我们很难记录自己的所有"足迹"

早些时候，我们讨论了虚拟世界中"持续性"的概念。目前几乎没有一款游戏表现出完全的持续性。相反，它们在重置部分或全部虚拟世界之前，只运行了有限的一段时间。以热门游戏《堡垒之夜》和《自由之火》（*Free Fire*）为例。在整个比赛过程中，玩家建造或摧毁各种建筑，放火烧毁森林，或猎捕野生动物，但在 20 ～ 25 分钟后，地图有效地"结束"，并被 Epic Games 和 Garena 公司删除数据，永远不会被玩家重新体验，即使他们保留了在该比赛中赢得或解锁的物品。实际上，即使在一场特定的比赛中，虚拟世界也会删除一些数据，例如不可摧毁的岩石上的弹痕，它可能在 30 秒后被"清除"，以减少渲染的复杂性。

并非所有虚拟世界都像《堡垒之夜》中的比赛那样可以重置。例如，《魔兽世界》是持续运行的。然而，如果说它的虚拟世界是完全持续性的，仍然是错误的。如果玩家进入《魔兽世界》中地图的一个特定区域，击杀敌人后离开，当返回时，他们往往会发现那些敌人已经重生了。如果游戏中的商人在一天前才向玩家出售了一件稀有道具，那么第二天，他可能会向玩家提供第二件道具，就好像这是他们的第一件道具一样。只有当开发者（动视暴雪公司）进行了大规模的更新后，虚拟世界才会发生变化。玩家自己不能影响一个特定的选择或事件的后果是否会无限期地持续下去。唯一能够留存下来的是玩家的记忆，以及他们击败敌人或购买物品的记录。

虚拟世界中的持续性的挑战可能有点难以把握，因为我们在现实世界中并不会遇到这个问题。如果你在现实中砍了一棵树，它就消失了，不管你自己是否记得砍了它。而对于一棵虚拟的树，你的设备和管理它的服务器必须主动决定是否保留这些信息，渲染它，并与他人共享场景。如果选择这样做，还有更多的细节问题需要考虑：这棵树只是"消失了"，还是被砍倒在地？玩家需要看到它是从哪一边被砍倒的，还是只要看到它被砍倒后的样子？它是否会被"生物降解"？如果是的话，情况又会是怎样的？在一般情况下，它又会对当地环境做出怎样的反应？你应该意识到，可持续性信息越多，计算需求就越大，可用于其他活动的内存和计算资源就越少。

《星战前夜》，一个持续存在的虚拟奇迹

计算 - 持续性相互作用的最佳例子就是游戏《星战前夜》（*EVE Online*）。虽然没有像 21 世纪初的其他原生代元宇宙，比如《第二人生》或 Roblox 这样的新游戏或游戏平台那样出名，但《星战前夜》确实是一个奇迹。除了偶尔因排除故障和更新而停机之外，《星战前夜》自 2003 年推出以来一直持续不断地运行。与《堡垒之夜》等游戏不同的是，《星战前夜》并没有将数千万玩家置于持续时间为 20 ～ 30 分钟的 12 ～ 150 人比赛中，而是将其每月数十万的用户置于一个单一的、共享的虚拟世界中，该虚拟世界涵盖了近 8 000 个星系和近 70 000 颗行星。

《星战前夜》非凡的虚拟世界依托一个创新的系统架构，而且主要是出色的创意设计。

《星战前夜》的虚拟世界本质上只是空荡荡的 3D 空间，壁纸背景看起来像一个星系。用户无法真正地访问一个星球，采矿等活动更类似于设置无线路由器，而不是建造一个虚拟平台。因此，游戏的持续性主要表现为管理一套相对适度的权利（如玩家的飞船和资源）和相关的位置数据。这意味着这款游戏的发行商 CCP 游戏公司的服务器和用户的计算工作较少，他们的设备不需要渲染一个发生了改变的世界，只需要渲染其中的一些物体。还记得吗？复杂性是实时渲染的劲敌。

此外，在《星战前夜》中，每天、每季度甚至每年发生的

事情都很少。这是因为《星战前夜》的目标，就其存在的程度而言，是让各派玩家征服行星、星团和星系。这主要是通过建立公司、形成联盟，以及制定舰队的战略来实现的。为此，《星战前夜》的大部分活动实际上是在现实世界中通过第三方信息应用和电子邮件进行的，而不是在 CCP 游戏公司的服务器上进行的。玩家花了数年时间来策划攻击方案，在敌方公会中做卧底，以便伺机而动，并建立巨大的个人网络来交易资源和建造新的飞船。虽然大规模的战斗确实会发生，但这种情况非常罕见，而且战斗只会破坏虚拟世界中的资产（如飞船），而不是虚拟世界本身。对处理器来说，管理虚拟世界中的资产比管理虚拟世界本身容易得多，就像把花园里的杂草扔进垃圾桶比了解它会对花园生态系统产生怎样的影响要容易得多。

　　《星战前夜》之所以成为一个特别的例子，是因为从技术层面和社会学层面来说，它是非常复杂的，但同时，与大多数人对元宇宙的设想相比，它又非常有限。在斯蒂芬森的《雪崩》中，元宇宙是一个行星大小、细节丰富的虚拟世界，有几乎无限多的独特商业场所、可参观的地方、可从事的活动、可购买的东西和能够遇见的人。几乎任何用户在任何时候所做的任何事情都可以持续存在。这一原则不仅适用于虚拟世界，也适用于其中的单个物体。我们的化身身上会留下岁月痕迹，我们的虚拟运动鞋穿久了会磨损。而且根据互操作性原则，无论我们走到哪里，这些变化都会持续存在。为了创造和维持这种体验，必须读取、写入、同步化（下文将详细介绍）和渲染的数据量不仅是前所未有的，而且远远超出了今天的处理能力。然而，斯蒂芬森在小说中描绘的元宇宙很有可能并不理想。他的构想是人们在元宇宙虚拟的家中醒来，然后步行或乘火车到一个虚拟酒吧。虽然拟物化

（skeuomorphism）^①操作通常具有实用性，但其中的"主街"作为虚拟世界中一切事物的单个统一层，可能并不实用。元宇宙中的大多数参与者宁愿从一个目的地被传送到另一个目的地。

幸好，管理一个用户的数据（比如，他们拥有的物品和所做的事情）在不同世界和时间上的持续性，比管理每个用户在一个行星大小的世界中做出哪怕最微小改变的持续性，要容易得多。这种模式也更能反映今天的互联网的特点，这可能也是我们喜欢的交互模式。在网络上，我们经常直接导航到一个网页，例如谷歌文档中的某个文件或 YouTube 上的一个视频。而不会从某个互联网主页开始，然后点击访问谷歌，最后再导航到相应的页面。

此外，互联网的存在与任何一个网站、平台或顶级域名（如 .com）无关。如果一个网站甚至许多网站不再存在，上面的内容可能会丢失，但互联网作为一个整体将持续存在。用户的许多数据，如浏览痕迹（cookies）或 IP 地址，都可以在没有特定网站、浏览器、设备、平台或服务的情况下存在，更不用说他们创造的内容了。然而，如果一个虚拟世界下线、重置或关闭，对玩家来说，里面的一切就都不存在了。即使这个虚拟世界继续运作，但当玩家停止在这里玩游戏时，他们拥有的虚拟商品、历史记录和取得的成就，甚至他们的部分社交图谱都可能丢失。当虚拟世界本身只是以游戏为目的时，这个问题并不严重。但对于人类社会而言，如果转移到虚拟空间是为了实现某些意图，比如为了教育、工作、医疗，我们在这些空间所做的

---

① 拟物化是图形设计中使用的一种技术，它会通过模仿现实世界中的对应事物来设计界面。例如，使用 iPhone 的第一个"笔记"应用程序时，用户可以在带有红线的黄色纸张上打字，就像使用纸质的记事本一样。

事情必须可靠地持续下去，就像我们的小学成绩单和棒球奖杯那样。包括约翰·洛克（John Locke）在内的哲学家认为，身份是记忆的延续。如果是这样，那么只要我们所做的和曾经做过的一切都被遗忘了，我们就永远不可能有一个虚拟的身份。

在单个虚拟世界中增加持续性，对于元宇宙的发展至关重要。我将在本书接下来的章节中介绍，在过去 5 年中流行起来的许多设计理念并不是新的，而是提出了新的可能性。因此，我们目前可能很难弄清楚为什么《魔兽世界》需要永远确切地标记用户在刚刚下过雪的雪地上踩出的脚印，但有可能一些设计师最终会找出答案，不久之后，持续性将成为许多游戏的核心特性。在那之前，最需要持续性的虚拟世界可能是那些围绕虚拟房地产建立的虚拟世界，或者与物理空间相联系的虚拟世界。例如，我们希望数字孪生经常更新，以反映它们在现实世界中的对应事物的变化，而且纯虚拟的房地产平台不会"抹去"样板间中的装饰物。

元素 7：同步性，实时共享或虚拟死亡

我们希望元宇宙中的虚拟世界并不只是持续存在或实时回应我们，而是能成为共享的体验。要做到这一点，虚拟世界的每个参与者都必须有一个能够在特定时间内传输大量数据的互联网连接（高带宽），以及一个低延迟（快速）、持续性（持续、不间断）的虚拟世界服务器（包括进出）连接。

这看起来好像并不是一个无法满足的要求。毕竟，数以千万计的家庭此刻可能正在播放高清视频，而在整个新型冠状病毒肺炎疫情大流行期间，全球经济体系在很大程度上是通过实时和同步的视频会议软件得以维持的。随

着互联网中断的情况越来越少，宽带供应商也在继续吹嘘并做出带宽和延迟方面的改进。

然而，同步在线体验可能是当今元宇宙面临的最大限制，也是最难解决的一个问题。简单来说，互联网不是为同步共享体验而设计的，而是为了能将一方的消息和文件的静态副本与另一方共享而设计的。这里的另一方是指那些不断访问这些内容的研究实验室和大学。虽然这听起来是不可思议的限制，但今天几乎所有的在线体验都面临这样的限制，具体的原因是，几乎没有人需要连续性连接来感受生活，或者说，没有人需要这种连续性！

当用户认为他们正在浏览一个实时网页，例如不断更新的 Facebook 新闻消息或《纽约时报》的实时选举消息时，他们实际上只是在"冲浪"更新频率很高的页面。实际发生的情况是这样的：首先，用户的设备通过浏览器或应用程序向 Facebook 或《纽约时报》的服务器发出请求；接下来，服务器处理该请求，并返回适当的内容。这些内容包括按给定的时间间隔（比如，每 5 秒或每 60 秒）向服务器请求更新的代码。此外，这些来自用户的设备或相关服务器的传输内容，都可能经过不同的网络到达接收者的设备。虽然这感觉像是一个实时的、连续的和双向的连接，但它实际上只是成批的单向、经过不同路由的非实时数据包。我们所说的"即时通信"应用程序也采用同样的模式。用户和他们之间的服务器，实际上只是互相推送固定的数据，同时以较高频率对信息请求进行响应，即发送消息或发送阅读回执。

就连奈飞采用的也是这种非连续性机制，尽管"流媒体"一词和目标体验——不间断播放似乎表明情况并非如此。事实上，该公司的服务器一直向用户发送不同批次的数据，其中许多数据从服务器传输到用户端要经过不同的网络路径。奈飞甚至经常在用户需要内容之前就已将内容推送给了他们，比如额外推送 30 秒的内容。

如果发生暂时性传输错误，例如，某条路径拥堵，或者用户暂时无法连接 Wi-Fi，视频将继续播放。奈飞采用的这种非连续性机制会让用户感觉视频是连续播放的，但这只是因为它采用非连续性方式返回了内容。

奈飞也有其他招数。例如，该公司在向观众开放视频权限之前的几个月到几小时内都会收到这些视频文件。这给了该公司一个窗口，在此期间，它可以进行大量基于机器学习的分析，从而能够通过分析帧数据来确定哪些信息可以被删除，从而"压缩"文件。比如，该公司的算法在"观察"一个有蓝天的场景时决定，如果用户的网络带宽突然下降，就将 500 种不同的蓝色简化为 200 种、50 种或 25 种。流媒体平台的分析甚至可以根据上下文来执行相应的算法，比如对话场景可以比那些节奏更快的动作场景更适合压缩。此外，奈飞还会在本地节点上预加载内容。当你要求看最新一集的《怪奇物语》（*Stranger Things*）时，这部分内容实际上距离你只有几个街区，因此马上就能出现在你眼前。

上述方法之所以有效，是因为奈飞提供的是一种非同步的体验；你不能为正在制作的实时内容"预先做任何事"。这就是为什么美国有线电视新闻网（CNN）或 Twitch 的现场视频流，可靠性会远远低于奈飞或 HBO Max 的点播流。但即使是直播平台也有自己的技巧。例如，传输通常会延迟 2 ～ 30 秒，这意味着在暂时出现网络拥堵的情况下，平台仍有机会预先发送内容。内容提供者的服务器或用户也可以通过插播广告的方法，在发现之前的服务器不可靠的情况下重置连接。大多数实时视频只需要一个单向的连续性连接，比如，从 CNN 的服务器到用户端的连接。有时，实时视频需要双向连接，如用 Twitch 聊天时，但在这种情况下，用户共享的只是极少量的数据，也就是聊天本身的数据，这并不重要，因为它不会直接影响视频的播放。记住，实际上这些事情可能发生在 2 ～ 30 秒之前。

总的来说，除了实时渲染的多用户虚拟世界之外，很少有在线体验需要高带宽、低延迟和连续性连接。大多数体验只需要上述三项要求中的一个或最多两个得到满足即可。高频股票交易员，尤其是高频交易算法，希望交易能在尽可能短的时间内完成，因为这可能关系到买入或卖出证券对应的利润或损失。然而，订单本身是基本的和轻量级的，不需要连续性服务器连接。

Zoom、Google Meet 或 Microsoft Teams 等视频会议软件例外。在使用这些软件时，许多人同时接收和发送高分辨率视频文件，并参与到一个共享的体验中。然而，这些体验只有通过软件解决方案才能实现，对于有许多参与者需要实时渲染的虚拟世界来说，并不真正可行。

回想一下你上次使用 Zoom 进行视频会议时的情形。时不时地，有几个数据包可能到达得太晚，或者根本没有发送过来，这意味着有一两个字你没有听到，或者你的一些话没有被视频会议中的其他人听到。尽管如此，你和其他参加视频会议的人仍能理解发言者所讲的内容，通话可以继续。如果你的连接暂时中断，但很快又恢复了，Zoom 可以把你错过的数据包重新发送给你，然后加快回放速度，并删除停顿，以便"赶上"你的进度去呈现"实时性"。你的连接有可能完全中断，这要么是由于你的本地网络出现了问题，要么是由于你的本地网络和远程 Zoom 服务器之间出现了问题。如果发生了这种情况，你可能会在没有人知道你离开的情况下重新加入，即使他们知道，你的缺席也不太可能引起混乱。这是因为视频会议是由一个人主导的共享体验，而不是由许多用户共同主导的共享体验。如果你是发言者呢？好消息是，在没有你的情况下，通话仍可以继续进行，要么有另一个参与者成为新的发言者，要么大家等你重新加入。如果在某一时刻，网络拥堵到你或其他人根本无法听到或看到正在发生什么的地步，Zoom 将停止上传或下载通话中各成员的即时视频，以优先处理最重要的事情——音频。或者，通话可能被不同的延迟所干扰，也就是说，有的人在接收"现场直播"的视频和音频时，会比其他人晚 0.25 秒、0.5 秒，甚至整整 1 秒，这就给轮流发言带来了困难并导致连续性中断。最终，你的视频会议软件可能会给出处理这个问题的方法，只是需要一点耐心。

虚拟世界对性能有着更高的要求，甚至比视频通话更容易受到哪怕是最轻微的连接中断等故障的影响。实时传输的数据集要复杂得多，而且需要及时地从所有用户那里得到数据。

与视频通话实际上有一个发起者和几个参与者不同，虚拟世界通常有许多共享参与者。因此，任何个体的数据丢失，不管丢失的时间多么短暂，都会影响集体的体验。即使一个人的数据没有完全丢失，只是与其他连接者稍微不那么同步，他也会完全丧失影响虚拟世界的能力。

想象一下玩一个第一人称射击游戏。如果玩家 A 落后于玩家 B 75 毫秒，玩家 A 可能会朝他认为玩家 B 所在的位置开枪，但玩家 B 和游戏服务器都知道玩家 B 已经离开了。这种差异意味着虚拟世界的服务器必须决定谁的体验是"真实的"，也就是说，哪些内容应该被呈现出来，并在所有参与者中持续存在，而哪些人的体验必须被拒绝。在大多数情况下，滞后的参与者的场景内容将被拒绝，以便其他参与者可以继续玩游戏。如果元宇宙中的许多人体验到的是相互矛盾的版本，也就是无效的版本，那么它就不能真正作为人类生存的平行平面而发挥作用。

　　每个模拟中的用户数量方面存在的计算限制往往意味着，如果一个用户从某个会话中断开连接，他可能永远无法重新加入。这不仅破坏了该用户的游戏体验，也破坏了他的朋友的游戏体验，如果他们想继续一起玩，就必须退出虚拟世界，或者在没有该用户参与的情况下继续玩。

　　换句话说，延迟和滞后可能会让奈飞和 Zoom 的个人用户感到沮丧，但在虚拟世界中，这些问题将使个人面临虚拟死亡的风险，而集体则处于持续沮丧的状态。在写作本书时，约有 3/4 的美国家庭可以经常进入大多数实时渲染的虚拟世界。在中东地区，只有不到 1/4 的家庭能做到这一点。

　　围绕同步性面临的挑战展开的讨论，对于理解元宇宙未来几十年的发展方向和增长趋势至关重要。尽管许多人认为元宇宙依赖于设备的创新，如 VR 头显、游戏引擎（如虚幻引擎）或 Roblox 等平台，但网络能力将在很大程度上定义并限制哪些内容是可行的、什么时候可行，以及它们面向的是哪些用户。

　　没有简单、廉价或快速的解决方案，我们需要新的电缆基础设施、无线标准、硬件设备，甚至可能需要对 TCP/IP 协议的基本元素进行大幅调整，如大幅调整边界网关协议（Board Gateway Protocol，BGP）。这一点我将在后面的章节中介绍。

　　大多数人都没有听说过 BGP 协议，但这个协议的应用非常广泛，它通过管理数据在不同网络中的传输方式和位置，扮演着数字时代交通卫士的角色。BGP 协议面临的挑战在于，它最初是为在互联网上分享静态、异步文件的情况而设计的。它不知道，更不了解自己在传输什么数据，无论是电子邮件、现场演示，还是在实时渲染的模拟环境中用于躲避虚拟枪击的一组输入，也不知道传输的方向（入栈或出栈），以及遇到网络拥堵时会受到的影响等。相反，BGP 协议遵循了一种相当标准化的一刀切的路由流量方法，从本质上说，它权衡了最短路径、最快路径和最经济路径（通常偏好最后一个变量）。因此，即使一个连接是连续性的，它也可能是一个不一定会被选用的路径较长的（隐藏）连接，并且可能被切断，以便对不需要实时交付的网络流量进行优先级排序。

BGP 协议是由 IETF 管理的，可以进行修改。然而，具体能不能修改，取决于成千上万不同互联网服务提供商、私人网络、路由器制造商、内容交付网络等是否支持这项修改。可以说，即便 BGP 协议的内容有了实质性更新，但对于一个全球规模的元宇宙来说，也可能是不够的，至少在不久的将来是不够的。

元素 8：无限用户和个体存在，让用户瞬间聚集

虽然斯蒂芬森没有给出具体时间，但《雪崩》中的各种参考资料表明，故事发生在 21 世纪第二个 10 年的后 5 年中。斯蒂芬森所描述的元宇宙大约是地球面积的 2.5 倍，在任何时候，"（元宇宙的）人口数量都是纽约市人口数量的两倍"。[3] 在斯蒂芬森虚构的"现实世界"中生活的大约 80 亿人中，共有 1.2 亿人可以使用强大的计算机来处理元宇宙的协议，并可以随时加入。但在现实世界中，我们离这样的目标还很遥远。

我们还有多远的路要走？即使是面积小于 10 平方千米、功能受到严重限制、由历史上最成功的游戏公司运营、在更强大的计算设备上运行的非

连续性虚拟世界，仍然很难处理一个共享的模拟环境中 50 ～ 150 个用户的操作。更重要的是，支持 150 个并发用户[①]是一项重要的成就，而能获得这样的成就只是因为这些游戏的创意设计方式。在《堡垒之夜》大逃杀模式（battle royale）中，多达 100 名玩家可以进入一个动画效果出众的虚拟世界，每个玩家控制一个精细的化身，可以使用十几种不同的物品，展现几十种动作，并建造几十层高的复杂建筑。然而，《堡垒之夜》的面积约为 5 平方千米，这意味着只有一二十个玩家会同时出现在一个场景中，而且当玩家被迫进入地图上的更小区域时，大多数玩家已经被淘汰，变成了记分牌上的数据。

同样的技术限制也影响了《堡垒之夜》的社交体验，比如 2020 年特拉维斯·斯科特在该平台上举办的那场著名的虚拟演唱会。在这种情况下，"玩家"聚集在地图上很小的区域内，这意味着普通设备必须渲染和计算更多信息。因此，该游戏的每个副本 100 名玩家的标准上限降了一半，而许多项目（比如建筑项目）和动作则被禁用，从而进一步减少了工作负荷。虽然 Epic Games 可以理直气壮地说，有超过 1 250 万人参加了这场现场演唱会，但这些参与者是在 25 万个不同副本中观看了这场演唱会。也就是说，他们看到的是 25 万个版本的斯科特，而在这些副本中，这场演唱会的开始时间竟然都不相同。

《魔兽世界》是一款"大型多人在线游戏"，它也面临着并发用户带来的挑战。要玩这款游戏，用户必须首先选择一个"领地"，选择领地就代表选择了一个独立的服务器，该服务器管理着大约 1 500 平方千米的虚拟世界的完整副本，在那里他们看不到其他领地的人，也不能与他们互动。从这个

[①] 指同时执行同一个操作的用户，或同时执行脚本的用户。——译者注

意义上说，将游戏称为魔兽"世界"可能更恰当。用户可以在不同的领地之间移动，从而在哲学上将这些众多的世界统一为一个"大型多人"在线游戏。每个领地的参与者上限为几百人，如果一个特定领地的用户太多，游戏就会为这个区域创建几个不同的临时副本，同时将这些用户分配到这些副本中。

尤拉问题，打响《星战前夜》历史上规模最大的一场战斗

　　《堡垒之夜》与《星战前夜》、《魔兽世界》等的区别在于，在《堡垒之夜》中，所有用户都是一个单一、持续存在的领地的一部分。但同样，这一切都得益于游戏的特定设计。例如，基于空间的战斗性质决定了动作的种类有限、相当简单（对比一下激光束与跳跃或跳舞的玩家），而且很少需要做出。命令一艘飞船到一个星球上开采资源，或者从一个固定位置发出的一连串爆炸，或朝一个固定位置连续扔炸弹远没有两个不同的动画化身跳舞、跳跃和相互射击那么复杂。《星战前夜》的创新之处不在于游戏的处理和渲染，而在于玩家在游戏之外的计划和决定。由于游戏场景设置在浩瀚的太空中，大多数玩家彼此相距甚远，这样一来，CCP 游戏公司的服务器在通常情况下会认为这些玩家处于不同的虚拟世界。此外，该公司在游戏中使用了"旅行时间"这一创意，可以防止用户瞬间聚集到同一个位置。

　　即便如此，《星战前夜》还是不可避免会遇到并发性问题。

在 21 世纪初的某个时候，一群玩家意识到尤拉（Yulai）星系位于一个较大星团内的许多高流量行星附近，因此在尤拉星系建立了一个新的交易中心。[4] 他们的判断是对的。开店后不久，许多买家开始涌向该地区，这吸引了更多卖家，然后又吸引了更多买家，如此往复。最终，该交易中心同时进行的交易数量使得 CCP 游戏公司的服务器开始崩溃，导致发行商改变《星战前夜》宇宙，使目的地的访问变得不那么方便。

从"尤拉问题"中得到的教训无疑能帮助 CCP 游戏公司在随后的几年里，设计、扩展和改造游戏地图。然而，这并没能帮助 CCP 游戏公司避免这样的结果：战斗突然爆发，由于这些战斗的战略意义重大，成千上万的用户为保护他们自己的阵营或击败其他阵营而迅速聚集起来。

2021 年 1 月，《星战前夜》历史上规模最大的一场战斗打响。参与这场战斗的人数刷新了纪录，是之前最高纪录人数的两倍多。之前的那场战斗在帝国派和一个名为 PAPI 的敌对联盟之间展开，持续时间近 7 个月，场景不断升级，进入白热化。目前的这场战斗也应该会朝着白热化方向发展。唯一真正的输家是 CCP 游戏公司的服务器，由于无法承载一个系统中出现 12 000 名玩家的情况，以及有些玩家为了获得决定性胜利而大杀四方的局面，该公司的服务器陷入了瘫痪。大约一半玩家无法进入系统，而许多进入系统的玩家也饱受折磨——如果他们登录游戏，很可能还没来得及输入连贯的指令就被敌人杀死了，而死去则意味着他们的服务器位置可能会被敌人占据，这样一来他们的盟友也面临着被杀的危险。这里有一个最终的赢家——帝国，但这主要是

系统默认的结果，因为在一场从未真正发生的战斗中，防御者自
然会赢。

　　并发性是元宇宙的一个基本问题，其根本原因是：服务器在单位时间
内处理、渲染和同步的数据量必须呈指数级增长，才能实现并发性。渲染
一个瑰丽繁复的虚拟世界并不难，因为这与观看一段精心设计和可预测的
鲁布·戈德堡机械（Rube Goldberg machine）①的视频一样。并且如果玩
家，或者说观众不能影响这种模拟，他们也不需要与它保持实时连接或
同步。

　　**只有当元宇宙能够支持大量用户在同一时间、同一地点体验同一事件，
并且不以牺牲用户功能、世界交互性、持续性、渲染质量等为代价时，元宇
宙才能真正实现。**想象一下，如果任何一场体育比赛、演唱会，任何一个博
物馆、学校或购物中心都只对 50 ～ 150 人开放，那么这个社会将会是多么
不同，多么受限。

　　我们距离复制"真实世界"的密度和灵活性这一目标还很遥远，短时间
内无法实现。2021 年，在 Facebook 元宇宙主题演讲中，Oculus VR 首席技
术官约翰·卡马克沉思道："假如有人在 2000 年问我，'如果你的系统处理
能力是现在的 100 倍，你能构建元宇宙吗……'我会说可以。"然而，22 年

---

① 这是一种复杂的、由链条带动的机械装置，通过一个复杂的事件序列来执行相对简单的任
　务。例如，要将一个球放进杯子，该装置首先可能会推倒第一块多米诺骨牌，然后通过连锁
　反应将其他多米诺骨牌全部推倒，从而开启一个风扇并将球吹到一段轨道上，再落到一系列
　平台上，最后落进事先准备好的杯子里。

后，即便有 Facebook 这家价值极高且致力于构建元宇宙的公司的支持，卡马克认为元宇宙这一愿景仍然至少需要 5 ～ 10 年时间才会实现，而且实现过程中必然牵涉"重大优化"权衡。尽管相比于世纪之交的数亿台个人电脑，现在的个人电脑数量已达到数十亿台，几乎是世纪之交时的 10 倍，但要实现这一愿景仍需要很长时间。[5]

元宇宙不是 Web3

我对元宇宙的定义为：**大规模、可互操作的网络，能够实时渲染 3D 虚拟世界，借助大量连续性数据，如身份、历史、权利、对象、通信和支付等，可以让无限数量的用户体验实时同步和持续有效的在场感。**现在，你应该能理解我为何会给出这样的定义了。许多读者可能会惊讶地发现，这个定义以及它的子描述中都没有出现去中心化、Web3 和区块链等术语。的确，读者会做出这样的反应是有原因的。近年来，这三个词已经变得无处不在，经常组合出现，并与"元宇宙"一词联系在一起。

Web3 指的是一个定义模糊的未来互联网版本，它是围绕独立的开发者和用户构建起来的，并不是面向谷歌、苹果、Facebook、亚马逊和微软（这 5 家公司的首字母缩写为 GAFAM，后文使用这一缩写形式）等笨重的聚合平台而构建的。它是当今互联网的一个更加去中心化的版本，许多人认为，区块链是实现 Web3 的最佳手段，至少可以借助它来实现 Web3。也正因为如此，人们开始把区块链与元宇宙联系起来。

元宇宙和 Web3 都是我们今天所认为的互联网的"继承者"，但它们的定义截然不同。Web3 没有对 3D、实时渲染或同步体验提出直接要求，而元宇宙不需要去中心化、分布式数据库和区块链，也不需要在线权力或价值从平台向用户的相对转移。把这两者混在一起有点像把国家的建立与工业化或电气化混为一谈，前者牵涉社会的形成和治理，而后者涉及技术的发明和推广。

然而，**元宇宙和 Web3 可能会同时出现。**大型技术变革通常会引发社会变革，因为它们通常赋予了个人消费者更多发言权，并催生新的公司以及个人领导者。其中许多公司正是发现了人们对现状的普遍不满才成立的，并承诺要开创一个不同的未来。如今许多公司都在关注元宇宙带来的机会——尤其是那些不走寻常路的科技和媒体初创公司，正在围绕区块链技术发展自己的公司。因此，这些公司的成功也将带动区块链技术的发展。

无论如何，**Web3 的原则对于建立一个蓬勃发展的元宇宙很可能是至关重要的。**对大多数经济体来说，竞争有利于自身的良性发展。许多观察家认为，当前的移动互联网和计算过于集中在少数参与者手中。此外，构建元宇宙的组织不会是那些直接促成它的基础平台，就好像美国并不是由美国联邦政府建立的，欧盟也不是由欧洲议会建立的一样。元宇宙将由独立用户、开发人员和中小型企业构建，就像物理世界一样。任何希望元宇宙存在的人，乃至那些不希望它存在的人，都应该希望元宇宙的发展由这些群体来推动，而不是由大型企业来推动，这些群体也将成为元宇宙主要的受益者。

还有其他 Web3 方面的考虑，比如信任，这是元宇宙健康发展和实现繁荣的关键。在集中式数据库和服务器模式下，Web3 的支持者认为所谓的虚拟或数字赋权只是表面现象。用户购买的虚拟帽子、土地或电影不可能真正属于他们，因为他们永远无法控制这些虚拟物品，无法从"出售"这些物品的公司的服务器上删除它们，或确保所谓的卖家不会删除、收回或更改它们。2021 年，在这类虚拟平台项目上大约花费了 1 000 亿美元之后，中心化服务器显然不能阻止可观的用户支出。然而，由于需要依赖价值高达万亿美元的平台，这种用户支出受到了限制，因为这些平台永远将自身利益置于个人用户利益之上。比如，你会投资一辆经销商随时可以收回的汽车，还是会翻新一间政府可能无故征用或修复的房子，或者购买一件一旦升值可能会被画家立即收回的艺术品吗？答案有时候是肯定的，但不是所有人都会给出这样的答案。这种不确定性对虚拟物品开发商来说尤其成问题，他们必须建立虚拟商店、企业和品牌，但无法保证自己将来是否还可以运营它们，而且他们可能会发现要想继续运营，唯一的办法就是向虚拟房东支付双倍的租金。法律系统最终可能会更新，从而让用户和开发人员对其产品、数据和投资拥有更大的决定权。但有些人认为，有了去中心化，用户不必再依靠法令，而且这些法令本身执行起来就是低效的。

此外，中心化服务器模型是否能够支持一个几乎无限、持续、世界级规模的元宇宙？一些人认为，要想获得元宇宙所需的计算资源，只能依靠去中心化网络，去中心化网络归网络中的每一位用户所有且能令每位用户受益。这些内容可能有点超前了。

THE METAVERSE
透视元宇宙

如何理解元宇宙，影响了我们如何构建未来

元宇宙的定义是：大规模、可互操作的网络，能够实时渲染 3D 虚拟世界，借助大量连续性数据，如身份、历史、权利、对象、通信和支付等，可以让无限数量的用户体验实时同步和持续有效的在场感。

1. **元素 1：虚拟世界，完美再现现实世界。** 虚拟世界分为三类：第一类是完美再现现实世界，这些虚拟世界通常被称作"数字孪生"；第二类是象征现实世界的虚构版本；第三类是完全虚构的世界，人们在其中可以完成很多他们在现实世界中不可能完成的事。

2. **元素 2：3D，互联网的下一个伟大迈进。** 尽管元宇宙应该被理解为一种 3D 体验，但这并不意味着元宇宙内的一切都将是 3D 形式的。

3. **元素 3：实时渲染，使虚拟世界"活"起来。** 沉浸式 3D 需要比 2D 更强大的计算能力。尽管实时渲染可以使虚拟世界"活"起来，但这意味着每秒必须至少渲染 30 帧，最好是 120 帧。

4. **元素4：互操作性，元宇宙经济将驱动统一的传输标准。**元宇宙应该允许用户无论走到哪里或者选择做什么，他们的成就、历史，甚至财务状况都能在众多的虚拟世界和现实世界中得到认可。

5. **元素5：大规模扩展，是虚拟世界而不是数字主题公园。**如果它要成为"元宇宙"，就必须拥有大规模的虚拟世界。否则，它更像是一个数字主题公园，永远不可能像外面的真实世界那样多样化。

6. **元素6：持续性的挑战，我们很难记录自己的所有"足迹"。**在单个虚拟世界中增加持续性，对于元宇宙的发展至关重要。如果你在现实中砍了一棵树，它就消失了，不管你自己是否记得砍了它。而对于一棵虚拟的树，你的设备和管理它的服务器必须主动决定是否保留这些信息，渲染它，并与他人共享场景。

7. **元素7：同步性，实时共享或虚拟死亡。**我们希望元宇宙中的虚拟世界并不只是持续存在或实时回应我们，而是能成为共享的体验。

8. **元素8：无限用户和个体存在，让用户瞬间聚集。**只有当元宇宙能够支持大量用户在同一时间、同一地点体验同一事件，并且不以牺牲用户功能、世界交互性、持续性、渲染质量等为代价时，元宇宙才能真正实现。

元宇宙，下一代互联网

我对于元宇宙的定义应该能够为这个问题带来一些新的启发：**为什么人们通常认为元宇宙是移动互联网的继承者？** 要想让元宇宙成为现实，需要开发新的标准，创建新的基础设施，可能还需要对长期存在的 TCP/IP 协议进行彻底改革，包括采用新的设备和硬件，甚至可能打破技术巨头、独立开发者和终端用户之间的权利平衡。

这一巨大转变也解释了为什么企业在预测元宇宙即将成为现实之际，纷纷重新调整自己的定位，尽管它的到来还很遥远，它带来的影响在很大程度上也无法确定。精明的商业领袖们都很清楚，每当一个新的计算和网络平台出现时，整个世界和这些平台背后的公司的命运就会彻底改变。

在 20 世纪 50 年代至 70 年代的大型机时代，主流计算操作系统是"IBM

和七个小矮人"，人们通常认为这七个小矮人是 Burroughs、Univac、NCR、RCA、Control Data、霍尼韦尔（Honeywell）和通用电气。严格来说，个人电脑时代始于 20 世纪 80 年代，IBM 及其操作系统是该时代的短暂引领者。然而，最终的赢家是新入场者，最著名的当属微软、戴尔、康柏和宏碁等制造商。微软取得成功的关键在于，它的 Windows 操作系统和办公软件套装几乎可以在世界上任何一台个人电脑上运行。2004 年，IBM 完全退出个人电脑业务，将 ThinkPad 系列卖给了联想。移动时代也有类似的故事上演。新的平台正在兴起或出现，即苹果的 iOS 系统和谷歌的安卓系统，而随着 Windows 式微，PC 时代的制造商被小米和华为等新入场者所取代。①

事实上，计算和网络平台的代际变化甚至经常扰乱最不容易改变和受保护的行业。例如，20 世纪 90 年代，AIM 即时通（American Online Instant Messenger）和 ICQ 等聊天服务迅速建立了基于文本的通信平台，这两个平台的用户数量和使用量可以媲美许多电话公司甚至邮政服务。21 世纪初，这些服务被 Skype 等提供实时音频的软件所超越，Skype 也能连接到传统电话系统和离线电话系统。移动时代，出现了一批新的引领者，如 WhatsApp、Snapchat 和 Slack，它们不仅能提供类似于 Skype 的服务，而且致力于制造移动设备。

这些新的引领者根据不同的使用行为、需求，甚至是不同的沟通风格来构建服务。比如，WhatsApp 几乎是为持续使用而设计的，而不是像 Skype 那样为定期或偶尔打电话而设计，而且 WhatsApp 是一个论坛，在这里使用表情符号比打字更方便。Skype 最初是为了实现与传统"公共交换电话网络"（即有线电话）进行低价通话或免费通话而推出的，WhatsApp 则完全跳过了这个功能。Snapchat 的设计者认为，移动通信是图像至上的，智能手机上的

---

① 移动设备市场的另一个重要领导者是三星，与其他这些制造商不同，三星已经有 80 多年的历史了。然而，它从未在大型机和个人电脑市场中占据过较大的市场份额。

前置摄像头比更常用的、分辨率更高的后置摄像头更重要，并因此建立了许多 AR 镜头来增强这种体验。Slack 则为企业建立了一个可以提高生产力的工具，并通过程序将这些工具整合到各种生产力工具、在线服务中。

监管更加严格也更不容易改变的支付领域，也受到计算和网络平台代际变化的影响。20 世纪 90 年代末，康菲尼迪（Confinity）和埃隆·马斯克的 X.com 这样的点对点数字支付网络，迅速成为消费者首选的汇款方式。后来康菲尼迪和 X.com 合并成为 PayPal。2010 年，PayPal 每年处理近 1 000 亿美元的付款业务。10 年后，这一数额超过了 1 万亿美元，部分原因是 PayPal 于 2012 年收购了 Venmo。

其实，我们已经可以看到元宇宙的雏形了。在平台和操作系统方面，最受关注的竞争者是 Roblox 和《我的世界》等虚拟世界平台，以及 Epic Games 的虚幻引擎和 Unity Technologies 的 Unity 引擎等实时渲染引擎。这些都是在 iOS 或 Windows 系统等底层操作系统上运行的，但它们往往是这些平台的开发者与终端用户之间的媒介。同时，Discord 运营着最大的通信平台和社交网络，专注于打造电子游戏和虚拟世界。仅在 2021 年，就有超过 16 万亿美元通过区块链和加密货币网络进行结算，在许多专家看来，这些网络是元宇宙的基础性推动因素（详见第 11 章）。与之形成对比的是，通过 Visa 结算的金额约为 10.5 万亿美元。[1]

像互联网一样颠覆世界

将元宇宙看作"下一代互联网"，有助于解释它可能具备的颠覆性。再一次考虑一下，"互联网"这个词是一个整体概念，其英文 internet[①] 没有

---

① internet 是 inter-networking 的缩写。

复数形式，不存在"Facebook 互联网"或"谷歌互联网"这样的说法。而
Facebook 和谷歌运营的平台、服务和硬件又在互联网上运行，这实际上就
表明"网络的网络"独立运营，拥有不同的技术堆栈，但使用共同的标准和
协议。对于一家公司来说，开发、拥有和控制 TCP/IP 协议并没有不可逾越
的技术障碍。有些公司，比如 IBM，试图推出自己的专有套件，参与了这
场所谓的协议战争。然而，人们普遍认为，这种行为将会使互联网的用户群
体更小、创造的利润更低、创新能力更不足。

我们希望元宇宙的建立与互联网的建立秉承大致相似的原则。许多组织都
将想方设法建立或把控元宇宙。而就像蒂姆·斯威尼所担心的那样，其中一个
组织有可能取得成功。然而，**更有可能的是，元宇宙将通过许多相互竞争的虚
拟世界平台和技术的部分整合而产生。这个过程需要时间。通过这种方式产生
的元宇宙也将是不完美的，还可以进行无穷无尽的改进，因此在这个过程中，
我们将面临重大的技术限制。但这是我们应该期待并努力实现的未来。**

此外，元宇宙不会取代或从根本上改变互联网的基础架构或协议套件，
它将以一种独特的方式在此基础上发展。想想互联网的当前状态，我们称其
为移动互联网时代，但大多数互联网流量仍然是通过固定线路电缆传输的，
甚至包括从移动设备发送的数据。而且，这些互联网流量大多是在几十年前
设计的标准、协议和格式上运行的，尽管这些部分后来有所发展，但从根本
上说仍显陈旧。我们还继续使用一些为早期互联网设计的软件，如微软的
Windows 系统或 Office 办公软件，以及一些硬件，这些软件和硬件从那时
起已经发展起来，但与几十年前相比没有太大变化。尽管如此，我们也很容
易看出移动互联网时代与 20 世纪 90 年代至 21 世纪初以固定线路为主的互
联网时代是不同的。我们现在主要是为满足新需求而使用由不同公司制造的
不同设备，并为实现不同需求而使用不同类型的软件，这些软件主要是应用

程序，而不是通用软件和网络浏览器。

我们也认识到，互联网是许多不同"事物"的集合。为了与互联网互动，普通人通常需要使用网络浏览器或应用程序（软件），而要使用网络浏览器或应用程序，需要借助一个能连接到互联网的设备。该设备本身是通过使用各种芯片组连接到互联网的，所有这些芯片组都使用各种标准和通用协议进行通信，而这些协议通过物理网络得到应用。这些部分结合起来使互联网体验成为可能。没有一家公司能够推动互联网的端到端改进，即使它运营着整个 TCP/IP 协议，也无法做到。

电子游戏，一个价值 1 800 亿美元的机会

如果元宇宙确实是互联网的继承者，那么说它的"前辈"来自电子游戏行业似乎很奇怪。毕竟，到目前为止，互联网与电子游戏行业的发展轨迹是完全不同的。

互联网起源于政府的研究实验室和大学。后来，它逐渐扩展到企业，然后是中小企业，最后才是消费者。娱乐业可以说是全球经济体系中最后一个拥抱互联网的部分之一，"流媒体大战"直到 2019 年——流媒体视频首次公开展示近 25 年之后才真正开始。即使是音频这种通过 IP 提供的最简单的媒体类别，其本质仍然是一种非数字媒体。2021 年，地面广播、卫星广播和物理媒体占美国录制音乐收入的近 2/3。

移动互联网并不是由政府领导的，但它的发展轨迹大致相同。20 世纪 90 年代初，移动互联网刚刚兴起时，使用移动互联网并为它进行软件开发的组织主要是政府和企业。20 世纪 90 年代末至 21 世纪初，移动互联网才

在中小型企业中逐渐普及。直到 2008 年之后，随着 iPhone 3G 的推出，移动互联网才进入大众市场。在此后的 10 年里，以消费者为中心的应用程序才大量涌现。

如果我们更仔细地分析这段历史，就会明白为什么游戏——一个价值 1 800 亿美元的休闲产业，似乎准备改变价值 95 万亿美元的世界经济。关键是要考虑约束因素在所有技术发展中的作用。

互联网刚出现时，带宽十分有限，延迟相当严重，计算机内存和处理能力严重不足。这意味着用户只能发送很小的文件，即便如此，这个过程仍然需要花费大量的时间。几乎所有的消费者用例，如照片共享、视频流媒体和大量通信都不可能实现。但主要的业务需求——发送消息和基本文件（未格式化的 Excel 表格，股票采购订单），正是互联网需要支持的基本需要。服务经济规模巨大，以及管理职能在商品经济中具有重要作用，因此，即使是微小的生产力提高也具有非凡的价值。手机的发展过程与互联网的发展过程相似。早期的手机不支持玩游戏或发送照片，更不用说流媒体视频或 FaceTime 通话了。电子邮件推送比传呼机通知或实时电话要有用得多。

实时渲染 3D 虚拟世界和模拟非常复杂，因此在个人电脑和互联网刚出现的几十年里，它们显然比几乎所有其他类型的软件和程序更容易受到限制。结果就是，政府和大、中、小型企业几乎都不会用到基于图形的模拟。毕竟，如果在一个虚拟世界中，模拟的火灾情况与现实情况不符，那么它对消防员来说就没什么价值，一颗飞行轨迹不能在重力的作用下发生偏转的子弹对狙击手来说也是如此，而一家建筑公司也不能根据"吸收太阳的热量"这种过于宽泛的想法来设计建筑。但是电子游戏，以及其他所有游戏，都不需要真实的火焰、重力或热力学，它们需要的是有趣。即使是 8 位的单色游戏也可以很有趣。而这一事实产生的影响在近 70 年里不断加深。

几十年来，家用或小企业使用的大多数性能过关的 CPU 和 GPU，通常用在电子游戏机或主要用来玩游戏的个人电脑中。当时其他计算软件对 CPU 和 GPU 的要求都没有游戏对它们的要求高。2000 年，日本政府甚至对自己心爱的索尼公司施加了出口限制，因为日本政府担心该公司新推出的 PS2 设备可能被用于全球规模的恐怖主义活动，比如，用于处理导弹制导系统。[2] 2001 年，美国商务部长唐·埃文斯（Don Evans）在吹捧消费电子行业的重要性时说："昨天的超级计算机就是今天的 PS。"[3] 2010 年，美国空军研究实验室使用 1 760 台索尼 PS3 建立了世界上第 33 台最大的超级计算机，并取名为"鹫群"（Condor Cluster）。该项目负责人估计，"鹫群"的成本是同类系统的 5% ~ 10%，耗能是同类系统的 10%。[4] 这台超级计算机被用于雷达增强、模式识别、卫星图像处理和人工智能研究。[5]

英伟达，通过电子游戏构建元宇宙

元宇宙先锋

THE METAVERSE

那些通常致力于使电子游戏机和个人电脑获得更佳性能的公司，现在已经成为人类历史上最强大的技术公司。计算和系统芯片巨头英伟达就是最好的例子。英伟达虽然不是一个家喻户晓的企业，但已与面向消费者的技术平台 GAFAM 一样跻身全球十大上市公司之列。

黄仁勋在创办英伟达时，并没有打算将它做成游戏业巨头。事实上，他创立公司时的信念是：人们终将需要基于图形的计算来解决通用计算永远无法解决的问题和难题。对黄仁勋来说，开发必要的性能和技术的最佳途径是专注于电子游戏领域。2021 年，黄仁勋在《时代周刊》的访谈中表示："一个规模庞大的市场对技术要求高，这种情况极为罕见。通常的情况是，市场对真正强大的计算机的需求非常小，比如用于气候模拟或分子动力学药物发现。这类市场非常小，因此没有人在这些方面投入大量资金。这就是为什么你没有看到一个公司是为了专门做气候研究而成立的。因此，开发电子游戏是我们做出的最好的战略决策之一。"[6]

　　英伟达在《雪崩》出版仅一年之后就成立了，这表明游戏行业很快意识到了这本书是一部开创性作品。尽管如此，斯蒂芬森表示，通过游戏构建元宇宙是他在小说中"完全忽略的内容"。"当我在设想元宇宙时，我尝试找出使所有这些东西都负担得起的市场机制。在我写作《雪崩》时，3D 成像硬件贵得离谱，只有少数研究实验室才有。我想，如果它要变得像电视一样便宜，那么就必须有一个像电视市场一样大的 3D 成像市场。所以《雪崩》中的元宇宙有点儿像电视……我没有预料到的是，实际上推动 3D 成像硬件成本下降的是游戏。所以我们都在谈论的、在 20 年前想象的 VR 并没有像预测的那样出现，而是以电子游戏的形式出现了。"[7]

　　同样，最擅长实时 3D 渲染的软件解决方案也来自游戏行业，最明显的例子是虚幻引擎和 Unity 引擎。但也有几十个电子游戏开发商和发行商拥有很强大的专有实时渲染解决方案。

虽然存在非游戏替代品，但至少从目前来看，人们普遍认为它们的实时性能较差，特别是因为从一开始它们就不会面临这种限制。为制造或设计胶片的渲染解决方案不需要在 1/30 或 1/120 秒内处理图像。相反，它们优先考虑其他目标，比如最大限度地提高视觉丰富度或使用相同的文件格式来设计和制造对象的能力。这些解决方案通常是为在高端机器上运行而设计的，而世界上几乎所有的消费设备都不在此列。

游戏开发商、发行商和平台几十年来一直想方设法对抗或绕开互联网的网络架构，因此在向元宇宙转变的过程中掌握了独特的专业知识，而这种优势经常被人们忽视。自 20 世纪 90 年代末以来，网络游戏一直需要同步和持续的网络连接，大约从 2005 年开始，Xbox、PS 和 Steam 的大部分游戏都支持实时音频聊天。要做到这一点，需要满足三个条件。首先，我们需要有预测能力的人工智能程序，能够在玩家网络中断时接替他们，然后等网络恢复时再把控制权交还给玩家。其次，我们需要一个自定义软件，在一个玩家突然比另一个玩家先收到信息的情况下，可以不引人注意地"回放"游戏。最后，我们创造的游戏玩法对应的技术挑战是大多数玩家都能完成的，而不是选择无视大多数玩家。

这种设计导向令游戏公司获得了最终优势：**有能力创造一个人们真正愿意花时间待着的地方。**Spotify 的联合创始人兼首席执行官丹尼尔·艾克（Daniel Ek）认为，互联网时代的主流商业模式是将任何由原子构成的东西分解成比特，比如曾经放在床头柜上的实物闹钟，变成了放在床头柜上的智能手机上的应用程序，或者是存储在旁边的智能音箱上的数据。[8] 简单来说，在元宇宙时代，我们使用比特来生产由虚拟原子构成的 3D 闹钟。那些在虚拟原子方面最有经验的人，是在这方面拥有数十年经验的游戏开发者。他们不仅知道如何制作一个 3D 时钟，还知道如何建造一个 3D 房间、一幢

3D 建筑物和一个供快乐的玩家居住的 3D 村庄。如果人类要走向一个"大规模、可互操作、实时渲染的 3D 虚拟世界网络",这种技能将带我们抵达那里。在问及《雪崩》中对未来的构想是否正确时,斯蒂芬森告诉《福布斯》的记者,"与《雪崩》中描写的人们会聚集在主街上的酒吧里不同,我们现在拥有的是《魔兽争霸》(Warcraft)中的公会",公会成员会在游戏中发动突袭。[9]

在本书的第一部分,我已经详细介绍了"元宇宙"一词及其灵感的来源、过去几十年来人们为构建元宇宙所做的各种努力,以及它对未来的重要性。此外,我通过调查发现了企业对元宇宙——移动互联网可能的继承者的期待,回顾了关于元宇宙的困惑是如何产生的,以及它们将继续产生怎样的重大影响。同时,我还给出了元宇宙的一个可行定义,并探讨了为什么电子游戏开发商似乎处于这一领域的前沿。现在,让我来告诉你该如何让元宇宙成为现实吧!

THE METAVERSE
透视元宇宙

互联网浪潮已过，元宇宙时代已来

1. 将元宇宙看作"下一代互联网"，有助于解释它可能具备的颠覆性。

2. 我们希望元宇宙的建立与互联网的建立秉承大致相似的原则。

3. 元宇宙将需要开发新的标准，创建新的基础设施，可能还需要对长期存在的 TCP/IP 协议进行彻底改革，包括采用新的设备和硬件，甚至可能打破技术巨头、独立开发者和终端用户之间的权利平衡。

4. 电子游戏开发商处于元宇宙这一领域的前沿。游戏开发商、发行商和平台几十年来一直想方设法对抗或绕开互联网的网络架构，因此在向元宇宙转变的过程中掌握了独特的专业知识，而这种优势经常被人们忽视。这种设计导向令游戏公司获得了最终优势：有能力创造一个人们真正愿意花时间待着的地方。

THE META-VERSE

And How It Will
Revolutionize Everything

第二部分

如何构建元宇宙

THE METAVERSE

让元宇宙成为现实。

And How It Will Revolutionize Everything

网络化，元宇宙的门槛

　　"如果森林中的一棵树倒下，但周围没有人听到，那它是否会发出声音？"这一思想实验可以追溯到数百年前。这个实验之所以经久不衰，部分原因是它很有趣，而它之所以很有趣，是因为它耐人寻味并且融入了哲思。

　　人们通常认为，上面这个问题最初是由主观唯心主义哲学家乔治·贝克莱（George Berkeley）提出的，他认为"存在就是被感知"。如果有人或有其他事物在感知这棵树，那么不管这棵树是直立的、正在倒下还是已经倒在地上，都表明它是存在的。也有人认为，我们所说的"声音"只是在物质中传播的振动，无论是否被观察者接收，它都是存在的。也有人说，声音是当这些振动与神经末梢相互作用时，大脑所体验到的感觉，如果没有神经与振动的粒子相互作用，就不可能产生声音。然后，几十年前，人类就制造出能够将振动转化为声音的物理设备，这样一来，我们就能够通过人类观察者听到声音。但这也算吗？同时，今天的量子力学界基本上认同，如果没有观察者，存在充其量只是一种猜想，无法证明或反驳，因此我们只能说，树可能存在。（量子力学理论奠基人之一爱因斯坦对这一观点表示异议。）

在本书第二部分中，我将从网络化和计算能力开始，解释如何驱动和构建元宇宙，然后再介绍运营着众多虚拟世界的游戏引擎和平台、将这些虚拟世界联合起来所需的标准，以及访问虚拟世界所需的设备和虚拟世界的经济体系所依托的支付途径。在了解这些内容的过程中，我希望你们记住"贝克莱的树"。

为什么？因为即使元宇宙能够"完全实现"，它也不会以实体的形式存在。**元宇宙和其中的每一棵树、每一片叶子以及它们所在的森林，将只是存储在一个看似无限的服务器网络中的数据**。虽然有人可能会说，只要这些数据存在，元宇宙和其中的内容就存在，但除了数据库之外，我们还需要许多不同的步骤和技术才能使元宇宙存在。此外，"元宇宙堆栈"的每一部分都为一家公司提供了实现元宇宙的手段，由此这家公司能够了解到什么是可行的、什么是不可行的。例如，你会发现今天能观察到高保真树倒下的人只有几十个，如何才能让更多的用户观察到呢？一种技巧是复制虚拟世界，换句话说，为了让许多人听到一棵树倒下的声音，就必须有很多树倒下。（试试这个，贝克莱！）或者，也许它的观察者面临着时间延迟，因此也无法影响倒下或证明倒下与声音之间的相关性。另一个技巧是将树皮简化为无纹理的、统一的棕色，并将其倒下的声音简化为一般的"砰"的一声。

为了揭示这些限制及其影响，我先介绍一个真实的例子：我认为当今技术上最令人印象深刻的虚拟世界并不是 Roblox，也不是《堡垒之夜》。事实上，这个虚拟世界在其生命周期内触达的用户可能比这些游戏一天触达的玩家都要少。甚至称它为游戏也是不公平的，因为到目前为止我们看到的许多虚拟世界都是游戏中的。而我要说的这个虚拟世界并不是游戏，人们设计它是为了精确再现许多人认为不愉快的、枯燥的或可怕的经历——乘飞机旅行。

突破带宽局限，让我们在虚拟世界自由切换

第一部《飞行模拟器》（*Flight Simulator*）于 1979 年发布，并迅速在小范围内掀起了热潮。3 年后（距离第一台 Xbox 发布还有将近 20 年），微软获得了该游戏的授权，此后一直到 2006 年，又发布了 10 个版本。2012 年，吉尼斯世界纪录将《飞行模拟器》命名为运行时间最长的电子游戏系列，尽管它仍然不为大多数玩家所知。直到 2020 年该系列的第 12 个版本《微软模拟飞行》发布，这款游戏才飞速进入公众视野。《时代周刊》将其评为年度最佳游戏之一。《纽约时报》称《微软模拟飞行》提供了"一种理解数字世界的新方法"，通过模式飞行中的视野，我们获得的体验"比现实世界中从飞机里看外面的体验更真实，我们看到的画面能帮助我们理解现实世界"。[1]

从理论上讲，《微软模拟飞行》就是许多人眼中的那样：一款游戏。在打开应用程序的几秒钟内，你会看到"游戏由微软 Xbox 游戏工作室开发和发布"的字样。然而，《微软模拟飞行》的目标不是与其他玩家或与使用人工智能技术设计的竞争对手展开对抗，通过射击打败对方，依靠得分赢得比赛，而是驾驶一架虚拟飞机，这个过程涉及许多驾驶真实飞机时要做的工作。在按照他们选择或指定的飞行路线飞行之前，玩家将与虚拟世界的空中交通管制人员和副驾驶沟通，等待起飞许可，设置飞行高度表和襟翼，检查燃料储备和混合物情况，松开刹车装置，缓慢地推动油门，等等。与此同时，玩家还要处理存在冲突的路线，并考虑其他虚拟飞机的飞行路线。

　　《微软模拟飞行》系列的每一个作品都提供了这种功能，但2020年发布的第12版是非同寻常的，是历史上最真实、最全面的消费者级模拟。它的地图超过500 000 000平方千米，就像"真正的"地球，上面有两万亿棵分别单独渲染的树（而不是两万亿棵复制粘贴的树，也不是先渲染出几十种不同类型的树，再通过复制粘贴得到的两万亿棵树）、15亿幢建筑，以及全世界几乎所有的道路、山脉、城市和机场。[2]一切看起来都像"真实的东西"，因为《微软模拟飞行》的虚拟世界以"真实物体"的高质量扫描和图像为基础。

　　《微软模拟飞行》的复制品和渲染并不完美，但仍然令人惊叹。玩家可以飞过自己的房子，看到自家的邮箱或前院的轮胎秋千。当出现海湾的日落以及机翼折射出的夕阳时，玩家也很难分辨《微软模拟飞行》的屏幕截图和真实世界的照片。

　　为了达到这种逼真的效果，《微软模拟飞行》的虚拟世界有近2.5PB（约2.5×10^{6}GB）之大，即约250万GB，是《堡垒之夜》大小的1 000倍左右。消费级设备（或大多数企业设备）没有办法存储如此大量的数据。大多数游戏机和个人电脑的最高容量为1 000GB，而消费级网络附加存储设备的最大容量是20 000GB，而且它的零售价接近750美元。因此，要想存储2.5PB的数据需要很多块这样的存储设备，光是存放它们就需要很大的空间。

　　但是，即使用户能买得起这样的存储设备，并有足够的空间来存放它们也无济于事，因为《微软模拟飞行》也是一种实时服务。它通过更新来反映真实世界的天气（包括准确的风速和风向、温度、湿度、雨水和光线）、空中交通和其他地理变化。这使得玩家可以飞入真实世界的飓风中，或者在真实世界中沿着真实商业客机的确切飞行路线跟踪它们。这意味着用户不能"预先购买"

或"预先下载"所有《微软模拟飞行》数据，因为它的大部分内容还不存在！

《微软模拟飞行》的工作原理是在用户的设备上存储相对较小（约150GB）的"游戏"部分。这一部分足以运行游戏，其中包含所有游戏代码、众多飞机的视觉信息和一些地图。因此，《微软模拟飞行》可以离线使用。然而，离线用户看到的主要是程序生成的环境和物体，像曼哈顿城这样的地标性建筑大致仍是大众熟悉的模样，但其中充斥着大量通过复制粘贴生成的建筑，与现实世界的对应建筑只偶尔有很少的相似之处。同时，游戏也存在一些预先设计好的飞行路线，但它们不能模仿实际的实时路线，离线使用时，一个玩家也不能看到另一个玩家的飞机。

只有当玩家在线时，《微软模拟飞行》才会变成一个神奇的世界，微软的服务器会将新的地图、物体的纹理、天气数据、飞行路线以及用户可能需要的任何其他信息串联起来。从某种意义上说，玩家在《微软模拟飞行》的世界中获得的体验，与现实世界中的飞行员是一样的。当他们飞过或绕过一座山时，新的信息通过光粒子进入他们的视网膜，他们能够真正看清那里的情况。未看清楚之前，玩家只知道，从逻辑上讲，那里一定有什么东西。

许多玩家认为这是所有在线多人电子游戏中出现的情况。但实际上，大多数在线游戏都尽量提前向用户发送尽可能多的信息，而在他们玩游戏过程中则尽量少发送。这就解释了为什么玩一个游戏，即使是像《超级马里奥兄弟》这样相对较小的游戏，也需要购买包含数千兆字节游戏文件的数字光盘，或者花几小时下载这些文件，然后花更多时间安装它们。我们还可能不时地被告知要下载和安装一个数千兆字节的更新，然后才能继续游戏。这些文件如此之大，是因为它们几乎包含了整个游戏，即游戏代码、游戏逻辑，以及游戏环境所需的所有资产和纹理，比如每一种类型的树、每一个化身、每一场 BOSS 战斗、每一件武器等。

对于常见的网络游戏来说，真正需要在线多人服务器提供的内容多吗？并不多。《堡垒之夜》的 PC 端游戏文件和主机游戏文件大约有 30GB，但在线游戏每小时只需下载 20 ～ 50MB 数据。这些信息能够告诉玩家的设备该如何处理它们已经拥有的数据。例如，如果你正在线玩《马里奥赛车》（Mario Kart），任天堂的服务器会告诉你的任天堂 Switch，你的对手正在使用哪些角色，因此应该加载这些角色。在比赛期间，你与该服务器的持续连接使它能够不断发送数据流来说明这些对手的确切位置（位置数据）、他们正在做什么（向你发送红色炮弹）、通话信息（例如你的队友发送的音频），以及其他各种信息（如还有多少球员仍在比赛中）。

网络游戏仍然"大部分是离线的"，这对狂热的游戏玩家来说竟然是一个惊喜。现在大多数音乐和视频都是通过流媒体播放的，我们不用预先下载歌曲或电视节目，更不用购买实体 CD 来存储它们，而且电子游戏应该是一个技术上更复杂、更具前瞻性的媒体类别。然而，正是因为游戏如此复杂，那些制作游戏的人选择尽量少依赖互联网，**因为互联网并不可靠。连接是不可靠的，带宽是不可靠的，延迟是不可靠的。**正如我在第 3 章中所阐述的，大多数在线体验都能在这种不可靠的情况下存在，但游戏不能。因此，游戏开发者会选择尽量少依赖互联网。

用离线方式应对网络游戏可能出现的问题，这种方法效果很好，但也存在许多局限。例如，服务器只能告诉某个用户哪些资产、纹理和模型应该被渲染，这意味着服务器必须事先了解并存储每个资产、纹理和模型。根据需要发送渲染数据，游戏可以拥有更多样化的虚拟对象。《微软模拟飞行》希望每个城镇不仅彼此不同，而且能像现实生活中那样存在。它不想存储 100

种云，然后告诉设备要渲染哪种云，用什么颜色。它想准确地说出一朵云应该是什么样子的。

今天，当玩家在《堡垒之夜》中看到自己的朋友时，只能使用一套有限的预装动画（或表情）与之互动，如挥手或走太空步。然而，许多用户设想的未来是这样的：他们现实中的面部表情和身体动作在虚拟世界中能够完美重现。在跟朋友打招呼时，他们不会从预装在设备上的 20 个挥手方式中挑选 17 个，而是以一种独特的方式做出独特的手指摆动动作。用户还希望能够在与元宇宙相连的无数个虚拟世界中，使用无数虚拟物品和化身。正如《微软模拟飞行》的文件大小所表明的那样，根本不可能提前向用户发送这么多数据。因为这样做不仅需要大到离谱的硬盘，而且虚拟世界还需要提前知道可能创建或执行的任何事情。

"预设"一个原本活生生的虚拟世界还会带来其他问题。每次 Epic Games 改变《堡垒之夜》的虚拟世界，例如，增加新的目的地、车辆或非玩家角色，用户都必须下载并安装一个更新包。Epic Games 增加的内容越多，下载时间就越长，用户必须等待的时间也越长。一个游戏世界的更新越频繁，用户经历的延迟就越多。

分批次的更新过程也意味着虚拟世界不可能是"活生生的"。相反，一个中央服务器选择向所有用户发送一个特定版本的虚拟世界，在被下一次更新取代之前，这个世界将持续存在。每个版本不一定是固定的，每次更新都可能涉及程序上的变化，如除夕夜的活动或每天增加的降雪，但这些都是预先设计好的。

Epic Games，开一场元宇宙演唱会

　　此外，用户可以去的地方也有限制。在《堡垒之夜》中，特拉维斯·斯科特在举办 10 分钟时长的演唱会时，大约 3 000 万玩家瞬间从游戏的核心地图被传送到一个从未见过的海洋深处，接着又被传送到一个从未见过的星球，然后被传送到外太空深处。我们中的许多人可能会想象，元宇宙的运作方式与此类似，用户可以轻松地从一个虚拟世界跳转到另一个虚拟世界，而无须忍受漫长的加载时间。但为了举办演唱会，Epic Games 必须在活动开始前几天至前几小时通过标准的《堡垒之夜》补丁向用户发送这些迷你世界（在活动开始前没有下载和安装更新的用户无法参加演唱会）。然后，玩家身处每个场景中时，他们的设备都在后台加载下一个场景。值得注意的是，斯科特演唱会的每一个新目的地都比之前的那个更小，活动范围更有限，最后一个目的地基本上就是提供一种"在轨道上"的体验，用户只是在基本上毫无特色的空间中向前飞行。换句话说，我们可以把前后两个目的地的差别想象成在商场中四处走动和通过移动通道穿越商场的区别。

　　尽管如此，这场演唱会在创造性方面仍然是一项壮举。但同网络游戏的情况一样，它依赖的是目前无法支持元宇宙的技术选择。实际上，今天最像元宇宙的虚拟世界正在接受一种"本地＋云端"的混合数据模型，其中"核心游戏"是预装的，但会根据需要发送数倍的数据。这种方法对于像《马里奥赛车》或《使命召唤》这类物品较少、环境多样性相对单一的游戏来说并

不重要，但对于像 Roblox 和《微软模拟飞行》这样的游戏平台和游戏来说则至关重要。

鉴于 Roblox 的受欢迎程度和《微软模拟飞行》的巨大规模，现代互联网基础设施似乎已经可以处理元宇宙式的实时数据流了。然而即便如此，这些游戏平台或游戏今天只能以一种高度受限的方式运作。例如，Roblox 不需要云计算数据流，因为它的大多数游戏项目都是预先设计好的，游戏只需要告诉用户的设备如何调整、如何重新着色或如何重新排列以前下载的物品。此外，Roblox 的图形保真度相对来说并不高，因此其纹理和环境文件的大小也相对较小。总的来说，Roblox 的数据使用量比《堡垒之夜》大得多，大约每小时使用 100 ～ 300MB，而不是 30 ～ 50MB，但仍在可接受的范围内。根据目标设置，《微软模拟飞行》每小时需要的带宽是《堡垒之夜》的近 25 倍，是 Roblox 的近 5 倍。这是因为《微软模拟飞行》向用户的设备发送的不是关于如何重新配置或重新着色预装房屋的数据，而是发送一个几千千米之外的云朵的精确尺寸、密度和颜色，或者一个几乎精确的墨西哥湾海岸线的副本。虽然对保真度的需求通过一些方法被简化了，但对"元宇宙"来说，这些简化方法是行不通的。

虽然《微软模拟飞行》需要大量数据，但它并不需要特别快的运行速度。与现实世界的飞行员一样，《微软模拟飞行》中的飞行员不可能突然从美国被传送到新西兰，也不可能从曼哈顿的万米高空俯视奥尔巴尼市中心，更不可能在几分钟内从高空直接降落在停机坪上。这为玩家的设备提供了大量时间来下载它需要的数据，甚至能够在玩家选择目的地之前预测并开始下载它需要的数据。即使这些数据没有被及时下载下来，后果也不严重：譬如曼哈顿的一些建筑将暂时使用程序生成的版本，当然，它们看起来不像是真实的建筑物，当所需数据下载下来后，再给这些建筑物加上真实的细节就可以了。

这样看来，《微软模拟飞行》的虚拟世界与立体模型之间有更多的共同点，而不太像与尼尔·斯蒂芬森描绘的繁华而不可预知的主街。向用户发送这种不容易预测的数据，其中包含的细节信息远远超过办公园区或森林的视觉细节，因此每小时需要的数据量将远远超过 1GB。这是今天的互联网连接面临的又一个问题，也可以说是最为人所诟病的问题——延迟。

破解延迟难题，让世界无缝即时连接

带宽和延迟经常被混为一谈，这种错误是可以理解的，因为它们都会影响单位时间内可以发送或接收的数据量。区分这两者的经典方法是，把你的互联网连接比作一条高速公路。你可以把"带宽"看作高速公路上的车道数量，把"延迟"看作速度限制。如果一条高速公路有更多的车道，它可以承载更多汽车和卡车的通行而不至于拥堵。但是，如果高速公路允许的速度被限制得很低，也许是因为有太多的弯道，或者是因为铺设的是碎石路而不是柏油路，那么即使有多余的车道，车流也会很缓慢。同样，如果只有一条车道，哪怕最高限速被定得很高，也会导致持续拥堵：限速是一种愿望，而不是现实。

实时渲染的虚拟世界所面临的挑战是，用户并不是把一辆车从一个目的地发送到另一个目的地。相反，他们正在发送一个永无止境的车队，并把它们连接在一起（要记住，我们需要的是一个"连续性连接"），往返于目的地之间。用户不可能提前发送这些汽车，因为只有到了出发前几毫秒，才能确定要发送的是哪些车。更重要的是，我们需要这些汽车以尽可能快的速度行驶，并且不被转移到另一条路线上（即使保持最高速度，也会切断连续性连接，延长运输时间）。

设计一个符合并能维持这些规格的全球道路系统，是一项巨大的挑战。在第一部分中，我解释说，今天很少有在线服务需要超低的延迟。在发送WhatsApp 信息和收到阅读回执之间需要 100 毫秒还是 200 毫秒甚至是 2 秒的延迟并不重要。如果用户点击 YouTube 的暂停按钮后需要 20 毫秒、150毫秒或 300 毫秒，视频才会停止，这也不重要，因为大多数用户可能不会注意到 20 毫秒和 50 毫秒之间的区别。人们在观看奈飞上的视频时，更看重的是视频的稳定播放，而不是立即播放。虽然 Zoom 视频通话中的延迟很烦人，但参与者很容易解决这个问题，他们只需习惯在说话人停止讲话后等待一会儿即可。只需等一秒钟（1 000 毫秒），这个问题就能得到解决。

在交互体验中，人类对延迟的感知阈值是非常低的。用户必须本能地感觉到他们的输入确实是有效果的——延迟反应意味着"游戏"在对新的决定做出反应后，才对旧的决定做出了反应。同样，与延迟程度较低的用户在游戏中对抗时，你往往会感觉你的对手来自未来，他们拥有超快的速度，能够抵挡你还没有使出的一击。

回想一下你上次在飞机上、iPad 上或剧院里观看电影或电视节目时，音频和视频稍微有点不同步的情况。可能人们压根儿不会注意到同步问题，除非音频提前超过 45 毫秒或推迟超过 125 毫秒（总差异超过 170 毫秒）。通常所说的可接受阈值范围甚至更大——早 90 毫秒晚 185 毫秒（总差异为275 毫秒）。对于数字按钮，例如 YouTube 的暂停按钮，一般人只有在软件反应需要 200 ～ 250 毫秒时才会认为自己点击失败了。对于《堡垒之夜》、Roblox 或《侠盗猎车手》（*Grand Theft Auto*）等，狂热的游戏玩家在延迟达到 50 毫秒时就会感到失望（大多数游戏发行商希望延迟最多为 20 毫秒）。即便是休闲游戏玩家，在延迟达到 110 毫秒时也会发现输入延迟，意识到这不是因为自己缺乏经验。[3] 而在延迟达到 150 毫秒时，需要快速反应的游戏根本无法进行下去。

那么，网络出现延迟时，实际上发生了什么呢？在美国，数据从一个城市发送到另一个城市再返回的时间中位数是 35 毫秒。在很多情况下，数据往返的传输时间都超过了这一数值，特别是在需求高度密集的城市和处于需求高峰时段的城市之间，比如，晚上在旧金山和纽约之间传输的数据。注意，这只是城市与城市或数据中心与数据中心之间的传输时间。数据从城市中心传输到用户设备也需要时间，这特别容易造成传输速度减慢。人口密度较大的城市、个人公寓和数据传输需求较高的局域网很容易出现数据拥挤，而且在这些地方铺设的往往是带宽有限的铜缆，而不是支持大容量传输的光纤。那些住在大城市之外的人可能位于总长几十甚至几百千米的铜线传输网络的末端。对于那些最后一千米使用的是无线网络的人来说，4G 增加了多达 40 毫秒的传输时间。

尽管有这些挑战，美国的数据往返交付时间通常在可接受的范围之内。然而，所有的连接都会遭遇时延"抖动"（jitter），即不同数据包的交付时间相对于中位数交付时间的差异。虽然大多数时延抖动与连接的延迟中位数相差不大，但由于网络路径上某个地方出现了不可预见的拥堵，时延抖动经常会飙升至正常情况下的几倍。这种拥堵的原因不仅包括终端用户网络受到其他电子设备的干扰，还可能是家庭成员或邻居在看视频或在下载文件。虽然这是暂时的，但很容易导致一个快节奏的游戏难以继续或导致网络连接中断。再说一遍，网络并不可靠。

为了应对延迟的情况，在线游戏行业已经开发了许多种部分解决方案和变通方法。例如，大多数高保真多人游戏是围绕服务器区域进行"匹配"的。通过限制玩家的地理位置，比如只允许居住在美国东北部、西欧或东南亚的人访问，游戏发行商可以将每个地区的延迟降到最低。由于游戏是一种休闲活动，而且通常是与 1 ～ 3 个朋友一起玩，这种组团的效果足够好。你不太可能想和几个时区以外的某个人玩，而且你也不太关心你的未知对手住在哪里（在大多数情况下，你很有可能无法和他们交谈）。

多人在线游戏也使用"网络代码"的解决方案，以确保同步性和一致性，并使玩家能够继续游戏。基于延迟的网络代码将告诉玩家的设备（如 PS5）主动延迟渲染其主人的输入，直到更多潜在玩家（他们的对手）的输入到达。这会使已经形成了低延迟的肌肉记忆的玩家感到恼火，但这种方法确实有效。回滚网络代码（rollback netcode）是更为复杂的应对方法。如果对手的输入延迟了，玩家的设备将根据它所预期的情况进行操作。如果发现对手做了一些不太对劲的事情，设备将尝试展开过程中的动画，然后"正确地"回放它们。

尽管这些变通方法是有效的，但它们的适用范围很小。网络代码对于那些十分容易预测玩家输入的游戏（如驾驶模拟），或者那些需要同步的玩家相对较少的游戏（如大多数格斗游戏），效果很好。然而，如果要正确预测并连贯地同步几十个玩家的行为，其难度会呈指数级增长，尤其是当他们进入一个有流动的云环境和资产数据的沙盒式虚拟世界中时。这就是为什么实时带宽技术公司 Subspace 估计，使用宽带上网的美国家庭中，只有 3/4 的家庭可以持续（但远非完美）地参与当今的高保真实时虚拟世界，如《堡垒之夜》和《使命召唤》，而在中东地区，这一比例不足 1/4。而且仅仅能达到延迟阈值是不够的。Subspace 发现，延迟平均增加或减少 10 毫秒，就会使每周的游戏时间增加或减少 6%。更重要的是，保持这种相关性，哪怕是狂热的游戏者也无法发现网络延迟，如果他们的连接时间是 15 毫秒，而不是 25 毫秒，他们用来玩游戏的时间相当于增加了 6%。几乎没有其他类型的业务对延迟如此敏感，而游戏是一种需要玩家参与的业务，因此网络延迟对游戏收入的影响相当大。

网络延迟似乎是游戏特有的一个问题，而不是元宇宙面临的问题。但同样值得注意的是，在延迟这一点上，这些问题只会影响部分游戏收入。许多热门游戏，如《炉石传说》和《与朋友猜词》（*Words With Friends*），都是回合制或异步性的，而其他同步性游戏，如《王者荣耀》和《糖果粉碎》（*Candy Crush*），既不需要完美的像素，也不需要毫秒级精确的输入。然而，元宇宙需要低延迟。轻微的面部动作对人类对话来说是非常重要的。我们对轻微的错误和同步问题也非常敏感，这就是为什么我们不在意皮克斯的一个卡通角色的嘴巴怎么动，但如果 3D 动画中一个活灵活现的人的嘴唇动起来不太对劲，我们立刻就会觉得毛骨悚然（动画师称这种现象为"恐怖谷"效应）。如果你与你的母亲交谈时，她好像处于 100 毫秒的延迟状态，那么你很快就会觉得有点恐怖。虽然元宇宙中的互动对延迟的要求不像像素射击游戏那样高，但所需的数据量要比后者大得多。回想一下，延迟和带宽共同影响着单位时间内可以传输多少信息。

社交产品也取决于有多少用户能够使用并且确实在使用它们。尽管大多数多人游戏都是与同一时区的其他人一起玩的，或者可能是与相隔一个时区的人一起玩的，但互联网之间的通信往往跨越整个地球。之前我提到，从美国东北部向美国东南部发送数据需要 35 毫秒。在各大洲之间的传输时间会更长，从美国东北部到东北亚的数据传递时间中位数高达 350～400 毫秒，而且用户与用户之间的数据传输时间会更长（高达 700 毫秒～1 秒）。试想一下，除非你和你的朋友或家人相距不超过 800 千米，否则 FaceTime 或 Facebook 就无法正常工作了，或者只有当你在家的时候才会使用它们。如果一家公司想在虚拟世界中聘用国外或远程的员工，它将需要延迟时间低于 0.5 秒的连接。虚拟世界中每增加一位用户，都会加重同步问题带来的挑战。

基于 AR 的体验对延迟有特别严格的要求，因为这种体验是建立在头部运动和眼睛运动的基础上的。如果你戴着 AR 眼镜，可能认为当自己转身时，眼睛会立即适应周围的环境，并在 0.000 01 毫秒内接收到光粒子，这是理所当然的。但想象一下，如果在接收这些新信息时有 10 ～ 100 毫秒的延迟，你会有什么感觉？

元宇宙先锋

THE METAVERSE

我们在不断与光速作斗争

延迟是通向元宇宙之路的最大网络障碍。部分原因是，今天很少有服务和应用需要超低延迟交付，这反过来又使致力于提供实时交付服务的网络运营商或技术公司更难生存。这里的好消息是，随着元宇宙的发展，人们对低延迟的互联网基础设施的投资将会增加。征服延迟的确能让我们赚到钱，但我们还需要突破物理定律的限制。有一家领先的电子游戏发行商具备为云计算交付游戏的经验，用该公司首席执行官的话来说就是："我们在不断地与光速作斗争。但无论现在还是将来，我们都难以望其项背。"考虑一下在超低延迟水平下从纽约市向东京或孟买发送哪怕一个字节有多困难。如果传输速度能达到光速，那么向 11 000 ～ 12 500 千米外发送一个字节，只需 40 ～ 45 毫秒。光速只比竞争力极强的电子游戏的目标最低值快 10% ～ 20%。听起来好像我们并没有输给物理定律。但在实践中，我们远远没有达到这个 40 ～ 45 毫秒的基准值。从亚马逊的美国东北部数据中心（服务于纽约市）向其东南亚太平洋数据中心（服务于孟买和东京）发送数据包的平均延迟是 230 毫秒。

　　造成这种延迟的原因有很多。其中一个原因是光纤的材质为硅玻璃。虽然许多人认为通过光缆发送的数据以光速传输，但他们的想法并不完全正确。光束本身确实以光速传播，我们都学过，光速是一个常数，但即使光缆本身是沿直线铺设的，光也并不是沿直线传播的。这是因为玻璃纤维与真空不同，会折射光线。因此，数据的传输路径更接近于在玻璃纤维的边缘不断反射形成的连续的之字形。其结果是传输路径被拉长了近31%，这就使延迟达到58～65毫秒。

　　此外，大多数网络线缆并不是沿直线铺设的，在铺设时必须考虑国际权利、地理障碍并做出成本/收益分析。因此，许多国家和许多主要城市并没有直接相连的网络线缆。纽约市有一条直达法国的海底线缆，但没有直达葡萄牙的。美国的网络线缆直达东京，但要到达印度，就需要从美国铺设一条海底线缆与亚洲或大洋洲的另一条海底电缆连接起来。铺设一条从美国到印度的线缆当然也是可以的，但它需要穿过或绕过泰国，因此会增加几百甚至几千千米，而这只能解决岸对岸的传输问题。

　　令人惊讶的是，升级国内互联网基础设施比升级国际互联网基础设施更难。铺设或更换线缆意味着要在四通八达的交通基础设施（高速公路和铁路）、各种人口中心（每个人口中心都有自己的政治进程、选民和激励措施）以及受保护的公园和土地周围施工。在公海的海底山上铺设电缆比在私人或公共山脉上铺设电缆要简单得多。

　　"互联网骨干网"（internet backbone）这个短语可能会让人联想到一个基本已经规划好的、部分联合在一起的线缆网络。实际上，"互联网骨干网"是一个松散的私人网络的联合体。这些网络从来都不是为了在全国范围内提高数据传输效率而铺设的，相反，它们是为了给当地居民提供网络服务而铺设的。例如，一个私人网络运营商可能在两个郊区甚至两个办公园区之间安装一条光纤线路。在铺设线缆时，需要考虑到许可证的费用和铺设的便利程度，而不是沿着直线将两个城市连接起来，因此人们通常会在其他基础设施正在建设的时候和地方铺设线缆。

当数据在两个城市（如纽约和旧金山，或洛杉矶和旧金山）之间传输时，它的传输路径可能是由几个不同的网络串联起来的（每一段叫作一个 hop）。设计这些网络不是为了尽量缩短这两个城市之间的距离或传输时间。因此，一个数据包在用户和服务器之间的传输距离可能比它们之间的地理距离远得多。

而作为 TCP/IP 协议核心应用层协议之一的 BGP 协议则增加了这一挑战的难度。第 3 章提到，BGP 协议作为一种空中交通卫士，通过在互联网上传输数据，帮助每个网络确定通过其他哪个网络来路由数据。然而，它在做这些事情时并不知道正在发送什么、向哪个方向发送或这样做有什么意义。因此，它通过应用一种相当标准化的方法来"帮助"解决问题，这种方法优先考虑的是成本。

BGP 协议的规则集体现了互联网最初的异步网络设计。它的目标是确保所有数据都能低成本成功传输。但事与愿违，许多传输路径远远超过了必要的长度。位于曼哈顿同一幢楼的两名玩家可能参加《堡垒之夜》中的同一场比赛，由位于弗吉尼亚州的《堡垒之夜》服务器管理，数据包可能先经过俄亥俄州发送，因此到达目的地的时间要多出 50%。数据可能会通过一条更长的网络路径被传送回其中一个玩家的设备，这条路径要经过芝加哥。这些连接中的任何一个都有可能被切断，或反复出现 150 毫秒的延迟，而这样做都是为了优先考虑那些不需要实时交付的流量（如电子邮件）。

　　所有这些因素结合在一起，就能够解释为什么数据包从纽约到东京的平均传输时间是光粒子传播相同距离所需时间的 4 倍多，从纽约到孟买的时间是光粒子传播所需时间的 5 倍多，而从纽约到达旧金山的时间是光粒子传播所需时间的 2 ～ 4 倍，确切的传输时间取决于具体的传输时段。

　　改善交付时间所面临的高昂成本、困难程度和过程的漫长超乎我们想象。更换或升级由线缆组成的基础设施不仅成本高昂，还需要政府批准，通常是逐级批准。这些线缆的预期路径越趋近于直线，审批往往就越困难，因为越是直接连通的路径，越有可能影响已有住宅、商业设施、政府财产或环境保护等。

　　而升级无线基础设施则容易得多。5G 网络主要被标榜为向无线用户提供"超低延迟"的服务，有可能是 1 毫秒，但 20 毫秒应该更为现实。这意味着与今天的 4G 网络相比，5G 网络传输相同距离的相同数据可以节省20 ～ 40 毫秒。然而，这只在数据传输过程中的最后几百米起作用。一旦无线用户的数据到达发射塔台，就会通过固定线路的互联网骨干网传输。

　　SpaceX 旗下的卫星互联网公司 Starlink 承诺在美国各地提供高带宽、低延迟的互联网服务，并最终覆盖世界其他地区。然而，卫星互联网并不能实现超低延迟，尤其是在距离很远的情况下。截至 2021 年，Starlink 使得数据从你家到卫星的平均传输时间变为 18 ～ 55 毫秒，但当数据必须从纽约到洛杉矶再返回时，这个时间框架就会延长，因为在这个过程中数据需要经过多个卫星网络或传统的地面网络。

　　在某些情况下，Starlink 甚至加剧了传输距离的问题。纽约到费城的直线距离约为 160 千米，线缆距离可能为 260 千米，但数据往返低轨道卫星后，总距离则超过 1 100 千米。不仅如此，通过光缆传输造成的数据"损耗"比光通过大气层传输时的损耗要小得多，特别是在阴天。人口密集的城市地区，因为充满噪声，数据的传输也会受到干扰。2020 年，埃隆·马斯克强调，Starlink 致力于"服务最难服务的客户（电信公司），否则很难达到超低延迟这一目标"。[4] 从这个角度看，卫星传输是使更多人能够达到元宇宙的最低延迟要求，而不是为那些已经满足了这一要求的人提供改进。

　　BGP 协议可能会被更新或通过其他协议进行补充，也可能会引入和采用新的专有标准。我们往往会认为元宇宙能否实现只受 Roblox 公司、Epic Games 或个人创作者的思想和创新的限制，而且这些公司和个人确实已经证明自己善于通过设计避开网络的限制。这些公司和个人将继续这样做，因为我们要应对未来所有的带宽和延迟挑战。然而，至少在不久的将来，这些非常真实的限制将继续制约着元宇宙和其中的一切。

THE METAVERSE
透视元宇宙

元宇宙中需要低延迟，甚至是 0 延迟

在交互体验中，人类对延迟的感知阈值是非常低的。而延迟，是通向元宇宙之路的最大网络障碍。

1. 一方面原因是，我们对轻微的错误和同步问题非常敏感。在元宇宙中，如果你与你的母亲交谈时，她好像处于 100 毫秒的延迟状态，那么你很快就会觉得有点恐怖。

2. 另一方面原因是，今天很少有服务和应用需要超低延迟交付，这反过来又使致力于提供实时交付服务的网络运营商或技术公司更难生存。

好消息是，随着元宇宙的发展，人们对低延迟的互联网基础设施的投资将会增加。

计算，元宇宙的底层逻辑

及时发送足够的数据只是操作同步虚拟世界过程的一部分，此外还必须理解数据，运行代码，评估输入，执行逻辑，渲染环境，等等。而这就是CPU 和 GPU 所要承担的工作，在广义上叫作"计算"。

所有数字工作的执行都有赖于计算。几十年来，我们可以看到每年可用的和制造的计算资源数量不断增加，也见证了它们的强大。尽管如此，计算资源从过去到现在甚至是将来都很可能处于稀缺状态，因为当我们获得了更强的计算能力时，通常就会尝试执行更复杂的计算。这一点从过去 40 年电子游戏机的平均大小中可以看出来。PS1 于 1994 年发布，重 3.2 磅，体积为 10.75 英寸 ×7.5 英寸 ×2.5 英寸；PS5 于 2020 年发布，重 9.9 磅，体积为 15.4 英寸 ×10.2 英寸 ×4.1 英寸。这些数值的增加主要是为了增加设备的计算能力，因此在设备工作过程中需要更大的风扇进行冷却。PS1（除了它的光驱）可以塞进钱包，成本低于 25 美元，但与现代的同类产品相比，人们对这种设备的需求已经很少了。

　　我在前文提到过皮克斯于 2013 年为制作《怪兽大学》而建造的超级计算机：将大约 2 000 台工业级计算机连在一起，总共有 24 000 个内核。该数据中心的成本高达数千万美元，毫无疑问远远超过了 PS3 的价格，但它能够拍摄更大、细节更丰富、更精致的图像。总的来说，该电影的 120 000 帧中每一帧的渲染都需要花上 30 个内核时间（core hour）①。在接下来的几年里，皮克斯用更新和更强大的处理器替换了其中许多计算机和内核，这些处理器可以更快地渲染这些相同的镜头。但皮克斯没有优化速度，而是利用这种能力创建了更复杂的渲染。例如，皮克斯 2017 年的电影《寻梦环游记》（Coco）中的一个镜头，有近 800 万束单独渲染的灯光。起初，渲染镜头中的每一帧需要 1 000 多个内核时间，后来缩减至 450 个内核时间。皮克斯能够把部分镜头的渲染时间减少到 55 个内核时间是通过以 20 度纵向和横向增量来“烘焙”灯光，也就是降低它们对相机的响应。[1]

　　这样的对照似乎有失公允。毕竟，不是每个渲染都需要 800 万束灯光或实时渲染，也不会在 350 平方米的 IMAX 屏幕上接受审视。然而，元宇宙所需的渲染和计算要复杂得多。它们还必须大约每 0.016 秒，或者最好是大约每 0.008 3 秒创建一次！不是每家公司都买得起一个超级计算机数据中心，可以说只有极少数公司买得起。事实上，即使是当下最成熟、最耀眼的虚拟世界，在计算方面也面临着同样的限制。

---

① 注意，这不是字面意义上的 30 小时。如果只使用一个内核进行渲染需要 30 小时完成，那么使用 30 个内核进行渲染只需 1 小时就能完成，以此类推。

让我们回到《堡垒之夜》和 Roblox 上来。虽然这些游戏取得了令人难以置信的创造性成就，但它们的基本思想不是全新的。几十年来，开发人员一直在想象与数十名（如果达不到数百或数千人的话）实时在线的玩家在同一个虚拟环境中共享仅受用户想象力限制的模拟体验，但问题是，目前的技术无法实现这种体验。

虽然自 20 世纪 90 年代后期以来，拥有数百甚至数千个并发用户的虚拟世界已经成为可能，但虚拟世界本身和其中的用户都受到严格限制。在《星战前夜》中，玩家无法通过化身聚集在一起，只能指挥大型且大多是静止的飞船在太空中重新定位或交战。

在《魔兽世界》中，数十个化身可以在同一个地方渲染，但模型细节不到位，比例相对较小，玩家也不能很好地控制化身。如果太多玩家聚集在一个区域，游戏服务器会暂时将其"分片"呈现为该空间的并发操作，但副本依然保持独立。有些游戏甚至只对玩家的操作应用实时渲染，其余部分都使用游戏的内置 AI，整个背景都是预先渲染的，玩家无法对它产生任何影响。要想参与上述的任何一种体验，还需要玩家花费数千美元购买游戏专用个人电脑，即使购买这样的设备不是绝对必要的。用户可能不得不"关闭"或"降低"游戏的渲染能力或将帧速率减半。

直到 2015 年左右，数以百万计的消费级设备才能够管理像《堡垒之夜》这样的游戏——一局比赛中有数十个生动逼真的游戏化身，每个角色都可以做多样的动作，并与一个生动且有形的世界，而不是一片广袤冰冷的空间进行交互。值得注意的是，大约在同一时间，出现了足够多价格不算太高的服务器，而且可以管理和同步来自如此多个设备的输入。

　　这些计算技术的进步使电子游戏行业发生了巨大变化。多年来，世界上最受欢迎（同时创收能力也最强）的游戏往往是那些专注于丰富的用户生成内容和大量并发用户的游戏，比如《自由之火》《绝地求生》《堡垒之夜》《使命召唤：战争地带》（Call of Duty: Warzone）、Roblox、《我的世界》。此外，这些游戏迅速扩展到以前"仅限生活实况"（IRL Only）的媒体体验，比如《堡垒之夜》中特拉维斯·斯科特的演唱会，或利尔·纳斯·X（Lil Nas X）在 Roblox 中举办的演唱会。在这些新的形式和事件的共同作用下，游戏行业迎来了巨大增长。平均来看，以 2021 年数据为例，每一天都有超 3.5 亿人参与大逃杀游戏，而这只是高 CCU（并发用户）游戏的一种类型，并且有数十亿人能够参与这样的游戏。2016 年，全球只有 3.5 亿人拥有渲染丰富的 3D 虚拟世界所需要的设备。Roblox 的月活跃用户数在 2021 年达到巅峰，为 2.25 亿，这个数字比历史上最畅销的游戏机 PS2 的终生销量高出 1/3 以上，是 Snapchat 和 Twitter 等社交网络用户数量的 2/3。

　　现在你可能已经猜到，这些游戏远超竞争对手，部分原因是它们运用了特定的设计决策来解决当前的计算限制。大多数大逃杀游戏支持 100 名玩家同时在线，但它们也使用带有众多"兴趣点"的巨大地图将玩家分散开来。这意味着虽然服务器需要跟踪每个玩家在做什么，但每个玩家的设备不需要渲染他们或跟踪处理他们的动作。虽然玩家最终必须集中在一个小空间内，有时这个空间只有宿舍大小，但大逃杀的设定决定了到那个时候，绝大部分玩家都已被"杀死"了。随着地图的不断缩小，生存也会变得更加困难。大逃杀玩家可能需要提防 99 个竞争对手，但他们的设备面临的挑战要少得多。

　　不过，这些技巧能够带来的改变也就到此为止了。例如，只能在移动设备上玩的大逃杀游戏《自由之火》是世界上最受欢迎的游戏之一。但是，它的大多数玩家都在东南亚和南美，而在这些地方大多数玩家用的都是中低端安卓设备，而不是功能更强大的 iPhone 或者高端安卓设备。因此，《自由之火》中的大逃杀仅限 50 个玩家同时参与，而不是 100 个。同时，当《堡垒之夜》或 Roblox 等游戏在更狭窄的空间，比如在虚拟演唱会现场开展社交活动时，它们会将并发用户减少到 50 个或更少。与标准游戏模式相比，它们还限制了用户可以做的事情。例如建筑项目可能会被关闭，另外舞蹈动作的数量也会从正常的十几个或两个减少到只有一个预设选项。

如果你的处理器不如其他普通玩家的处理器强大，你会发现必须做出更多妥协。几年前的设备不会加载其他玩家的自定义服装，因为没有相应的游戏玩法需要这样，而只是将它们呈现为定型的角色。虽然《微软模拟飞行》能给玩家带来各种奇妙的体验，人们坐在家里借助计算机就能实现做飞行员的梦想，但只有不到 1% 的台式机或 Mac 笔记本电脑和游戏专用个人电脑可以在其最低保真度设置下运行该游戏。《微软模拟飞行》可以在这些设备上运行的部分原因是，除了地图、天气和飞行路线之外，它的世界只有很小一部分是真实的。

当然，计算能力每年都在提高。Roblox 现在在其保真度相对较低的世界中支持多达 200 名玩家，在 beta 测试版中可能有多达 700 名玩家。但是，我们距离"想象力是唯一限制"这一愿景的距离还很远。元宇宙的实现，对应数十万人参与共享模拟，并拥有任意数量的自定义虚拟物品，完整的动作捕捉，能够以完全持续的方式高度自主地调整虚拟世界（而不是从十几个选项中进行选择），并且不仅可以以 1 080p（通常被认为是"高清"），还可以以 4K 甚至 8K 格式渲染该世界。目前即使是地球上最强大的设备也很难按照这样的标准进行实时渲染，因为资产、纹理的增加，分辨率的提高或额外的帧和播放器的添加都意味着要消耗更多稀缺的计算资源。

英伟达的创始人兼首席执行官黄仁勋认为，沉浸式模拟的下一步将远远超越更逼真的爆炸效果或更生动的虚拟化身这一水平。他设想把"粒子物理定律、引力定律、电磁定律、电磁波（包括光）和无线电波……压力和声音"应用到元宇宙中。[2]

元宇宙是否需要如此遵从物理定律是存在争议的。这里的关键问题是，因为计算能力的进步总会带来重要的突破，而突破就意味着需要更多的计算能力，所以计算能力无论如何都是稀缺的。黄仁勋将物理定律带入虚拟世界的愿望似乎很难实现，但是如果这个愿望的确无法实现，就需要预测和排除将物理定律应用在虚拟世界可能带来的创新。谁会想到 100 人的大逃杀游戏成为现实会改变世界呢？可以肯定的是，计算的可用性和限制将决定对于哪些人来说，在何时何地，怎样的元宇宙体验是可能实现的。

同一问题的两个方面

我们知道元宇宙需要更多的计算能力，但并不知道具体需要多少。在第 3 章中，我引用了 Oculus 首席技术官约翰·卡马克的话，他认为"构建元宇宙是出于一种道德责任"。2021 年 10 月，卡马克表示，如果 20 年前有人问他"如果处理能力变成现在的 100 倍"是否足以履行这一职责，他会说是的。然而，尽管现在有数十亿台设备具备这种能力，但根据卡马克的观点，保守估计，元宇宙至少还需要 5～10 年时间才能成为现实，且到时仍将面临"极大的优化和折中空间"。两个月后，英特尔高级副总裁兼加速计算系统和图形事业部（Accelerated Computing System and Graphics Group）主管拉贾·科杜里（Raja Koduri）在英特尔的投资者关系网站上表达了类似想法。科杜里表示："事实上，元宇宙可能是继万维网和移动互联网之后的下一个主要计算平台……但要实现真正意义上的持续性、沉浸式、大规模且可供数十亿人实时访问的计算，需要满足的条件更多：与当今最先进的技术相比，计算效率需要提升至目前的 1 000 倍。"[3]

对于如何以最好的方式实现这一目标，人们有不同的看法。

一种观点认为，计算应该尽可能在远程的工业级数据中心而不是在消费级设备上执行。虚拟世界需要的大部分计算在每个用户的设备上单独执行，这对很多人来说都是一种浪费，因为这意味着很多设备为了支持相同的体验需要在同一时间执行相同的操作。相比之下，由虚拟世界"所有者"运营的超级强大的服务器只是跟踪用户输入，在必要时进行中继（relay）处理，然后在过程发生冲突时充当裁判。它甚至不需要渲染任何东西！

我们通过一个例子来展示虚拟世界中发生的相同情景。当玩家在《堡垒之夜》中向一棵树发射火箭弹时，发射的信息（使用的物品、它的属性和弹丸的轨迹）会从该玩家的设备发送到《堡垒之夜》的多人游戏服务器，然后服务器将该信息传递给需要这些信息的所有玩家。随后，本地机器会进行处理并根据该信息执行相应的操作：显示爆炸场景，确定玩家是否受到伤害，从地图上移除树，并让玩家可以穿过树原来所在的位置，等等。

按实际情况来看，玩家看到的爆炸场景有可能各不相同，即使"相同"的爆炸物在"相同"的时间以"相同"的角度击中了"相同"的树，并且应用了完全相同的逻辑来处理因果关系，情况依然如此。这反映了这样一个事实：由于延迟并不是固定的，因此设备接收到的火箭的发送时间有可能稍早或稍晚，并且发射位置稍有不同。大多数情况下，这种差异无关紧要，但有时它会产生巨大影响。例如，玩家 1 的主机可能会认定玩家 2 在炸毁树的那场爆炸中死亡了，而玩家 2 的主机显示玩家 2 受到了重伤但并不致命。

这两个主机都不是"错误的"，但游戏显然不能继续处理两个版本的"真相"，所以服务器必须进行信息"挑选"。

当前对个人设备的依赖也产生了其他限制。用户只能体验他们自己的设备可以管理的内容。2019 年的 iPad、2013 年的 PS4 和 2020 年版的 PS5 呈现《堡垒之夜》的方式是不同的。iPad 的刷新率将被限制为每秒 30 帧（FPS），PS4 可以实现 60 帧，而 PS5 可以达到 120 帧。iPad 可能只加载选择性的贴图纹理，甚至可能忽略化身的服装；而 PS5 则可以显示折射光和阴影，这是 PS4 无法做到的。这反过来又说明虚拟世界的整体复杂性，最终在一定程度上会受到可以访问它的最低端设备的限制。Epic Games 目前的规则是《堡垒之夜》中的化身和服装不影响游戏的玩法，但这一规则一旦改变将导致大量用户流失。

远程渲染，谷歌、亚马逊、奈飞将实现元宇宙的成功构建

元宇宙先锋

THE METAVERSE

将尽可能多的处理和渲染转移到工业级数据中心，不仅可以提高效率，对于构建元宇宙也至关重要。目前已经有一些公司和它们提供的服务在这个方向上进行了实践。例如谷歌 Stadia 和亚马逊 Luna 的云游戏服务，它们在远程数据中心处理所有电子游戏的玩法，然后将整个渲染体验作为视频流推送给用户的设备。客户端设备唯一需要做的就是播放此视频并发送输入（向左移动、按下 X 等）——类似于观看奈飞的视频。

这种方法的支持者常用的逻辑是，家庭用电通常是由电网

和工业发电厂而不是私人发电机供应的。有了基于云的模型，消费者可以不用再购买消费级、不经常升级和被零售商加价的计算机，而是租用单位处理能力更具成本效益且更易于更新的企业级设备。无论用户拥有一部 1 500 美元的 iPhone 还是旧款带电子屏幕并能够连接 Wi-Fi 的冰箱，他们都可以在上面玩各种计算密集型游戏，比如以最高配的渲染模式玩《赛博朋克 2077》（*Cyberpunk 2077*）。既然这样，为什么虚拟世界要依赖于一小块包裹在塑料染色罩中的消费硬件，而不是建立在那些运营着虚拟世界的公司所提供的服务基础之上呢？这些公司坐拥价值数百万美元乃至十亿美元的服务器堆栈。

虽然这种方法的所有表层逻辑都说得通，同时奈飞和 Spotify 等公司提供的服务器端内容服务也取得了成功，但远程渲染并不是当今的游戏发行商达成了共识的解决方案。蒂姆·斯威尼认为："割裂地看待实时处理和延迟，注定是要失败的。因为虽然带宽和延迟在改善，但本地计算性能提高的速度会更快。"[4] 换句话说，争论的焦点不是远程数据中心是否可以提供比消费者所有的数据中心更好的体验，因为它们显然可以，重点在于网络阻碍着传输，且这样的阻碍将来会继续存在。

此时，发电机的类比就开始显得不那么恰当了。在大多数发达国家，消费者毫不费力就可以快速获得他们每天需要的电。但电力输送的效率并不高，因此将电力输送与数据传输进行类比就不太恰当了。发送数据时，要推送远程渲染体验，需要实时发送每小时数千兆字节的数据。但我们已经了解到，及时发送每小时几兆字节的数据都困难重重。

此外，远程计算尚未证明自己在渲染方面更高效，这是几个相互关联的问题导致的。

GPU 在任何给定时刻都不会渲染大部分虚拟世界，更不用说渲染整个虚拟世界了；相反，它只会在用户需要时渲染所需内容。当玩家在玩《塞尔达：旷野之息》时，任天堂 Switch 使用的英伟达 GPU 有效地卸载了之前渲染的所有内容，以支持玩家的新视野。这个过程被称为"视锥剔除"。其他技术包括"遮挡"和"细节层次"。遮挡是指如果玩家视野中的某些物体被另一个物体挡住，则不加载或渲染被挡住的物体。细节层次是指，只有在玩家应该可以看到某些信息的时候才加载它们，比如白桦树树皮的细微纹理。

视锥剔除、遮挡和细节层次解决方案对于实时渲染体验至关重要，因为它们能够让用户的设备将处理能力集中在用户可以看到的内容上。但结果是，其他用户无法"搭载"该用户的 GPU 进行计算。可能有些人会认为这是一个谎言，毕竟在任天堂 64 上玩《马里奥赛车》的经历告诉他们，玩家可以将电视屏幕"拆分"成 4 个，每个屏幕对应一个驱动。即使在今天，《堡垒之夜》也允许单个 PS 或 Xbox 将屏幕一分为二，以便两个玩家同时玩。但在这种情况下，相关的 GPU 支持对多个参与比赛的人同时进行渲染，而不是对所有玩家执行这样的操作。这里的区别至关重要，它要求每个玩家都必须进入相同的比赛和级别，不能提前退出。这是因为设备的处理器只能加载和管理有限数量的信息，并且它的随机存取存储器系统将临时存储各种渲染（比如树或建筑物）数据，以便它可以被每个玩家重复使用，而不是每次都从头开始渲染。此外，每台设备的分辨率或帧速率下降的程度与用户数量成正比。这意味着即使使用两台电视来操作双人模式的《马里奥赛车》，而不是将一台电视分成两部分，每台电视每秒也只能接收一半的渲染像素[①]。

从技术上讲，GPU 可以渲染两个完全不同的游戏。顶级英伟达 GPU 毫无疑问可以支持 2D 横向卷轴游戏《超级马里奥兄弟》的两种不同模拟，或者同时支持《超级马里奥兄弟》的一个版本以及一个与之类似的低功耗游戏。但是，这不是以高效计算的方式完成的。一个可以按最高渲染规格运行高端游戏 A 的英伟达 GPU，不能以一半的规格甚至 1/3 的规格运行该游戏的两个版本。它不能像父母辅导两个孩子学习或让他们上床睡觉那样，根据每个游戏的需要以及何时需要来权衡其功率。即使游戏 A 永远也用不到英伟达 GPU 既定的全部功率，备用部分也不能被分配到其他地方。

GPU 不会生成通用渲染功率，不能像发电厂将电力分配给多个家庭那样在用户之间进行分配，也不像 CPU 服务器那样可以支持大逃杀游戏中 100 位玩家的输入、位置和同步数据。相反，GPU 通常作为支持单个玩家渲染的"锁定实例"（locked instances）运行。许多公司正在想方设法解决这个问题，但在找到可行的解决方案之前，设计类似于大型工业发电机、涡轮机或其他基础设施的"巨型 GPU"，并不能确保渲染功率稳步提升。随着容量的增加，发电机的单位功率通常更具成本效益，但 GPU 的情况正好相反。简而言之，GPU 要想功率翻倍，其生产成本也得翻倍。

因为"拆分"或"共享"GPU 存在困难，微软 Xbox 的云游戏流服务器场实际上是由成堆拆掉外壳的 Xbox 组成的，每一台为一个玩家服务。换

[①] 有一种例外情况，那就是当游戏运行需要的 GPU 容量远低于支持它的 GPU 的容量时，就像在任天堂 Switch 上玩任天堂 64 版本的《马里奥赛车》时那样，因为这两款游戏机的面世时间相隔 21 年。

句话说，微软的发电厂实际上只是由一个个家用发电机而不是社区规模的发电机组成的网络。微软可以使用定制的而非以用户为中心的 Xbox 中的 GPU 和 CPU 硬件来支持云实例。然而，要做到这一点，在开发每一款 Xbox 游戏时，需要让它支持其他型号的 Xbox。

云渲染服务器也面临利用率问题。周日晚上 8 点，克利夫兰地区可能需要 75 000 台专用服务器，但平均下来每天只需 20 000 台，周一凌晨 4 点则只需要 4 000 台。消费者购买的这些服务器，可能是游戏机或游戏专用个人电脑，这时没人会关注它们是否被使用或是否离线。然而，数据中心的经济考量总会以优化需求为导向。因此，租用利用率低的高端 GPU 一直都很昂贵。

这就是为什么如果客户提前从亚马逊租用服务器，Amazon Web Services（AWS）会为他们提供更优惠的价格（预留实例，reserved instances）。因为客户已经为服务器付费，他们下一年的访问权限就可以得到保证，而亚马逊则将成本与向客户收取的费用之间的差额收入囊中（AWS 最便宜的预留实例 Linux GPU，相当于一台 PS4，一年的费用超过 2 000 美元）。如果客户想在需要时访问服务器（竞价实例，spot instances），他们可能会发现这些服务器是不可用的，或者只有低端 GPU 可用。这里的最后一点是关键所在：**如果解决远程服务器价格高昂问题的唯一方法是使用而不是替换旧服务器，那么我们并没有解决计算资源稀缺问题。**

还有一种改进成本模型的方法：让服务器的位置更集中。一家公司与其在俄亥俄州、华盛顿州、伊利诺伊州和纽约等地均设立云游戏流中心，还不如只建设一两个运营中心。随着客户数量和多样性的增加，需求趋于稳定，平均利用率就会提高。当然，这也意味着远程 GPU 和终端用户之间的距离变远了，延迟也会随之增加。此外，这也不能解决用户之间的距离问题。

将计算资源转移到云上会产生许多新的成本。例如，在数据中心并排运行、始终开机的设备会产生大量的热——远远超过放置在家里客厅书柜中的服务器的总热量，另外，维修、保护和管理这些设备的成本也很高。从流式传输有限位数据到流式传输高分辨率、高帧速率内容的转变也意味着带宽成本的增加。确实，奈飞和其他公司的成本利用率提高了，但它们通常采用的是非实时方式，从附近存储文件的服务器发送每秒少于 30 帧（不是 60 ～ 120 帧）、分辨率较低的视频（比如谷歌 Stadia 所做的那样，采用 1K 或 2K，而不是 4K 或 8K 分辨率），而不是执行密集的计算操作。

在可预见的未来，我所说的"斯威尼定律"——本地计算的提升将继续超过网络带宽、延迟和可靠性的提升，很可能会成立。尽管许多人相信戈登·摩尔（Gordon Moore）于 1965 年提出的摩尔定律，即密集集成电路中的晶体管数量大约每 18 个月会翻一番，但这种增长速度现在正在放缓，而 CPU 和 GPU 处理能力继续快速增长。此外，今天的消费者经常更换主要计算设备，导致每两三年面向终端用户的计算就会产生巨大的进步。

去中心化计算的梦想

我们对更多处理能力的需求是永远都无法满足的，在理想情况下，我们希望尽可能靠近用户，至少也得让附近的工业服务器场（industrial server farms）靠近用户，而这总导致一种新的选择：去中心化计算。在消费者手中以及其他众多家庭中，有着这么多功能强大且经常处于未使用状态的设备，我们很自然就会想要开发系统来分享它们大部分空闲的处理能力。

在文化上，关于基础设施集体共享但归私人所有的想法已经很好理解了。任何在家安装太阳能电池板的人都可以将多余的电力出售给当地电网（以及间接出售给他们的邻居）。埃隆·马斯克描绘过这样的一个未来，当你自己不使用特斯拉时，你可以将其作为自动驾驶汽车出租，这比 99% 的时间都让它停在车库里要好得多。

早在 20 世纪 90 年代就出现了使用日常消费硬件进行分布式计算的程序。加州大学伯克利分校的 SETI@HOME 项目就是一个非常有名的例子，参与该项目的人自愿使用他们的家用计算机来为外星生命的搜索提供动力。斯威尼强调说，他在 1998 年发布的第一人称射击游戏《虚幻竞技场 1》的"待办事项清单"中有一项是"让游戏服务器能够相互通信，这样我们就可以在单个游戏环节中容纳无限数量的玩家"。然而，近 20 年后，斯威尼承认这个目标"仍然只是个美好的愿望"。[5]

尽管拆分 GPU 和共享非数据中心 CPU 的技术处于萌芽状态，但一些人认为区块链既提供了去中心化计算的技术机制，也提供了相应的经济模型。他们的构想是，未得到充分利用的 CPU 和 GPU 的所有者将可以通过出让剩余的处理能力来获得某种加密货币作为"报酬"，甚至可能实时拍卖访问这些资源的权限，可以拍卖给那些身负竞标访问权限任务的人，也可以拍卖给那些有能力竞标访问权限的人。

这样的市场能否提供元宇宙所需的大量处理能力？[①]想象一下，当你在沉浸式空间中游览时，你的账号会不断将必要的计算任务分配给你附近的人

---

① 在《雪崩》出版 7 年后，尼尔·斯蒂芬森在 1999 年出版的《编码宝典》（*Cryptonomicon*）中详细描述了这种技术和经验。

或者在你旁边走在街上的人所持有但没使用的移动设备，以渲染你的体验，或令你的体验更加生动。稍后，当你不使用自己的设备时，你也会因为出让了它们的计算能力而获得代币（详见第11章）。这种加密交换概念的支持者认为它代表了未来所有微芯片都将具备的特征。每台计算机，无论大小，都将被设计成可随时拍卖空闲周期。数十亿个动态排列的处理器将为大型工业客户的深度计算周期提供动力，并提供终极的、无限的计算网格，使元宇宙成为可能。也许，要想让每个人都能听到树倒下的声音，唯一的方法就是所有人都给它浇水。

THE METAVERSE
透视元宇宙

去中心化计算：若想让每个人都听到树倒下的声音，唯一的方法就是所有人都给它浇水

我们对更多处理能力的需求是永远都无法满足的，在理想情况下，我们希望尽可能靠近用户，至少也得让附近的工业服务器场靠近用户，而这总导致一种新的选择：去中心化计算。

1. 在消费者手中以及其他众多家庭中，有着这么多功能强大且经常处于未使用状态的设备，我们很自然就会想要开发系统来分享它们大部分空闲的处理能力。

2. 每台计算机，无论大小，都将被设计成可随时拍卖空闲周期。数十亿个动态排列的处理器将为大型工业客户的深度计算周期提供动力，并提供终极的、无限的计算网格，使元宇宙成为可能。也许要想让每个人都能听到树倒下的声音，唯一的方法就是所有人都给它浇水。

虚拟世界引擎，元宇宙的建立基础

想象一下这样的场景：一棵虚拟的树在虚拟森林里倒下了。

在前两章中，我解释了渲染树需要什么，如何才能让树的倒下得到系统处理，以及如何让其他在场的用户都知晓。那么在元宇宙中，这棵树是什么？它在哪里？森林又指什么？答案是：它们都是数据和代码。

数据可以描述虚拟对象的属性，例如它的尺寸或颜色等。为了让我们的树由 CPU 处理并由 GPU 渲染，这些数据需要通过代码运行。如果我们想砍倒那棵树并把它做成床或用它来生火，那么该代码必须是运行虚拟世界的更广泛代码框架[①]的一部分。

---

① 树本身可能是汇集了许多较小虚拟对象（如树叶、树干、树枝和树皮等）的代码。

　　现实世界与虚拟世界其实并不是完全不同。现实世界中的物理定律就是虚拟世界中读取和运行所有交互的代码，这些代码决定了树木倒下的原因、它倒下时如何在空气中产生振动并传入人耳，从而导致神经通过各种突触的电信号传递信息。同样，人类"看到"一棵树，意味着它反射了太阳的光，而这些光又被人眼和大脑接收和处理。

　　但现实世界和虚拟世界有一个关键区别：**现实世界是完全预编程的。我们看不到 X 射线或回声定位，但与它们相关的信息是存在的。而在游戏中，X 射线和回声定位需要数据和大量代码。**如果你在家把番茄酱和石油混在一起，然后试着吃掉它或用它画画，物理定律自然而然就会向你展示既定的结果。但对于游戏来说，要处理这一事件，它需要提前知道番茄酱和石油混合（可能是按通用比例进行混合的）时会发生什么，或者它需要对这两者有足够的了解，以便游戏的逻辑在游戏能力允许的范围内能够理解这个过程。

　　虚拟世界的逻辑可能是石油不能与任何东西混合，抑或它只能与石油混合。要是它与任何其他东西混合，只会产生无法使用的污泥。但要得到更复杂的结果，需要更多的数据，并且虚拟世界的逻辑变得更加严谨。添加多少石油才会让番茄酱无法食用？添加多少番茄酱才会让石油无法使用？将两种物质按一定的比例混合，所得物质的颜色和黏度会发生怎样的变化？

　　事实上，如此多的组合方式在现实世界几乎没有价值，然而这对那些虚拟世界的建设者来说却有莫大的意义。因为《塞尔达传说》的英雄不需要去太空，所以不需要空间物理学。《使命召唤》的玩家不需要皮筏艇、魔法或烘焙食品，游戏的开发者就没有编写相关代码。任天堂和动视暴雪可以根据它们的虚拟世界的特点有针对性地分配数据、编写代码，这种做法会给它们带来更多益处，它们不会采用对游戏来说实用价值有限的无限组合。

尽管效率很高，但这种方法给构建类似元宇宙的虚拟世界带来了阻碍，尤其是在构建互操作性方面。例如，在《微软模拟飞行》中，飞行员可以将直升机降落在橄榄球场旁边，但他无法观看橄榄球比赛，更不用说加入比赛了。微软要想提供这样的功能，需要从头开始构建自己的橄榄球系统，然而其实许多开发人员已经在做这样的工作了，并且由于积累了多年的经验，他们可能比微软更擅长做这件事。虽然《微软模拟飞行》可以尝试把别的公司开发的橄榄球系统集成到这些为橄榄球比赛特别设计的虚拟世界中，但各方的数据结构和代码可能不兼容。在第 6 章中，我提到了用户设备经常执行相同的操作这一事实，相比较而言，开发人员面临的情况更糟糕，他们需要不断地打造和重建从橄榄球场到关于橄榄球的一切，甚至是橄榄球在空中飞行时的规则。更重要的是，随着虚拟世界建设者希望利用的 CPU 和 GPU 变得越来越精密复杂，这项任务的难度也在逐年增长。全球大型电子游戏发行商 Nexon 的数据显示，《塞尔达传说》或《刺客信条》（ *Assassin's Creed* ）等开放世界动作游戏的平均制作人员数量从 2007 年的约 1 000 人增长到 2018 年的 4 000 多人，预算增至最初的 10 倍，开发速度大约为之前的 2.5 倍。[1]

听到树倒下的声音，且让它们倒在橄榄球场附近，同时将它们倒下的声音融入人群为比赛的触地得分而发出的欢呼声中，这需要大量程序员以同样的方式编写大量代码来处理大量数据才能实现。

既然我们已经介绍了共享、运行和渲染元宇宙所需的数据，以及代码所需的网络和计算能力，现在就可以对后面的这些概念进行讨论了。

游戏引擎，驱动宇宙虚拟法则

我们已经了解到，元宇宙的概念、历史和未来都与游戏密切相关。如果你去查看虚拟世界的基本代码，可能就会对这一事实有更清晰的认识，该代码通常包含在"游戏引擎"中。游戏引擎是一个定义比较宽泛的术语，指的是有助于构建游戏、渲染游戏、处理其逻辑和管理其内存的技术及框架包。简而言之，**我们可以将游戏引擎视为建立宇宙虚拟法则的事物，它定义了所有交互和可能性的规则集。**

Epic Games 与 Unity Technologies，虚幻引擎的引领者

从历史角度看，所有游戏开发商都构建和维护自己的游戏引擎。但在过去 15 年里，人们见证了另一种选择的兴起：从制造虚幻引擎的 Epic Games 获得引擎授权，或从制造 Unity 引擎的 Unity Technologies 获得授权。

使用这些引擎是要支付一定费用的。例如，Unity Technologies 会向每个使用 Unity 引擎的游戏开发者收取年费，这笔费用为 400 ～ 4 000 美元，具体费用取决于开发者所需的功能和开发者公司的规模；而 Epic Games 通常收取净收入的 5%。当然，这两家公司开发属于自己的引擎并不只是为了收费。一些开发人员认为，为特定的游戏类型或体验，如写实和快节奏的第一人称

射击游戏开发引擎，可以确保他们的游戏"感觉更好"或表现更好。也有人认为，依赖其他公司的技术和受其优先项的影响是值得担忧的，另外，这些引擎"供应商"对自己的游戏及其表现有如此详细的了解也同样令人忧虑。基于这些考量，大型游戏发行商建造和维护自己的引擎变得越来越常见，比如动视暴雪和史克威尔·艾尼克斯（Square Enix）竟然至少分别运行着 6 个引擎。

然而，大多数开发人员都看到了使用和自定义虚幻引擎或 Unity 能带来高额的净利润。通过获得授权的方式，一个小型或缺乏经验的团队可以使用功能更加强大且经过了广泛测试的引擎来打造游戏，这是他们以往所不具备的，而且失败的可能性更小，且永远不会超出预算。此外，他们可以将更多的时间花在设计构建与众不同的虚拟世界上，比如关卡设计、角色设计、游戏玩法等，而不是把时间花在搭建基本的运行环境上。与其雇用开发人员，培训他们使用或开发专有引擎，倒不如直接招募数百万已经熟悉 Unity 或虚幻引擎的个体开发人员立即着手游戏的开发工作。也正因为如此，游戏公司集成第三方工具更容易。例如，一家为电子游戏化身制作面部跟踪软件的独立初创公司，在设计解决方案时，不会依赖它们从未使用过的专有引擎，而是使用大多数开发人员都在用的引擎。

将设计比作建造房屋十分贴切。建筑师和装潢师都没有专门去设计木材尺寸、装配硬件、测量系统、蓝图框架或工具等。这使得他们不仅可以将更多精力花在创造性工作上面，而且雇用木匠、电工和管道工做相应的工作也变得更轻松。如果房子需要翻新，其他团队可以更轻松地修改现有结构，因为他们不需要学习新技术、新工具或新系统。

　　然而，这个类比有一个致命的缺陷。因为房屋一般只在一个地方建造一次，而游戏在设计时就考虑到了要在尽可能多的设备和操作系统上运行，其中一些还是尚未开发更谈不上发布的设备和系统。因此，游戏必须兼容不同的电压标准（比如，英国的电压为 240 伏，美国的电压为 120 伏）、测量系统（英制和国际制）、惯例（空中缆线和埋地缆线）等。Unity Technologies 和 Epic Games 建造和维护它们自己的游戏引擎，一方面是为了让这些引擎可以与每个平台兼容，另一方面是为了针对每个平台进行优化。①

　　从某种意义上说，我们可以将独立游戏引擎视为行业共享的研发池。确实，Epic Games 和 Unity Technologies 是营利性公司，因此开发者不必投入部分预算开发专门的游戏引擎管理核心游戏逻辑，一些跨平台技术提供商可以将部分预算集中用于开发一个功能更强大的引擎，以支持整个生态系统并从中获益。

　　随着大型游戏引擎的发展，一种新型的独立游戏解决方案出现了，它就是实时服务套件。PlayFab（现在归微软 Azure 所有）和 GameSparks（归亚马逊所有）等公司运营着虚拟世界"运行"在线和多人游戏体验所需的大部分内容。这些内容包括用户账号系统、玩家数据存储、游戏内交易处理、版本管理、玩家间通信、匹配、排行榜、游戏分析、反作弊系统等，所有这些都可以跨平台工作。Unity Technologies 和 Epic Games 现在也都有自己的实时服务产品，这些产品的成本很低，而且适用范围并不局限于它们自己的引擎。Steam 作为世界上最大的 PC 游戏商店（第 10 章将重点讨论），也提供了自己的实时服务产品 Steamworks。

---

① 正如我们在讨论 GPU 和 CPU 时提到的那样，虽然虚幻引擎或 Unity 能够兼容大多数游戏平台，但这并不代表某款游戏的某种特有的体验可以在这两个引擎上运行。

随着全球经济不断向虚拟世界转移，这些跨平台、跨开发者的技术将成为全球社会的核心组成部分。特别是下一批虚拟世界建设者——不是游戏开发商，而是零售商、学校、运动队、建筑公司和城市，它们极有可能会使用这些解决方案。Unity Technologies、Epic Games、PlayFab 和 GameSparks 等公司可以说是站在了令人十分羡慕的位置上。最明显的体现是，它们成为虚拟世界的一种标准特征或通用语，它们就像是元宇宙中的"英语"或"国际制"。就像你在世界各地旅行时可能会使用英语和一些国际制单位一样，如果你今天在网上构建一些东西，不管你正在构建什么，你正在使用和购买的都是这些公司推出的一个或多个产品。

但更重要的是，说到在虚拟世界建立通用数据结构和编码规范，有谁能比管理着这套逻辑的公司更有发言权呢？说到这些虚拟世界之间的信息、虚拟商品和货币交换，有谁能比在这方面起促进作用的公司做得更好呢？如果类比互联网名称与数字地址分配机构（ICANN）在 Web 域和 IP 地址方面所做的贡献，那么在创建虚拟世界的互联网络方面，又还有谁比得上管理虚拟世界的逻辑的公司呢？我们稍后再来探讨这些问题和这个假定的答案，在此之前我们需要来探讨一下一些人所认为的构建元宇宙更简单、更好的路径。

虚拟世界集成平台

随着独立游戏引擎和实时服务套件在过去 20 年的发展，Roblox、Epic Games 等公司将这些经验组合成了一个新的模式：虚拟世界集成平台（Integrated Virtual World Platforms，IVWP），比如 Roblox、《我的世界》和《堡垒之夜》创意模式。

IVWP，创建虚拟世界的新模式

IVWP 一般是以自己的通用、跨平台游戏引擎为基础建立的，这些游戏引擎类似于 Unity 和虚幻引擎（Epic Games 的《堡垒之夜》创意模式就是使用 Epic Games 自己的虚幻引擎构建的）。它们的设计使得在操作过程中不需要实际"编码"，游戏、体验和虚拟世界是根据图形界面、符号和具体目标构建的。我们可以将其视为使用基于文本的 MS-DOS（微软磁盘操作系统）和使用可视化 iOS 之间的区别，或者将其视为使用 HTML 设计网站与使用 Squarespace 创建网站之间的区别。IVWP 界面使用户能够以更少的人力、更少的投资、更少的专业知识和技能，更轻松地创建自己想要的虚拟世界。例如，Roblox 平台上的大多数创作者都是青少年，已经有近 1 000 万用户在 Roblox 平台上创建了虚拟世界。

此外，在这些平台上构建的每个虚拟世界都必须使用平台的整个实时服务套件，包括其账号和通信系统、虚拟化身数据库、虚拟货币等。这些虚拟世界全部必须通过 IVWP 访问，因此它充当着一个统一体验层的角色，它也是独立的安装程序文件。从这个意义上说，在 Roblox 上构建一个世界更像是构建一个 Facebook 页面，而不是一个 Squarespace 网站。Roblox 甚至为开发者运营一个综合市场，在那里他们可以上传他们为自己的虚拟世界定制的任何东西，比如，一棵圣诞树、一棵被雪覆盖的树、一棵枯树，以及松树皮纹理等，并将其授权给其他游戏开发者。这为开发者提供了新的收入来源（开发者对开发者，而不仅仅是开发者对玩家），同时其他人也能以更低的成本，更容易、更快地构建他们的虚拟世界。此外，该过程还推动了虚拟对象和数据的进一步标准化。

尽管开发人员使用 IVWP 构建虚拟世界比使用虚幻引擎或 Unity 等游戏引擎更容易，但构建 IVWP 本身比开发游戏引擎更难。为什么？因为对于 IVWP 而言，一切都是需要优先考虑的事项。IVWP 希望创作者能够灵活地创作，同时还能将底层技术标准化，从而最大限度地提高它们所构建的一切内容之间的互联性，并最大限度地减少创作者对培训或编程知识的需求。这就好比宜家想要建立一个充满活力的国家，但要求所有建筑物必须使用宜家预制件一样。此外，宜家将负责这个新国家的货币发行、公共事业，以及设立执法机构和海关等。

《第二人生》前首席执行官艾比·阿尔特伯格（Ebbe Altberg）给我介绍了一个了解 IVWP 操作难度的好方法。在 2015 年前后，该平台的一位开发人员创建了一项销售虚拟马和订购虚拟马饲料的业务。后来，《第二人生》升级了自己的物理引擎，但其中的一个漏洞导致每当马想吃饲料的时候总是会从饲料上面滑过去，吃不着，结果马就被饿死了。《第二人生》甚至没能第一时间发现并修复这个漏洞，同时为受影响的人提供适当的补救措施又花了更多时间。不得不承认，此类事件会扰乱《第二人生》中的经济秩序，同时用户也会对市场产生不信任，从而损害买卖双方的利益。找到一种可以不断改进功能，同时继续支持旧的设计且没有错误的方式，是一项非同寻常的任务。游戏引擎也在一定程度上面临着这个问题。但是，当 Epic Games 更新虚幻引擎时，每个开发人员都可以部署此更新，并且他们可以在经过大量测试后选择部署时间，也不必担心该更新会对他们与其他开发人员的交互产生影响。当 Roblox 推送更新时，它的所有虚拟世界都会同步更新。

同时，"虚拟宜家"是通过编程构建的，而不是用现实世界的建筑材料构建的，这意味着它的发展不受物理规律的约束，而是具备软件所特有的几乎无限的潜力。由 Roblox 公司或其开发人员在 Roblox 中制造的任何东西都可以无限次重新利用或复制，不会产生边际成本，而且可以进行改进。IVWP 中所有开发人员的有效协作让虚拟世界和虚拟对象的网络能够不断扩展且功能越来越强大。随着这个网络的持续改进，它越来越容易吸引更多的用户，每个用户在这里花的钱会更多，这样一来网络收入也会随之增加，然后会吸引更多开发人员和投资，如此一来网络又会得到进一步的改善。协作研发的好处不仅体现在游戏引擎上，还体现在对所有内容的研发上。

实际情况是怎样的呢？目前《堡垒之夜》的创意模式由 Epic Games 管理，这意味着它仍然是私有的，同时《我的世界》的财务状况没有被其所有者微软公开，相比之下 Roblox 公司目前是表现最好的。

我们先看参与度。截至 2022 年 1 月，Roblox 平均每月使用时间超过 40 亿小时，高于一年前的约 27.5 亿小时、两年前的 15 亿小时和 2018 年底的 10 亿小时。这还不包括用户在 YouTube 上观看 Roblox 相关内容的时间。作为世界上最常用的视频网站之一，YouTube 的报告显示，游戏内容是其最受关注的内容类别，而 Roblox 的内容关注度排名第二（排名第一的也是一个 IVWP——《我的世界》）。相比之下，奈飞每月的使用时间为 125 亿～ 150 亿小时。所有顶级 Roblox 游戏，比如 *Adopt Me!*《地狱之塔》（*Tower of Hell*）和《米普城市》（*Meep City*），都是由几乎没有经验的独立开发者，以及由 10～30 人组成的小型团队（团队成立之初通常只有一两个人）开发的。迄今，已经有 150 亿～300 亿人次玩过这些游戏。这些顶级 Roblox 游戏的单日玩家数量是《堡垒之夜》或《使命召唤》的一半，也是《塞尔达传说：旷野之息》或《最后生还者》（The Last of Us）等游戏的全部玩家数量的一半。那么虚拟物品在平台内的发展情况如何呢？仅 2021 年就有 2 500 万种商品被制造出来，玩家共计获得或购买了 58 亿件虚拟物品。[2]

Roblox 激增的参与度部分是由其不断增长的用户群推动的。从 2018 年第四季度到 2022 年 1 月，月活跃用户数从估计的 7 600 万增加到超过 2.26 亿（增长了约 200%），而日活跃用户数从约 1 370 万增加到 5 470 万（增长了约 300%）。你也许会注意到，日活跃用户数的增长幅度超过了月活跃用户数，同时参与度的增幅更大（400%）。Roblox 不仅整体上变得越来越流行，它也越来越受用户欢迎。我们可以在其财务报告中看到 Roblox 网络效应的类似证据。从 2018 年第四季度到 2021 年第四季度，Roblox 的收入增长了 469%，而它为平台上的虚拟世界建设者（即开发人员）支付的报酬增长了 660%。换句话说，Roblox 的用户平均每小时的花费比以往任何时候都多，平台的创收速度也比以往任何时候都快，并且这两个指标的增长速度超过了令人惊叹的用户增长速度，而这都不及支付给开发者的报酬的增长速度。此外，Roblox 增长的用户中，年龄较大的用户占绝大多数。截至 2018 年第四季度，60% 的日活跃用户年龄在 13 岁以下。3 年后，这一比例仅为 21%。换句话说，截至 2022 年 1 月，在 Roblox 的用户群体中，13 岁以上的用户人数几乎是 2018 年 13 岁以下用户人数的 5 倍多。

Roblox 的飞轮增长，离不开对研发的巨大投资

Roblox 公司的飞轮效应①最令人印象深刻的地方可能是它在研发方面的投资。2020 年第一季度，即新型冠状病毒肺炎疫情大流行之前的最后一个季度，该公司创造了大约 1.62 亿美元的收入，并在研发上投入了 4 940 万美元。这意味着用户在 Roblox 上花费的每一美元中，有 30 美分会用在平台的建设上。在接下来的 7 个季度中，Roblox 的收入飙升了 250% 以上，在 2021 年第四季度达到 5.68 亿美元。然而，Roblox 并没有将这部分收入转化为利润，也没有用在其他方面，而是继续以与之前大致相同的速度投入到了研发中。因此，该公司在 2021 年第四季度的研发支出超过了 2020 年第一季度的收入。截至 2022 年第三季度，Roblox 的研发费用可能会超过 7.5 亿美元，到 2022 年底，年度研发投入可能接近 10 亿美元。

我们以 Rockstar 的《侠盗猎车手 5》(*Grand Theft Auto V*) 和《荒野大镖客 2》(*Red Dead Redemption 2*) 为例进行对比。《侠盗猎车手 5》是历史上第二畅销的游戏，售出超过 1.5 亿份 (《我的世界》售出近 2.5 亿份，排名第一)。《荒野大镖客 2》是为第八代游戏机 (即 PS4、Xbox One、任天堂 Switch) 制作的畅销游戏，售出 4 000 多万份。这两款游戏也被认为是游戏史上制作成本极高的游戏，最终预算分别为 2.5 亿～3 亿美元和 4 亿～5 亿美元，

---

① 飞轮效应指为了使静止的飞轮转动起来，一开始你必须花很大的力气一圈一圈地推动它，但你的努力不会白费，因为飞轮会转得越来越快。——译者注

其中包括各自在 5 年多的时间里在研发方面的投入，以及大量的营销费用和发行费用。我们也可以将 Roblox 的研发预算与索尼在各代 PS 上投入的研发预算总和进行比较，后者截至 2021 年超过了 12.5 亿美元，包括对十几个游戏工作室、云游戏部门、实况服务部门和硬件部门的投入。同年，据称 Epic Games 的虚幻引擎产生的收入不足 1.5 亿美元。Unity 引擎带来的收入多一些，约 3.25 亿美元，但仍比 Roblox 的研发投入少 20%。

Roblox 在研发方面的投资多种多样，包括改进开发人员工具和软件、同步高并发模拟的服务器架构、检测骚扰的机器学习、人工智能、VR 渲染、动作捕捉等。Roblox 可以在其平台上投入如此多的资金着实让人惊叹。从理论上讲，研发资金每增加一美元，开发人员就可以制作出更具吸引力的虚拟世界，从而吸引更多用户，带来更多收入。这样一来，Roblox 以及构建这些虚拟世界的独立开发人员就有动力在研发方面投入更多精力，而 Roblox 的投资会进一步吸引更多用户参与并在 Roblox 上花费更多钱，从而产生良性循环。

没有相互连接的虚拟平台和引擎，都不是元宇宙

回想一下我在第 3 章中对元宇宙的定义："大规模、可互操作的网络，能够实时渲染 3D 虚拟世界，借助大量连续性数据，如身份、历史、权利、对象、通信和支付等，可以让无限数量的用户体验实时同步和持续有效的在场感。"可能有些人在看到这个定义之后会认为 Roblox 与元宇宙非常接近。但目前 Roblox 还不能被真正无限数量的用户同步和持续地体验，而且

目前还没有实时渲染的虚拟世界可以做到这一点。如果做到了这一点，那么 Roblox 就真正满足了元宇宙的定义中所要求的条件。然而，它又不可能在真正意义上符合这个定义的要求，因为大多数虚拟作品都是脱离作品本身而存在的。这会使 Roblox 成为一个元星系，而不是元宇宙。

但 Roblox 能成为元宇宙吗？如果将 Epic Games 的 IVWP《堡垒之夜》创意模式、虚幻引擎和实时服务套件 Epic Online Services 以及其他特殊项目结合起来，能打造元宇宙吗？如果闭上眼睛，你可能不难想象这些公司或者类似的公司，通过囊括所有的虚拟体验，成为一个元宇宙大小的元星系。而值得注意的是，这个过程的某种形式其实在《雪崩》和《玩家 1 号》中出现过。

然而，目前的技术进步状态表明了另一种结果。为什么？因为随着这些虚拟巨头的增长速度而来的，是虚拟体验、创作者、技术、机会和开发者的增长速度，而且后面这些项目的增长速度甚至更快。

虽然 Roblox 和《我的世界》是目前世界上最受欢迎的两款游戏，但从宏观的角度考虑，它们的影响力其实并不大。这两个所谓的巨头每天拥有 3 000 万～ 5 500 万活跃用户，这也仅占全球 45 亿～ 50 亿互联网人口的一小部分。实际上，它们还处于虚拟世界的起步阶段，数十亿用户和数百万开发人员很有可能还没有尝试使用过它们。我们很容易就会将 Roblox 或《我的世界》设想为这种用户增长的主要受益者，但历史告诫我们要持怀疑态度。

当微软在 2014 年收购《我的世界》的开发商 Mojang 时，该游戏的销量超过了历史上的任何其他游戏，月活跃用户数量达到了 2 500 万，超过了历史上任何一款 3A 游戏。7 年后，《我的世界》的月活跃用户数变为之前的近 5 倍，但仍不及 Roblox，后者的月活跃用户数从不足 500 万增长至超过 2 亿。此外，

Roblox 的日活跃用户数几乎是《我的世界》月活跃用户数的两倍。这一时期还有许多其他 IVWP 问世。2017 年，《堡垒之夜》面世，且在一年后推出其特有的创意模式。另一款大逃杀游戏《自由之火》在全球也有超过 1 亿日活跃用户，并于 2021 年发布了创意模式。尽管《侠盗猎车手 5》于 2013 年推出，但它在推出至今的大部分时间里，都在从单人游戏转变为《侠盗猎车手》在线模式中的临时 IVWP。在未来几年的某个时候，当该游戏发布下一个备受期待的版本时，无疑将会借鉴 Roblox、《我的世界》和《堡垒之夜》创意模式的成功经验。

只要还有数十亿（甚至只有数千万）玩家采用 IVWP，就会有更多的玩家进入市场。Krafton 是韩国最大的公司之一，是第一个也是最受欢迎的主流大逃杀游戏《绝地求生》的开发商，它肯定也正在开发自己的相关产品。2020 年，中国最成功的游戏《英雄联盟》的开发商拳头游戏收购了 Hypixel Studios，该工作室之前运营着《我的世界》最大的私有服务器，在关停服务器后它开始开发拳头版的《我的世界》。

许多新的 IVWP 也在围绕不同的技术前提进行开发。到 2021 年底，即使是基于区块链的最大 IVWP，包括 *Decentraland*、*The Sandbox*、*Cryptovoxels*、*Somnium Space* 和 *Upland*，活跃用户数也不足 Roblox 和《我的世界》日活跃用户数的 1%。然而，这些平台相信，通过赋予用户数对虚拟世界物品更多的所有权，对平台管理方式的发言权，以及分享其盈利能力的权利，它们将能够比传统的 IVWP 获得更快的增长速度（关于这个理论的更多内容请参见第 11 章）。

Facebook 的 *Horizon Worlds* 不仅与沉浸式 VR 和 AR 相匹配，还专注于这些领域，这与 Roblox 形成了鲜明对比，后者可支持沉浸式 VR，但优先考虑传统屏幕界面，例如 iPad 或个人电脑屏幕。Rec Room、VRChat 等新贵也以沉浸式 VR 世界创造为核心，且正在迅速积累用户。截至 2021 年底，虽然这两个平台的估值都达到了 10 亿～ 30 亿美元，但仍然是很小的平台。2020 年初，Unity Technologies 公司和 Roblox 公司的估值分别为不足 100 亿美元和不足 42 亿美元。但在两年后，两者的估值都超过了 500 亿美元。与此同时，*Snap* 和《宝可梦 GO》（*Pokémon Go*）的开发商 Niantic 正在开发自己的 AR 和基于位置的虚拟世界平台。

这些竞争对手的发展可能不会一帆风顺，但更有可能的是它们一起成长，并有可能取代当前的市场领导者。以 Facebook 为例，这家社交网络巨头在 2010 年时月活跃用户已经超过 50 亿，但未能进入近 10 年出现的热门社交媒体平台行列。Snapchat 于 2011 年推出，Facebook 于 2013 年推出了（或者说克隆了）类似于 Snapchat 的应用程序，名为 Poke，但一年后就关闭了。2016 年，Facebook 推出了其第二个 Snapchat 克隆版 Lifestage，一年后也停运了。2016 年，Facebook 的 Instagram 应用程序也复制了 Snapchat 的标志性"故事"（Stories）格式，次年 Facebook 的主要应用程序也添加了该功能。2019 年，Instagram 推出了类似于 Snapchat 的应用程序 Threads，尽管几乎没有人注意到。为了与 Twitch 和 TikTok 竞争，Facebook 在 2018 年推出了游戏直播平台 Facebook Gaming 和短视频应用 Lasso。Facebook Dating 于 2019 年发布，Instagram 在 2020 年增加了一个名为 Reels 的类似于 TikTok 的功能。Facebook 的努力无疑遏制了这些服务的增长，但每项服务都发展得比以往任何时候更壮大，并且仍在进一步发展。截至 2021 年底，TikTok 已拥有超过 10 亿用户，据报道是当年访问量最大的 Web 域，与谷歌和 Facebook 一起位列前三。

尽管这些顶级 IVWP 功能强大且增长迅速，但它们在游戏行业中所占的份额远小于 Facebook 在社交网络中的份额。2021 年，Roblox《我的世界》和《堡垒之夜》创意模式的总收入占当年游戏收入的不足 2.5%，玩家数量不足 5 亿，而各种游戏的总玩家数量为 25 亿～ 30 亿。此外，与主要的跨平台引擎相比，它们可以说是相形见绌。如今，大约一半的游戏在 Unity 上运行，而虚幻引擎在高保真 3D 沉浸式世界中的份额为 15%～ 25%。Roblox 的研发支出可能超过虚幻引擎和 Unity，但这不包括这些引擎的授权商额外投入的数十亿美元。世界上最受欢迎的两款游戏——不包括《糖果粉碎》等低保真休闲游戏，是《绝地求生》移动版和《自由之火》，它们均基于 Unity 构建。最重要的可能是虚幻引擎和 Unity 开发人员的影响力，虽然数百万用户制作了《我的世界》模组或 Roblox 游戏，但使用这些 IVWP 的专业开发人员数以万计，而 Epic Games 和 Unity Technologies 拥有数百万活跃和技术熟练的开发人员。许多专有引擎，例如动视暴雪的《使命召唤》、索尼的 Decima——《地平线：零之曙光》（*Horizon Zero Dawn*）和《死亡搁浅》（*Death Stranding*）获得的投资源源不断，使用它们的游戏比以往任何时候都更受欢迎。

虚拟世界和元宇宙的价值不断增长，增加了开发人员内购其技术堆栈的动力，因为这为技术差异化和对技术整体上的更大控制带来了更多机会，减少了它们对可能成为竞争对手的第三方的依赖[1]，并增加了利润率。当然，

---

[1] Epic Games 与《堡垒之夜》的合作史就是一个很好的例子。作为 2017 年至 2020 年全球收入最高的游戏，《堡垒之夜》显然蚕食了其他游戏的玩家数量、玩家时长和玩家支出——其中一些是由 Epic Games 以外的发行商发行的，但使用了 Epic Games 的虚幻引擎。此外，今天如此流行的《堡垒之夜》版本，即"大逃杀模式"，并不是游戏的原始版本。该游戏于 2017 年 7 月推出时，是一款合作生存游戏，玩家需要努力击败僵尸部落。直到 2017 年 9 月，Epic Games 才添加了大逃杀模式，该模式与热门游戏《绝地求生》使用的模式非常相似，值得注意的是，后者获得了虚幻引擎的授权。《绝地求生》背后的发行商随后以侵权为由起诉了 Epic Games，但后来撤销了诉讼（目前尚不清楚双方是否达成和解）。2020 年，Epic Games 成立了自己的发行部门，负责发行由独立工作室制作的游戏，此举让该公司与一些偶尔获得虚幻引擎授权的发行商展开了更激烈的竞争。

这些开发者中的许多人仍然会使用虚幻引擎或 Unity 作为游戏引擎，或使用 GameSparks 或 PlayFab 来提供实时服务。这些平台让开发人员能够"挑选"他们喜欢的内容，并且还可以自定义许可的大部分内容。与 IVWP 不同，它们还允许开发者管理自己的账号系统并发展自己游戏内的经济。这些服务同时也便宜得多。

Roblox 支付给开发者的费用不到游戏消费收入的 25%①。相反，Epic Games 的虚幻引擎只收取消费收入的 5%。Unity 引擎的总成本可能不到那些爆款游戏消费收入的 1%。Roblox 确实为其开发人员承担了额外的费用，例如昂贵的服务器费用、客户服务和宣传费用，但在大多数情况下，开发人员仍然有机会通过构建独立的而不是 IVWP 内部的虚拟世界来获得更高的利润。因此，一个合理的假设是，无论 Roblox 或《我的世界》变得多么成功，它们只会为所有游戏中的一小部分提供支持。

虽然游戏和游戏引擎是元宇宙的核心，但它们并不代表元宇宙的全部。大多数其他类别的团队都有自己的渲染和模拟软件。例如，皮克斯使用其专有的 Renderma 解决方案构建动画世界和角色。与此同时，好莱坞的大部分团队都使用欧特克（Autodesk）的 Maya 软件。欧特克的 AutoCAD 以及达索系统（Dassault Systèmes）的 CATIA 和 SolidWorks 是构建和设计虚拟物品的主要解决方案，开发人员可以利用它们制作虚拟物品模型，随后再根据模型制造现实世界中的物品，比如汽车、建筑物和战斗机。

---

① 这里有一定的灵活性，大多数分析师预计这一派息率会随着时间的推移而上升。更多关于该主题的内容请参见第 10 章。

Unity 与虚幻引擎，从游戏进军工程与电影制作

近年来，Unity 和虚幻引擎已经进军非游戏领域，包括工程、电影制作和计算机辅助设计。如前文所述，2019 年，中国香港国际机场使用 Unity 构建了一个数字孪生，可以连接整个机场的无数传感器和摄像头，以跟踪和评估客流、进行维护等，所有这些都是实时的。使用游戏引擎为此类模拟提供动力，确实可以更轻松地生成跨越物理平面和虚拟平面的元宇宙。然而，中国香港国际机场和其他类似模拟的成功意味着该领域的竞争会更加激烈，因为欧特克、达索和其他公司也会通过添加自己的模拟功能来应对相似的情况。就像虚幻引擎和 Unity 没有提供构建或运营游戏所需的所有技术一样，它们在其他领域提供的技术储备也不足。正因如此，许多新的软件公司才不断涌现，它们采用这些引擎的"库存"版本并将其"产品化"，供土木和工业建筑师、工程师和设施经理使用，同时还添加了自己的自定义代码和功能。迪士尼的"工业光魔"(Industrial Light & Magic) 特效制作公司就是其中一个例子。自从使用 Unity 拍摄迪士尼的《狮子王》(2019 年上映) 和使用虚幻引擎拍摄电视节目《曼达洛人》(*The Mandalorian*，2019 年上映) 的第一季以来，工业光魔开发了自己的实时渲染引擎 Helios。即使是《星球大战》的最狂热粉丝也没有注意到从虚幻引擎切换到 Helios 对《曼达洛人》第二季产生的任何影响，这一事实进一步表明，**未来几年不同的渲染解决方案和平台数量将出现极大的增长。**

按照创建的资产数量来衡量，增长最快的虚拟软件类别可能是那些扫描现实世界的软件。例如，Matterport 是一家价值数十亿美元的平台公司，其软件将来自 iPhone 等设备的扫描结果转换并生成为丰富的建筑内部 3D 模型。如今，该公司的软件主要被业主用来在 Zillow、Redfin 或 Compass 等网站上生动地再现他们的房屋情况，并支持"在线看房"功能，从而为潜在的租房者、建筑专业人士和其他服务供应商提供比蓝图、照片甚至现场参观更好的空间呈现效果。很快，我们可能会使用此类扫描来确定无线路由器或设备的位置，测试一系列不同灯的效果（每一个都可以通过 Matterport 购买），或者来操作我们的整个智能家居系统，包括电力、安全、供暖通风与空气调节等。

另一个例子是地球数据和分析公司 Planet Labs，它每天通过卫星扫描几乎整个地球，跨越 8 个光谱带，不仅捕获高分辨率图像，还捕获热量、生物量和雾霾等细节。该公司的目标是让整个地球的所有细微差别都能被软件识别，并以每天甚至每小时的频率更新数据。

考虑到变化的速度、技术难度和潜在应用的多样性，我们最终可能会拥有数十个流行的虚拟世界和虚拟世界平台，以及更多的底层技术提供商。在我看来这是一件好事，我们不应该希望单个虚拟世界平台或引擎来运行整个元宇宙。

回想一下蒂姆·斯威尼关于元宇宙范围的提醒："元宇宙将比其他任何事物都更具渗透性和感染力。如果一家中央公司控制了元宇宙，它将变得比任何政府都更强大，甚至成为地球的主宰。"

这很容易让我们觉得太夸张了，尽管可能事实确实如此。然而，我们已经担心 GAFAM 所代表的 5 家价值都达到数万亿美元的科技巨头会如何塑造我们的数字生活，以及影响我们的思维方式、购物方式等。而现在，我们的大部分生活其实仍然处于线下状态。虽然今天有数亿人通过互联网找到了工作，并使用他们的 iPhone 来工作，但他们并没有真正在 iOS 内部或通过构建 iOS 内容来完成工作。当你的女儿用 Zoom 上网课时，她通过 iPad 或 Mac 来登录访问 Zoom 和她的学校，但学校并不在 iOS 平台内运行。在西方，电子商务在可确定来源的零售支出中的份额为 20% ～ 30%，但其中大部分支出用于实物商品，而虚拟商品的零售收入仅占 6%。当我们的生活转移到元宇宙时会发生什么？当一家公司经营着人类存在的第二层面的物理、房地产、海关政策、货币和政府时，会发生什么？这时候，斯威尼的提醒听起来就不那么夸张了。

从纯技术的角度看，我们不应该希望元宇宙的发展与单一平台的投资和信念挂钩。斯威尼设想的公司肯定会优先考虑对元宇宙的控制和最大化它的利润份额，而不是考虑对其经济、开发人员或用户的最佳利益。

但是，**如果我们没有一个单一的元宇宙平台或运营商——如果我们也不希望出现这种局面，那么需要找到一种能够在它们之间进行互操作的方法。**在这里，我们可以再回想一下本章开头关于树的例子。你已经了解到，当我说虚拟树的存在比真实树的存在更难确定时，其实真的不是在开玩笑。

THE METAVERSE
透视元宇宙

虚拟世界集成平台，为运行整个元宇宙赋能

1. 随着独立游戏引擎和实时服务套件在过去 20 年的发展，其他公司将这些经验组合成了一个新的模式：虚拟世界集成平台，比如 Roblox、《我的世界》和《堡垒之夜》创意模式。

2. 考虑到变化的速度、技术难度和潜在应用的多样性，我们最终可能会拥有数十个流行的虚拟世界和虚拟世界平台，以及更多的底层技术提供商。在我看来这是一件好事，我们不应该希望单个虚拟世界平台或引擎来运行整个元宇宙。

08

互操作性，元宇宙的通行证

元宇宙理论家喜欢使用"可互操作的资产"这一术语，但这其实属于用词不当，因为虚拟资产实际上是不存在的，存在的只有数据。由于虚拟资产实际上并不存在，因此谈论它的互操作性就会引发一些问题。

我们可以从思考实物商品的"互操作性"开始，比如一双鞋。在"现实世界"中，阿迪达斯门店经理可以决定禁止顾客在他们的店里穿耐克鞋。这是一项商业决策，而且显然是一个糟糕的决策，几乎不可能执行。穿着耐克鞋的顾客推开阿迪达斯门店的大门就可以入内，这是物理学规律，即原子是"一次编写，处处运行"的。耐克鞋实际存在这一事实意味着，它们在阿迪达斯门店内是自动兼容的。如果要禁止穿耐克鞋的顾客入内，阿迪达斯门店经理需要创建一个系统来阻止非阿迪达斯鞋，编写策略，然后强制执行。

然而虚拟原子不能以这种方式运行。为了让虚拟耐克商店的虚拟商品在虚拟阿迪达斯的门店中被辨识，后者需要承认来自耐克鞋的信息，运行一个辨识这些信息的系统，然后利用代码来对鞋子进行相应的操作。顿时，运动鞋的认定从被动变成了主动。

今天，有数百种不同的文件格式用于构建和存储数据，还有几十种流行的实时渲染引擎，其中大部分已经通过各种代码定制被进一步碎片化。[①] 因此，几乎所有的虚拟世界和软件系统都无法理解各自认定的"鞋子"（数据）到底是什么，更不用说能够运用这种辨识过程（代码）了。

如此巨大差异的存在，可能会让那些熟悉常见文件格式（如 JPEG 或 MP3）或知道大多数网站使用 HTML 的人感到惊讶，但在线语言和媒体的标准化取决于"营利性"企业进入互联网的时间有多晚。例如，iTunes 直到 2001 年，即 TCP/IP 协议确立近 20 年后才发布。苹果拒绝已经广泛使用的标准（如 WAV 和 MP3）是不切实际的，而游戏的情况则完全不同。当该行业在 20 世纪 50 年代开始出现时，还没有针对虚拟物品、渲染或引擎的标准。在许多情况下，制作这些游戏的公司都在开创以计算机为基础而产生的内容。苹果的音频交换文件格式（AIFF）仍然是在苹果计算机上存储声音的最常用音频文件格式。它是在 1988 年，根据游戏开发商美国艺电公司（Electronic Arts，简称 EA）于 1985 年创立的通用交换文件格式标准创建的。此外，电子游戏从未打算成为像互联网这样的"网络"的一部分。它们的存在是为了在固定和离线的软件上运行。

---

① 在 Unity 中，虚拟对象在三维坐标系中的 y 轴代表的是上下，而虚幻引擎使用 z 轴代表上下，y 轴代表左右。转换这些信息对软件来说很容易，但是在这些基础数据约定上的分歧有助于我们理解引擎之间的不同约定。

再加上现代游戏对计算和网络的强烈需求，今天的虚拟世界具有如此丰富的技术多样性，可以说一切都是专门构建和单独优化的。AR 和 VR 体验，2D 和 3D 游戏，现实世界和虚拟世界，高并发用户和低并发用户模拟，高预算和低预算的游戏以及 3D 打印机，所有这些都使用不同的格式并以不同的方式存储数据。完全标准化可能意味着应用程序通常会在意想不到的方面出现服务不足等各种不足。图 8-1 以戏谑的方式说明为什么标准的数量如此之多。

图 8-1　标准的数量为什么这么多

注：交流充电器、字符编码、即时消息等也是同样的情况。

资料来源：*Xkcd* 漫画。

这个挑战超越了文件格式，并解决了更多的本体问题。我们就某个图像是什么达成一致相对容易，因为它只是二维的，不会移动（视频文件只是连续播放的图像）。但在 3D 中，尤其对于交互式对象，达成一致要困难得多。例如，鞋子是一个对象，还是一个对象的集合？如果是后者，那么它是多少个对象的集合？鞋带两端的鞋带头是鞋带的一部分吗？一只鞋是否有十几个单独的孔眼，每个孔眼都可以定制甚至移除，还是说它们是一个相互连接的集合？如果鞋子的界定已经让人觉得很困难，想象一下虚拟化身，作为真人的代表，它们会有多复杂。现在我们可以暂且将树木放在一边，想一想：到底什么是"人"？

对于虚拟化身而言，除了视觉效果之外，还有其他必须检查的属性，例如运动或控制运动的"索具"。绿巨人和水母的身体不应该以同样的方式移动，这意味着这些化身的创造者需要用详细说明这个动作的代码来载入它们，并且另一个平台可以理解这些代码。为了兼容第三方物品，平台还需要描述商品适当性的数据（例如，裸露、暴力倾向、语言风格和语气）；游戏需要区分 PG 级（Parents Guide，辅导级）和 R 级（Restricted，限制级）。同样，一个逼真的战争模拟器会想知道一个穿着吉利服伪装成树的狙击手和一棵拟人化为狙击手的树之间的区别。所有这些都需要数据约定，可能还需要额外的系统。2D 游戏希望能够导入 3D 化身，但要相应地重新设置它的样式，在 3D 游戏中导入 2D 化身也是如此。

因此，我们需要技术标准、约定和系统来实现可互操作的元宇宙，但这还不够。想一想当你将 iCloud 中存储的照片发送到你祖母的 Gmail 账号时会发生什么——突然间，你的 iCloud 和她的 Gmail 都拥有了该图像的副本，你的电子邮件服务也拥有该图像的副本。如果你的祖母从她的电子邮件中下载了这张照片，那就有了 4 个副本。然而，如果虚拟商品要保值并进行交易，出现这种情况就麻烦了——每次在一个世界与另一个世界或一个用户与另一个用户之间共享虚拟物品时，都会出现无限的副本。这意味着需要系统来跟踪、验证和修改这些虚拟商品的所有权，同时还要在合作伙伴之间安全地共享这些数据。

跨越现实与虚拟，让世界成为一个持续的"游戏"

如果玩家在动视暴雪的《使命召唤》中购买了一套装备，并想在 EA 的《战地》（*Battlefield*）中使用它，那该怎么做呢？动视暴雪是会将装备的所有权记录发送给 EA，由 EA 负责管理，直到其他地方需要该所有权时再移交，还是会无限期地管理装备，并给 EA 提供使用它的临时权利？动视暴雪是如何对此进行收费的？如果玩家将服装卖给没有动视暴雪账号的 EA 用户，会发生什么？哪家公司会来处理交易？如果用户决定在《战地》中修改装备怎么办？那条记录会引起怎样的变化？如果用户拥有分散在多个游戏中的虚拟物品，这些公司怎么知道他们拥有什么，以及他们拥有的东西可以在哪里使用或不能在哪里使用？

需要应用（或不应用）的 3D 标准、需要构建的系统和数据、需要建立的合作伙伴关系、必须保护但也要共享的有价值的数据，这些问题以及其他问题都会对现实世界的经济产生影响。然而，这些需要考虑的问题中最大的一个问题可能是：如何管理可互操作的虚拟物品的经济价值？

电子游戏的设计目的并不是"最大化 GDP"，有趣才是它的核心。虽然许多游戏都有虚拟经济，用户能够在其中购买、出售、交易或赚取虚拟商品，但这种功能的存在是为了支持游戏本身，它也是发行商收入模式的一部分。因此，发行商倾向于通过固定价格和汇率来管理游戏内经济，限制可以出售或交易的内容，并且几乎从不允许用户将游戏中的资产"兑换"成现实世界的货币。

开放的经济、不受限制的交易以及与第三方游戏的互操作都增加了创建一个可持续"游戏"的难度。以利润为驱动自然会为玩家带来类似工作中的激励，但这些会削减游戏的真正目的，也就是有趣。一个公平的竞争环境，也是让玩游戏变得有趣的一部分，但如果一个本来需要付出努力才能得到的物品可以直接购买了，那么公平的竞争环境就轻易地被打破了。由于许多游戏开发商是通过销售游戏内的皮肤和物品来获利的，他们担心玩家会从竞争对手那里购买虚拟物品然后引入游戏，这样一来玩家就不会再购买他们的虚拟物品了。许多游戏开发商宁愿将全部精力都投入到改善游戏的品质和体验上，从而使它更具吸引力、更受欢迎，而不是连接到一个尚未形成的、经济价值不明确且可能涉及技术让步的虚拟商品市场。鉴于以上种种因素，这种做法就可以理解了。

为了达到一定程度的互操作性，游戏行业将需要在少数所谓的交换解决方案上保持一致，即各种通用标准、初步的约定、"系统的系统"和"框架的框架"可以安全通过、解释来自第三方或向第三方提供的信息以及将这些信息置于上下文中进行理解，并且同意前所未有（但安全且合法）的数据共享模式。该模式允许竞争对手对其数据库"读取"和"写入"，甚至取走有价值的物品和虚拟货币。

互操作性有一个范围

了解到让多个虚拟世界就一棵树或一双鞋达成一致的难度有多大，以及走到一棵树前将它砍倒并将它作为圣诞树出售给三个虚拟世界会面临的重重阻碍，你可能会问：一个真正可互操作的元宇宙在未来某个时候会出现，这种期待是否合理？答案是肯定的，但要想让它实现，还需要满足一些条件。

大多数服装在现实世界中都是可互操作的。例如，人们会认为所有皮带适用于所有裤子。当然也有例外，但总的来说，无论你是在哪一年购买的皮带，无论皮带是哪个品牌的或你是在哪个国家（或地区）购买的，大多数皮带都可以与大多数裤子兼容，但并不是所有皮带都能很好地适应所有裤子。虽然裤子和皮带有共同的标准，但 J. Crew 30×30 的裤子与 Old Navy 30×30 的裤子合身度不同（连衣裙差异更大，此外，欧洲和美国的鞋码标准完全不同。这样的例子比比皆是）。

在全球范围内，存在许多不同的技术标准，例如住宅电压标准以及速度、距离或重量测量标准。在一些情况下，要使用国外生产的设备，需要配备新的装置（例如电源适配器）。在另外一些情况下，当地政府将要求更换国外生成的设备的某些装置，如更换汽车的排气装置，以符合当地排放法规的规定。

在哪里都可以穿裤子，但并非你想去的每个地方都可以穿牛仔裤。去电影院看电影你几乎可以穿任何服装，可以使用大多数结算方式，但你不能将外面的食物和饮料带进电影院。在美国，人们可以在参加大部分户外活动时携带猎枪，但在城市里，人们很少携带猎枪，而猎枪在学校里则几乎从没出现过。汽车可以行驶在所有道路上，但要在高尔夫球场上开车，那你需要另租一辆高尔夫球车。不是每个企业都接受各个种类的货币，但都支持支付一定的手续费进行货币兑换。许多商店支持使用某些信用卡，但也有少数不接受信用卡支付。世界上大部分地区现在都支持对外贸易，但并非所有地区都支持贸易，也不是所有商品都可进行贸易，而且商品的交易数量也有限制，同时贸易更不是免费进行的。

身份就更加复杂了。我们有护照、信用评分、学校记录、法律记录。如果你是美国公民，可能有雇主 ID、州 ID 等。其中哪些有什么用途，哪些可供外部使用或可能受到外部的影响，都各不相同，有时可能取决于一个人在特定时间所处的位置。

互联网并没有太大的不同。公共和私有网络（甚至是离线网络）、大多数支持常见文件格式的网络都存在。虽然最受欢迎的协议是免费且开放的，但也有许多付费的、私有的协议。

元宇宙中的互操作性不是二进制的。它不是用来确定虚拟世界是否会共享的。它用于确定这些虚拟世界可由多少人共享，共享多少内容，何时、何地以及以何种成本共享。那么，考虑到所有这些复杂情况，为什么我会乐观地认为，元宇宙将会出现且只有一个呢？答案是经济学。

先从用户消费的问题说起。许多元宇宙怀疑论者提出了一些问题："谁想在玩《使命召唤》时穿上《堡垒之夜》中香蕉人角色 Peely 的皮肤？"平心而论，在《使命召唤》或一个虚拟教室中，出现一个巨大滑稽的香蕉人，这其实没有多大意义。但同样不能忽视的是，有些用户会想要在许多不同的空间中拥有一些相同的物品，例如黑武士的服装、湖人队的球衣或某个品牌的钱包。当然，他们不想重复购买这些物品。但之所以这部分用户今天可能不愿意在不同游戏中穿着相同的服装，是因为我们仍处于向虚拟服装转变的早期阶段。到 2026 年，数以亿计的人将在他们之前玩过的许多游戏中穿着大量（实际上是）在其他游戏中购买的服装，并且他们绝不会重复购买这些服装。从理论上说，限制让购买行为突破单一游戏，不仅会让购买的频率提升，也会使物品的价格变得更高。

换句话说，如果某件物品只能在迪士尼主题公园内佩戴或使用，那么迪士尼卖出的纪念品是会更多还是更少呢？消费者会愿意花多少钱买一件只能在圣地亚哥伯纳乌球场穿的皇马球衣呢？或者，如果玩家的装备只能在单个 Roblox 游戏中使用，那么他们在 Roblox 上的消费会减少多少？

当下消费支出很可能受到这个观念的限制：**没有哪个游戏可以永远运行下去**。这样一来，在游戏内购买的东西就像是你去旅行时买的一些并不打算装进行李箱带回家的东西一样（如一个冲浪板）。游戏中的物品总被贴上易过时的标签，从而限制我们的相关消费。

所有权限制进一步影响了这些商品的效用。大多数游戏和游戏平台禁止用户向其他用户提供服装或物品，甚至禁止以游戏内货币的形式出售它们。即使有的发行商允许在游戏内转售和交易物品，但这类活动也会受到严格限制。Roblox 公司只允许转售"有限物品"（否则点对点交易会破坏 Roblox 自营商店的商品销售），并且只有订阅 Roblox Premium 的用户可以出售这些物品。

更重要的是，尽管我们可能认为自己已经"购买"了这些物品，但实际上只是获得了授权，公司随时可以收回它们。对于 10 美元的皮肤和舞蹈动作来说，这不是什么大问题，但一想到价值 10 000 美元的虚拟资产随时都可能被拿走，无论买家是否会获得一定程度的赔偿，应该没有人会花这么多钱购买它。

我们可以参考 2021 年初《南华早报》记者叶乔希（Josh Ye，音译）报道的一个案例。中国最大的游戏公司腾讯"为确定游戏内货币和道具的所有权，起诉了一个游戏道具交易平台"。具体来说，腾讯辩称，这些资产"在现实生活中没有实际价值"，而用真金白银购买的游戏币"实际上是服务费"。[1] 这一言论引发众怒，许多游戏玩家感觉遭到了蔑视和贬低。

所有权是投资和任何商品价格的基础，而获利机会是公认的投资动力。投机总是为新产业的发展提供资金，即使它会导致泡沫（美国现在由于价廉而使用的许多光纤线缆都是在互联网泡沫破灭前铺设的）。如果我们想在元宇宙中投入尽可能多的时间、精力和金钱，如果我们想实现元宇宙，那么就需要建立企业所有权。

虚拟世界中的每个利益相关者都面临着与建立企业所有权相对应的风险及其带来的激励。对于任何开发人员来说，如果其产品或服务受到所依赖的平台或其经济（或经济政策）流行程度的限制，那么他们的处境不容乐观。任何让投资减少从而导致产品总量减少、产品质量变差的事情，都会损害开发人员、用户或游戏及其平台的利益。

限制身份和玩家数据的范围是元宇宙经济的另一个障碍。游戏中玩家的不当行为对许多人来说是一个重大问题，这种现象也应该得到重视。然而，今天，虽然动视暴雪可能会因玩家辱骂他人或发表种族主义言论而禁止他玩《使命召唤》，但该玩家可以在 Epic Games 的《堡垒之夜》（或 Twitter、Facebook）上继续谩骂行为。玩家也可以创建一个新的 PS 网络账号，或改用 Xbox Live 继续玩游戏，虽然这意味着他的成就被分割，但其中一些成就本来就只在取得那些成就的平台上有效。发行商不想让竞争对手的游戏变得更好，因此它们通常也不会分享游戏数据。但是没有一家游戏公司会从不良行为中受益，每一方都会受到负面影响。

那么，随着时间的推移，经济性实际上将推动标准化和互操作进程。

协议战争就是一个很好的例子。20 世纪 70 年代至 90 年代，很少有人相信这么多相互竞争的网络堆栈会被一个套件所取代，更想不到这个套件是由非营利性组织和非正式工作机构管理的。而现在，我们将与"网络空间分割"作斗争（见图 8-2）。

在这张网络地图中，网络空间被分割，主要的计算机网络都挤在一个矩阵中。矩阵是指可以交换电子邮件的全球计算机网络集合。互联网是许多在线通信的基础，而商业在线服务则为电子邮件以及互联网的其他通信和数据协议构建了网关。主要的国家自建网络服务，如法国的 Minitel 已开始向互联网提供网关通信服务。

银行和其他金融机构以前也没有共享信用数据，因为人们认为这些数据价值极大，应该特别保密。但最终，这些机构开始相信数据更精确、覆盖范围更广的信用评分能为相关方带来更多利益。相互竞争的家庭房屋租赁平台爱彼迎和 Vrbo 现在正在与第三方合作，以防止有不良行为记录的客人进行预订。尽管这种做法会损害个别违规者的利益，但会令所有其他客人、屋主和平台受益。

游戏引擎是说明"经济引力"的最好例子，而且正是这些开发了游戏引擎的公司开创了通往元宇宙的道路。

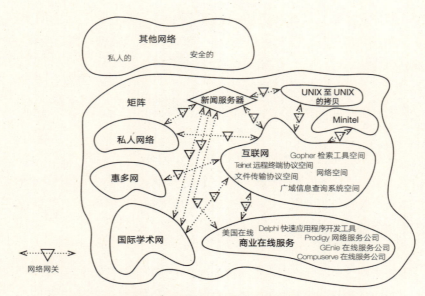

图 8-2　美国电信市场调研公司 TeleGeography 的网络地图

注：这张 1995 年的网络地图及其说明反映了当时许多专家所相信的在线网络的未来——由碎片化网络和协议套件组成。在这种情况下，互联网将没有一个统一的网络运行标准，而更像是不同网络集合的共同基础，其中一些网络将无法直接相互通信。这些网络中的大多数将存在于"矩阵"中，只有少数例外。但这个未来从未成真。实际情况是，互联网成为所有私有网络和公共网络之间的核心网关，并使得每个网络都能够与任何其他网络进行通信。

资料来源：TeleGeography.

　　尽管虚拟世界带来的机会从未像今天这样巨大，但要覆盖整个市场，相应的难度也是前所未有的。20 世纪 80 年代，开发人员可能只需要为一个控制台制作游戏，而且这样做就可以覆盖 70% 的潜在玩家。要触达所有玩家的话可能只需要两名开发人员。如今，主要的游戏主机制造商有 3 家，即英伟达的 GeForce Now、亚马逊的 Luna 和谷歌的 Stadia，其中两家在两个不同的主机版本中运营，还有一些使用自己的技术堆栈的云游戏平台。PC 平台主要有 Mac OS 和 Windows，两者都是使用数十个到数百个不同硬件构建而成的；移动计算平台则主要有 iOS 和安卓，它们具有更多版本，且能兼容更多 GPU、CPU 和其他芯片组。每一个额外的平台、设备或构建都需要一套专门面向特定硬件集的代码，或者需要编写可以跨多个平台运行但又不会将性能通用化到最低配置的代码。创建和支持所有这些代码是昂贵、耗时且难度极大的。当然，忽略大部分市场需求也是一种选择，但这同样意味着要付出巨大的代价。

这一挑战与日益复杂的虚拟世界的碰撞，使得 Unity 和虚幻引擎等跨平台游戏引擎数量激增。这些游戏引擎的出现是对碎片化的回击，它们不仅解决了碎片化问题，而且解决方案对应的成本很低且符合各方利益，即使是对于模式最为固定的平台也是如此。

想象一下，当一位开发人员决定开发一款在 iOS 上运行的新游戏前，他会考虑哪些事情。苹果的移动生态系统在美国拥有 60% 的智能手机份额和 80% 的青少年份额，手机游戏收入占全球的 2/3 以上。此外，开发人员只需编写十几个 iPhone SKU，即可覆盖近 90% 的 iOS 用户。全球市场的其余部分被数千种不同的安卓设备瓜分。如果一定要在这两个平台之间进行选择，开发人员总是会选择 iOS。但是，通过使用 Unity，他们可以轻松地在所有平台上，包括在 Web 开发平台上发布自己的游戏，以很少的增量成本，就可以将游戏的收入潜力提高 50% 以上。

苹果可能更喜欢只支持 iOS 操作系统，且针对其硬件进行全面优化的游戏，但如果大多数移动端开发人员都使用 Unity，其实对所有人来说都是更好的，包括 iOS 用户和 App Store。赚到更多钱后，开发者就可以开发更多更好的游戏，从而吸引更多用户在移动设备上消费。

从割裂到跨平台，Epic Games 的成功飞跃

当下运行的许多虚拟世界是相互割裂的，而 Unity 和虚幻引擎等跨平台游戏引擎的普及，应该会更容易将它们整合到一个统一的元宇宙中。事实已经证明了这个观点的正确性。在线主机游戏出现十多年后，玩家还是无法在索尼的 PS 和其他平台的游戏中进行跨平台游戏、跨平台购买或跨平台升级。索尼的政策意味着，即使开发者创建的游戏在 PS 和 Xbox 上都能玩，并且是朋友关系的两个人购买了同一款游戏，他们也永远无法一起玩。即使某个玩家购买了两份同一款游戏（例如，一份在 PS 上玩，另一份在笔记本电脑上玩），他们的游戏内货币和许多奖励仍然不能互通。

该政策的批评者认为，索尼之所以这样做，是因为它是市场的主导者。第一代 PS 的销量比销量位居第二的游戏机任天堂 64 高出 200%，比 Xbox 的销量高出 900%。PS2 的销量比 Xbox 和任天堂 GameCube 的销量总和高出 550%。PS3 的销量勉强超过了 Xbox 360，这主要是由于 Xbox 在网络游戏方面的早期创新，但败给了任天堂 Wii 的销量。到了 2015 年左右，PS4 的销量又达到 Xbox One 销量的两倍，以及任天堂 Wii U 销量的 4 倍。

因此，PS 似乎将跨平台游戏视为一种威胁。如果不是为了同其他 PS 用户（大多数主机游戏玩家）一起玩，那么用户就没必要购买 PS，甚至有可能会选择玩竞争对手推出的游戏。索尼的互动娱乐总裁在 2016 年默认了这一点，并表示要开放 PS 网络的访问权限以进行跨平台游戏，"技术方面的问题是最容易解

决的"。[2] 仅仅两年后，PS 就实现了跨平台游戏、跨平台购买以及跨平台升级的功能。三年后，几乎所有支持此功能的游戏都启用了该功能。

索尼这样做并不是因为内部偏好、商业模式或压力，而是为了回应《堡垒之夜》的成功。制作这款游戏的 Epic Games 公司专注于打造跨平台游戏绝非巧合。

《堡垒之夜》在推出时具有许多稀有属性。这是第一款可以在全球几乎所有主要的游戏设备上玩的主流 3A 游戏，包括两代 PS 和 Xbox、任天堂 Switch、Mac、PC、iPhone 和安卓。该游戏还是免费的，这意味着玩家不必购买该游戏就可以在多个平台上玩。同时，《堡垒之夜》被设计成社交游戏，而这一属性也随着玩家的增加而日益成熟。它更是围绕实时服务构建的，而不是采用固定的叙述或任何脱机模式：其游戏内容一直保持更新，并且每周更新两次。再加上出色的创意执行力，《堡垒之夜》在 2018 年底成为全球最受欢迎的 3A 游戏之一。它的月收入超过了历史上任何一款游戏。

索尼的游戏竞争对手都接受了《堡垒之夜》的跨平台服务。个人电脑和移动设备从来不是跨平台功能在技术上的阻碍，Windows 和任何移动平台也都没有购买过游戏的独家发行权。任天堂从一开始就支持《堡垒之夜》的众多跨平台服务，但与索尼不同，任天堂没有真正的在线网络业务，也没有优先考虑该业务的发展。而微软长期以来一直在推动跨平台游戏（可能与索尼最初拒绝跨平台游戏的原因是一致的）的实现。

　　缺乏跨平台集成意味着《堡垒之夜》在 PS 上的版本是最糟糕的，而且其他许多更好的版本对于 PS 的所有者而言触手可及，并且无须支付任何费用即可使用它们。这从根本上改变了索尼的想法。拒绝为《使命召唤》这样的游戏提供跨平台集成功能，对动视暴雪的游戏销量产生的影响并不算大，但对于《堡垒之夜》，索尼不仅错失了游戏的大部分收入，还将 PS 玩家推向了竞争对手的平台。当然，PS 通过技术给玩家带来的体验比 iPhone 更好，但大多数玩家认为游戏的社交属性比它的体验更重要。Epic Games 至少 3 次在 PS 上"意外"激活了跨平台的游戏玩法，但据称未经索尼许可，这让更多本就心烦意乱的用户聚集了起来，请求索尼做出改变，同时也证明了跨平台的障碍是政策，而不是技术。

　　所有这些因素都迫使索尼改变其政策，而这显然是为了所有人的利益。如今，全球几乎所有计算设备都可以访问许多热门游戏（因此任何人在任何地点、任何时间都可以玩），而用户无须再次购买或将他们的游戏身份、成就或社交网络进行分割。此外，跨平台游戏、升级和购买意味着每款游戏都在硬件、内容和服务方面展开了竞争。索尼如今也在蓬勃发展：PS 上产生的收入占《堡垒之夜》总收入的 45% 以上（PS5 的销量是 Xbox Series S 和 Xbox Series X 总销量的两倍以上）。[3]

　　至关重要的是，索尼开放其封闭平台的决定，也为应对互操作性挑战提供了潜在的经济解决方案。为了避免"收入泄漏"，索尼要求 Epic Games 调整它在 PS 商店中的付款条款。例如，如果《堡垒之夜》玩家在 PS 上玩了 100 小时，在任天堂 Switch 上玩了 100 小时，但在 PS 上只花了 40 美元，而在任天堂 Switch 上花了 60 美元，那么 Epic Games 除了将这 60 美元中的 25% 作为收入分成支付给任天堂之外，还要向 PS 支付 40 美元中的 25%，这 10 美元是根据游戏时长应额外支付的费用，而 Epic Games 此前已支付了

15 美元的佣金。换句话说，这 10 美元相当于支付了两次。目前尚不清楚这项政策是否仍然存在——公众是因为 Epic Games 起诉苹果才知道有这么一项政策的。无论如何，该模型充分说明了跨平台游戏的普及会给所有市场参与者带来好处。

Discord，从用户出发构建全新的社交互动模式

Discord 的成功也是一个很好的例子。一直以来，任天堂、PS、Xbox 和 Steam 等游戏平台严格保护自身的玩家网络和通信服务。这就是 Xbox Live 上的玩家无法将 PS Network 上的某个人 "加为好友"，也无法直接与他们交谈的原因。玩家要是想跟其他平台上的用户接触，只能通过对方的游戏 ID 到《堡垒之夜》等跨平台游戏中寻找他们。当两个玩家在登录游戏前就知道对方想玩哪一款游戏时，这种方法效果很好；但如果某个玩家只是一时兴起想玩游戏，这时通过游戏 ID 来找人，效果就不尽如人意了。游戏对于一个人来说越重要，这种解决方案就越不适合他。

Discord 的出现就是为了满足这一需求，它为游戏玩家带来了许多好处。它可以在所有主要计算平台上运行，如在个人电脑和手机上运行，这意味着每个游戏玩家都可以访问一个单独的社交图谱，而且非游戏玩家也可以加入。该服务还为游戏玩家提供了一套丰富的应用程序编程接口（API），这些 API 可以集成到其他游戏，集成到 Slack 和 Twitch 等可能存在竞争关系的社交服务，甚至集成到 Discord 不会发布或以其他方式运营的独

立游戏中。Discord 已经能够建立一个比任何一个沉浸式游戏平台更大且活跃得多的游戏玩家通信网络。

重要的是，平台无法阻止用户在手机上使用 Discord 应用程序，尤其是使用其聊天功能。Discord 的成功促使 Xbox 和 PS 最终宣布将 Discord 原生环境集成到它们的封闭平台中，这一举措为其玩家网络、通信服务和在线社交创造了一个新的交互解决方案。

建立通用的 3D 格式和操作通行证

与 3D 物品相关标准的出现相比，游戏引擎和通信套件的标准化过程相当复杂。

元宇宙先锋

THE METAVERSE

英伟达的"虚拟金矿"

当前，拥有 3D 资产的虚拟世界规模已然十分壮观。在电影及电子游戏、土木工程、医疗保健、教育等领域，非标准化虚拟对象和环境方面的花费已经达到了数十亿美元。没有任何迹象显示，这种程度的支出不会继续增长。不断针对新的文件格式或引擎重新制作这些对象，从经济层面上讲是不切实际的，而且往往会造成浪费。而数字"物品"最伟大的属性在于，它可以无休止地重复使用而无需额外的成本。

可以说，**先前创建的分散在多个平台上的 3D 资产库就是一座"虚拟金矿"，而已经出现的交换解决方案就相当于"掘金"**。英伟达的 Omniverse 平台是一个很好的例子，它于 2020 年推出，让公司能够根据不同文件格式、引擎和其他渲染解决方案的 3D 资产和环境，在共享虚拟模拟中构建虚拟对象并进行协作。一家汽车公司可以将其基于虚幻引擎的汽车带到用 Unity 设计的环境中，并让这些汽车与用 3D 图形图像软件 Blender 制造的物品进行交互。Omniverse 并不兼容所有可能的输入、元数据和功能，但正因如此，它给予独立开发人员一个更明确的理由去进行标准化。同时，合作会产生一系列正式和非正式的标准。值得注意的是，Omniverse 建立在动画工具 USD（Universal Scene Description）的基础上，USD 是由皮克斯在 2012 年开发并于 2016 年开源的一个交换框架。USD 提供了一种用于定义、打包、组装和编辑 3D 动画的通用语言，英伟达将其比作面向元宇宙的 HTML。[4] 简而言之，Omniverse 不仅正在推动一个交换平台的搭建，也在推动一个 3D 标准的形成。视觉效果服务公司工业光魔使用的专有实时渲染引擎 Helios，是另一个关于标准化实现的例子，只有特定的引擎和文件格式才能与之兼容。

随着 3D 协作的发展，标准自然会出现。例如，在 21 世纪第二个 10 年初期，全球化使得世界上许多大公司将英语作为其公司的官方语言，其中包括日本最大的电子商务公司乐天、将法国和德国政府视为其最大的两个股东的航空巨头空中客车公司、芬兰第四大公司诺基亚、韩国最大的公司三星等。益普索咨询公司在 2012 年的一项民意调查中发现，在工作中需要与其他国家的人交流的群体，有 67% 的人更喜欢使用英语。西班牙语位居第三，占比 5%。至关重要的是，61% 的受访者表示他们在与外国合作伙伴合作时并没有使用自己的母语，也就是说大家并不是因为自己本身就以英语为母语，才表现出在英语使用方面的一致性。[5] 除此之外，全球化也带来了其他方面的真正标准化，比如货币（如美元和欧元）、单位（如国际制单位）、运输（如多式联运集装箱）等。

关键在于，正如 Omniverse 所展示的，软件不需要每个人都说同一种语言。相反，它的体系可以与欧盟内部的体系相媲美，欧盟有 24 种官方语言，但优先考虑三种（英语、法语、德语）作为"程序性"语言（另外，欧盟的许多领导层成员和工作人员至少会说两种语言）。

与此同时，Epic Games 正在努力开创数据标准，允许在多种环境中重新利用同一个"资产"（实为数据权）。收购 Psyonix 后不久，Epic Games 宣布 Psyonix 的热门游戏《火箭联盟》（Rocket League）将变成免费游戏并且转移到 Epic Online Services 上。几个月后，Epic Games 公开了 Llama-Rama 系列活动中的第一个，在这些限时模式里，《堡垒之夜》玩家通过完成《火箭联盟》中的挑战，将能够解锁可以在任一游戏中穿的专属服装以及成就。一年后，Epic Games 收购了《糖豆人》（Fall Guys）游戏开发商 Tonic Games 集团和其他数十款游戏的制造商，作为其为"构建元宇宙"而进行的投资的一部分。[6] Epic Games 很可能会将它在《火箭联盟》上的实验扩展到 Tonic Games 的其他游戏上，以及通过 Epic Games Publishing 发行的游戏上，后者主要为独立工作室的游戏提供资金和发行服务。

凭借其跨游戏资产和跨游戏成就模型，Epic Games 希望能够开创先例，就像该公司在跨平台游戏领域的成就一样。Epic Games 清楚地知道，减少访问不同游戏的阻力，让你更容易与朋友一起玩这些游戏，并在游戏中使用你拥有的物品，并让你有理由尝试新游戏，这些都是有好处的，同时也是利润的来源。因为这样一来，玩家将愿意花更多时间玩游戏，而且是与更多人一起玩更多样化的游戏，并在此过程中花费更多的钱。倘若如此，那些不断扩展的第三方游戏网络就会希望连接到 Epic Games 的虚拟身份、通信和权利系统（Epic Online Services 的一部分）上，从而推动围绕 Epic Games 各种产品的标准化。

Facebook Connect，让每个人在不同的虚拟世界拥有通用化身

元宇宙先锋

THE METAVERSE

除了 Epic Games 之外，还有一系列其他侧重社交功能的软件巨头，它们希望利用自身的影响力为共享虚拟商品建立通用标准和框架。Facebook 就是其中的一个例子，它正在向 Facebook Connect 身份验证 API 集添加“可互操作的化身”。Facebook Connect 更广为人知的功能是“用 Facebook 登录”，它支持用户将自己的 Facebook 登录信息作为网站或应用程序的账号系统信息进行登录。大多数开发人员更希望人们专门去创建一个账号，因为这样开发人员就能够了解用户的更多信息，并且这也意味着开发人员可以控制这些信息和账号，而不是由 Facebook 控制。但是，Facebook Connect 更简单、更快捷，因此成为大多数用户的首选解决方案。同时，注册用户（相对于匿名用户）数量越多，给开发者带来的好处就越多。Facebook 的化身套件（也可能是谷歌的 Twitter 或苹果的虚拟化身套件）也存在类似的价值主张。如果定制虚拟化身对于 3D 空间中的用户表

达至关重要，那么很少有用户愿意为他们使用的每个虚拟世界创建一个新的、细致的化身。只有这些平台提供的服务能够兼容用户已经做出投资的化身，才能够为用户提供更好的体验。有些人甚至认为，无法使用一致的化身意味着没有化身可以真正代表用户，就像如果乔布斯偶尔会穿牛仔裤和黑色高领毛衣，有时在特殊场合会穿钱布雷裤和灰色高领毛衣，我们不会说乔布斯有一套固定的制服。这是一种美学，而不是一套为了强调身份而穿的制服。无论如何，像 Facebook 这样的跨平台服务的建立将成为另一种形式的标准化过程，即基于 Facebook 的规范，通过其 AR、VR 和 IWWP 计划推进。

除了推动资产互操作性之外，Epic Games 还在推动竞争性知识产权的"互操作性"，这是一个哲学问题，而不是技术问题，跨平台游戏告诉我们这是两个挑战中难度更大的一个。随着《堡垒之夜》《我的世界》和 Roblox 等虚拟平台成长为文化驱动的社交空间，它们已成为消费者营销、品牌建设和多媒体授权体验中越来越重要的一部分。在过去三年中，《堡垒之夜》与美国国家橄榄球联盟、国际足球联合会、迪士尼的漫威漫画、《星球大战》和《异形》、华纳兄弟的 DC 漫画、狮门影业的《疾速追杀》（*John Wick*）、微软的《光环》、索尼的《战神》（*God of War*）和《地平线：零之曙光》、卡普空的《街头霸王》（*Street Fighter*）、孩之宝的玩具"特种部队"（G. I. Joe）、耐克以及迈克尔·乔丹、特拉维斯·斯科特等进行了合作。

但要参与这些体验，品牌所有者必须接受几乎无法接受的条件：无限期的授权（游戏内服装由玩家永久保留）、几乎重叠的营销窗口（一些品牌活动仅相隔几天或完全重叠），以及几乎为零的编辑权限。总而言之，这意味着用户现在可以穿成巴西足球运动员内马尔那样，同时背着一个尤达宝宝或 Air Jordan 的背包，拿着海王的三叉戟，考察钢铁侠的斯塔克工业。这是特许经销权的所有者期待的图景。

如果互操作性真的有价值，那么经济层面的激励和竞争压力最终会解决它正在面临的问题。**开发人员终将弄清楚如何在技术和商业上支持元宇宙的商业模式。他们将利用元宇宙所形成的更大经济体来超越"传统"游戏开发商。**

这是随着免费游戏商业化兴起而出现的一种新商业模式。在这种商业模式中，玩家无须支付任何费用就可以下载和安装游戏，甚至玩游戏，同时可以在游戏内购买特定的项目，例如额外的关卡或皮肤。当免费游戏在 2000 年前后首次推出时，甚至在其推出 10 年后，许多人认为免费游戏往好里说会导致游戏的收入下降，最坏的情况是蚕食整个行业。而事实证明，这种方法是游戏商业化的最佳方式，也是电子游戏文化优势背后的核心驱动力。没错，免费游戏这种商业模式吸引了许多非付费玩家，从而大大增加了玩家总数，同时给了付费玩家一个花更多钱的理由。毕竟，要是可以向更多人展示定制的游戏形象，你可能也愿意花更多钱。

正如免费游戏不断向玩家销售从舞蹈到变声器和"战斗通行证"[①] 等新产品一样，互操作性也将如此。开发人员可能会在资产代码中加入"退化"属性，比如这款皮肤可以使用 100 小时、用于 500 场游戏或具有 3 年有效期，在此期间它会慢慢磨损。或者，用户可能需要支付额外的费用，才能将某件

---

① 战斗通行证指的是游戏内一个依托于一定时间周期的玩法，包含活跃设计和付费设计的商业化系统。——译者注

物品从一个发行商的游戏带到另一个竞品发行商的游戏中去（就像许多商品在现实世界中需要缴纳进口关税一样），或者首先为"可互操作版本"支付更多费用。当然，并不是所有虚拟世界都会转向广泛可互操作的模型。尽管当今免费多人在线游戏盛行，但其中许多仍然是需要付费的，或者是单机游戏，又或是离线游戏，也有可能同时具备付费、单机、离线这三个特征。

关注 Web3 的读者可能想知道，为什么我还没有谈及区块链、加密货币和非同质化代币（non-fungible tokens，NFT）。这三项相互关联的创新看起来很可能在我们的虚拟未来中发挥基础性作用，并且已经在不断扩展的一系列世界和体验中作为一种通用标准运行。但在研究这些技术之前，我们必须先来分析硬件和支付在元宇宙中的作用。

THE METAVERSE
透视元宇宙

通用的 3D 资产，才是元宇宙互操作的通行证

元宇宙中的互操作性不是二进制的，而是通用的 3D 格式。

1. 通用的 3D 格式，才是元宇宙互操作的通行证。当前，拥有 3D 资产的世界规模已然十分壮观。在电影及电子游戏、土木工程、医疗保健、教育等领域，非标准化虚拟对象和环境方面的花费已经达到了数十亿美元。而数字"物品"最伟大的属性在于，它可以无休止地重复使用而无需额外的成本。

2. 先前创建的分散在多个平台上的 3D 资产库就是一座"虚拟金矿"，而已经出现的交换解决方案就相当于"掘金"。随着 3D 协作的发展，标准自然会出现。

如果互操作性真的有价值，那么经济层面的激励和竞争压力最终会解决它正在面临的问题。

硬件，元宇宙的头号入口

对于许多人来说，元宇宙最令人兴奋的地方在于，我们可以借此开发用来访问、渲染和操纵它的新设备。这很容易让人联想到那些功能超强大又轻巧的 AR 和沉浸式 VR 头显。实际上，这些设备不是元宇宙所必需的，但人们通常认为它们是体验元宇宙众多虚拟世界的最佳方式或最自然的方式。大型科技公司的高管似乎都同意这一点，尽管给这些设备预设的消费者需求尚未转化为实际的销量。

微软于 2010 年开始开发其 HoloLens AR 头显和平台，2016 年发布了第一款设备，2019 年发布了第二款设备。第一款面市 5 年后，这两款设备的出货总量不到 50 万台。尽管如此，微软对该部门的投资仍在继续，微软首席执行官萨提亚·纳德拉仍然向投资者和客户强调他们对该设备的信心，特别是在微软雄心勃勃计划构建元宇宙这一背景下。

2013 年，谷歌推出了 AR 设备谷歌眼镜。虽然谷歌眼镜一经推出就迅速获得了消费电子历史上最名不符实、最失败的产品之一的名声，但谷歌仍在继续推进这项业务。2017 年，该公司发布了一款名为 Google Glass Enterprise Edition 的新型号谷歌眼镜，并于 2019 年推出后续产品。自 2020 年 6 月以来，谷歌已斥资 10 亿～ 20 亿美元收购了 North 和 Raxium 等 AR 眼镜初创公司。

尽管谷歌在 VR 方面的尝试比谷歌眼镜受到的媒体关注少，但它们曾经更受重视，不过结果也更令人失望。谷歌于 2014 年首次涉足该领域，并将该产品命名为 Google Cardboard，既定目标是激发人们对沉浸式 VR 体验的兴趣。谷歌为开发人员制作了一个 Cardboard 软件开发工具包，帮助他们创建用 Java、Unity 或苹果的 Metal 打造的 VR 专用应用程序。在用户这边，谷歌打造了一个 15 美元的折叠纸板"查看器"，用户将他们的 iPhone 或安卓设备放入这个查看器，就可以体验 VR，无须购买新设备。在 Cardboard 发布一年后，谷歌推出了 Jump 和 Expeditions，前者是一个用于 VR 电影制作的平台和生态系统，后者是一个专注于为教育工作者提供基于 VR 的实地考察体验项目。Cardboard 在各方面的数据也备受瞩目：5 年内谷歌售出了超过 1 500 万个查看器，用户下载了近 2 亿次支持 Cardboard 的应用程序，超过 100 万名学生在 Expeditions 发布的第一年内至少体验过一次 Expeditions。然而，这些数字更多反映的是消费者的兴趣，而不是开发人员的灵感。2019 年 11 月，谷歌关停了 Cardboard 项目并开源了其 SDK。（Expeditions 已于 2021 年 6 月停止运营。）

2016 年，谷歌推出了第二个 VR 平台 Daydream，目的是改进 Cardboard 的基础设置，而改进始于 Daydream 查看器的质量。这款售价为 80 ～ 100 美元的头戴式查看器由泡沫制成，表面覆盖着柔软的织物（有 4 种颜色可供选择），与 Cardboard 查看器不同，它可以固定在用户的头上，而不需要举在面前。Daydream 查看器还配备了专用的手持遥控器，并具有 NFC（Near-Field Communication，近场通信）[①]芯片，可以自动识别正在使用的手机的属性并将其设置成 VR 模式，不需要用户自己设置。虽然 Daydream 获得了媒体的正面评价，并带领 HBO 电视网和 Hulu 等公司开发了 VR 专用应用程序，但消费者对该平台兴趣不大。谷歌在终止 Cardboard 的同时也取消了该项目。

尽管在 AR 和 VR 方面进展不顺，但谷歌似乎仍将这些体验视为其元宇宙战略的核心。2021 年 10 月，Facebook 公开了自己的未来愿景，仅几周后，谷歌的 AR 和 VR 团队负责人克莱·巴沃尔（Clay Bavor）直接向谷歌兼 Alphabet 首席执行官桑达尔·皮查伊（Sundar Pichai）做了汇报，并随后受命负责带领一个新团队——谷歌实验室。谷歌实验室负责研发谷歌现有的所有 AR、VR 和虚拟化项目、内部孵化器 Area 120 以及任何其他"高潜力的长期项目"。据媒体报道，谷歌计划在 2024 年发布新的 VR 或 AR 头显平台。

2014 年，亚马逊推出了自己的第一款也是唯一一款智能手机 Fire Phone。与市场领导者安卓手机和苹果手机不同，该设备使用了 4 个前置摄像头，可根据用户的头部动作调整界面。另外，这款手机上安装了 Firefly，它是一种自动识别文本、声音和视觉对象的软件工具。事实证明，这款手机是该公司有史以来最失败的产品，因此在推出仅一年后，该项目就被终止了。经亚马逊确认，1.7 亿美元的减记（write-down）[②]主要源于库存。然而，该公司很快就开始研发智能眼镜 Echo Frames，它看起来与普通眼镜无异，但融合了集成

---

① NFC 是一种支持两个电子设备近距离无线共享信息的协议。

② 一项资产价值缩水时，其账面价值将高于实际价值，依据会计准则，应对账面价值进行减记。——编者注

音频、蓝牙（与智能手机配对）和 Alexa 智能助手。第一款 Echo Frames 于 2019 年发布，一年后第二代模型版本发布，然而两者的销量都欠佳。

23 亿收购 Oculus VR，Facebook 进入元宇宙的决心

马克·扎克伯格是 AR 和 VR 设备最高调的支持者之一。2014 年，尽管 Oculus 尚未发布任何设备，Facebook 仍以 23 亿美元的价格收购了 Oculus VR，这个价格是 Facebook 在两年前收购 Instagram 时支付的金额的两倍多。不久，扎克伯格和他的副手公开分享了 VR 头戴式个人计算机将成为专业人士使用的主要计算机设备这一光明前景，并断言可穿戴 AR 眼镜将成为消费者访问数字世界的主要途径。大约 8 年后，Facebook 公布 Oculus Quest 2 在 2020 年 10 月至 2021 年 12 月售出超过 1 000 万台，这一数字超过了微软大约在同一时间发布的新品 Xbox Series S 和 Xbox Series X 游戏机。当然，该设备尚未取代个人计算机，同时 Facebook 也尚未发布 AR 设备。尽管如此，据信 Facebook 每年在元宇宙方面的 100 亿～ 150 亿美元投资，大部分都用在了 AR 和 VR 设备的研发上。

像往常一样，苹果公司一直未公开它在 AR 或 VR 方面的计划甚至是态度，但我们可以从它的收购和专利申请中探知一二。过去三年，苹果公司收购的初创公司包括：生产 AR 头显 Totem 的 Vrvana；生产 AR 产品镜头的 Akonia；专研面部表情跟踪和情绪识别机器学习软件的 Emotient；面

部识别技术公司 RealFace；以及将用户的面部动作重新映射到 3D 化身的
Faceshift。苹果公司还收购了 VR 内容制作商 NextVR 以及 Spaces，后者为
视频会议软件创建了基于位置的 VR 娱乐和其他 VR 体验。平均而言，苹果
每年获得超过 2 000 项专利（申请的专利更多），其中数百项都与 VR、AR
或身体追踪有关。

除了科技巨头之外，许多中型社交技术公司正在投资专有的 AR/VR 硬
件，虽然它们几乎从来没有生产过消费电子产品，更不用说分销和服务了。
例如，尽管 Snap 的第一款 AR 眼镜，即 2017 年推出的 Spectacles，获得赞
誉主要是因为它的弹出式自动售货机销售模式，而不是技术、体验或销售的
成功，但该公司还是在过去 5 年中发布了 3 个新型号的 AR 眼镜。

即使面对消费者和开发商的不断拒绝，这些设备的投资规模也没有减
少，这其实是源于一种对于历史即将重演的信念——每次计算和网络发生
大规模转型时，都会出现新设备以更好地适应这种转变所带来的性能提升。
反过来，首先尝试打造这些设备的公司更有机会打破技术力量的平衡局面，
而不仅仅是迎合潮流打造新的业务线。因此，微软、Facebook、Snap 和
Niantic 等公司将在 AR 和 VR 上的屡次碰壁视为它们可能取代苹果和谷歌
的证据，苹果和谷歌运营着移动互联网时代最主要的平台，它们明白，必
须继续投资才能保住自己的领先地位。AR 和 VR 是下一个大型设备技术
这一信念，已经由早期出现的迹象所证实。2021 年 3 月，美国陆军公布了
一项协议，称将在接下来的 10 年中从微软公司购买多达 120 000 台定制的
HoloLens 设备。这份合同价值 220 亿美元，每台头显的价格接近 20 万美元，
其中包含了硬件升级、维修、定制软件和其他 Azure 云计算服务的费用。

混合现实设备将引领未来的迹象还包括，VR 和 AR 头显中可能阻碍大

规模采用的众多技术缺陷是可识别的。从这个角度看，一些人认为，当前的设备之于元宇宙，就像苹果公司命运多舛的 App Newton 平板电脑之于智能手机时代一样。App Newton 于 1993 年发布，是世界上第一款掌上电脑，它满足了我们对移动设备的许多期待，比如有触摸屏、专用移动操作系统和软件。但它也有很多缺陷，该设备几乎有台式机的键盘那么大（比台式机的键盘更重），无法访问移动数据网络，并且需要使用触控笔进行操作。

设备显示对于 AR 和 VR 而言是一个关键限制。2016 年发布的第一款消费级 Oculus 的分辨率为每只眼睛 1 080×1 200 像素，而 4 年后发布的 Oculus Quest 2 的分辨率为每只眼睛 1 832×1 920 像素（大约相当于 4K）。Oculus 的创始人之一帕尔默·洛基（Palmer Luckey）认为，VR 的分辨率需要达到 Oculus Quest 2 分辨率的两倍以上，才能攻克像素化问题并成为主流设备。第一款 Oculus 以 90 赫兹的刷新率（每秒刷新 90 帧）达到峰值，而第二款为 72～80 赫兹。2020 年的最新版 Oculus Quest 2 的刷新率默认为 72 赫兹，但支持大多数刷新率为 90 赫兹的游戏，并为非计算密集型游戏提供 120 赫兹的"实验性支持"。许多专家认为 120 赫兹是避免迷失方向和避免出现恶心等风险的最低阈值。根据美国高盛集团发布的一份报告，14% 尝试过沉浸式 VR 头显的人表示他们在使用该设备时"经常"感到晕眩，19% 的人表示"有时"会产生这种感觉，另有 25% 的人表示很少但不是从来没有遇到这种情况。

AR 设备的限制性更大。普通人的水平视角为 200°～220°，垂直视角大约为 135°，也就是说对角线视角大约为 250°。Snap 最新版 AR 眼镜的售价约 500 美元，具有 26.3° 的对角视角——这意味着你可以看到的内容中有大约 10% 的内容可以被"增强"，并以每秒 30 帧的速度运行。微软的 HoloLens 2 售价为 3 500 美元，视角和帧速率分别是 Snap 最新版 AR 眼镜这两个参数的 2 倍，但用户仍有 80% 目光所及之处没有被增强，即使他们的整双眼睛（以及他们的大部分头部）都被设备覆盖着也无济于事。HoloLens 2 重 566 克（最轻的 iPhone 13 重 174 克，而 iPhone 13 Pro Max 重 240 克），续航时间仅为 2 ～ 3 小时。Snap 的 Spectacles 4 虽然仅重 134 克，但只能运行 30 分钟。

我们这个时代最大的技术挑战

我们可能会想，科技公司免不了会想方设法改善显示器，减轻重量，延长电池寿命，同时增加新功能。毕竟，屏幕分辨率似乎每年都在增加，而支持的刷新率提高，价格下降，设备本身的尺寸也在缩小。然而，扎克伯格曾说过，"我们这个时代最艰巨的技术挑战可能是将超级计算机装进镜框"。[1] 正如我们在讨论计算时看到的那样，游戏设备不仅仅需要像电视一样"显示"先前创建的帧，它们还必须自己渲染这些帧。就像在应对延迟问题时需要对抗的是物理定律一样，AR 和 VR 头显的突破也面临着切实的限制。

增加每帧渲染的像素数以及每秒的帧数，都需要更强大的处理能力。这种处理能力还需要内置于可以舒适地戴在头上的设备中，而不是放在客厅的书柜上或手掌上。至关重要的是，我们需要 AR 和 VR 处理器来做更多的事情，而不仅仅是渲染更多像素。

我们可以从 Oculus Quest 2 这个例子中看到挑战有多大。与大多数游戏平台一样，Facebook 的 VR 设备也有一款大逃杀游戏 *Population: One*。但这场大逃杀并不像《使命召唤：战争地带》那样可以支持 150 个并发用户，也不像《堡垒之夜》可以支持 100 个，甚至赶不上《自由之火》可以支持 50 个并发用户。*Population: One* 只支持 18 个并发用户，这已经是 Oculus Quest 2 的处理极限了。此外，这款游戏的界面配置更接近于 2006 年发布的 PS3，远不如 2013 年的 PS4，更不用说 2020 年的 PS5 了。

我们需要 AR 和 VR 设备来执行我们通常不会要求游戏机或游戏专用个人电脑来完成的命令。例如，Facebook 的 Oculus Quest 设备包括一对外置摄像头，可以帮助提醒可能会撞到某个物体或墙壁的用户。同时，这些摄像头必须能够跟踪用户的手，以便在特定虚拟世界中进行重现，或者将它们用作控制器，使用特定的动作或手势就可以进行控制而无须按下控制器的按钮。虽然这种方法无法完全取代控制器，但有了它，戴着 VR 或 AR 头显的人就不必随身携带控制器了。扎克伯格还表示希望在 AR 或 VR 头显内部安装摄像头，以便扫描和跟踪用户的面部和眼球运动，这样设备就可以仅根据面部和眼球运动来控制用户的化身。然而，增设的这些摄像头也增加了头显的重量和体积，它们还需要更多的计算能力，以及更多的电池电量。当然，它们同时增加了成本。

从这个角度来看，我们可以将微软的 HoloLens 2 与 Snap 的 Spectacles 4 进行比较。虽然前者的视角和帧速率是后者的两倍，但价格约是后者的 7 倍（前者的价格为 3 000 ~ 3 500 美元，后者的价格为 500 美元），重量约为后者的 4 倍，与其说 Hololens 2 像一副未来派的雷朋眼镜，倒不如说它看起来更像是一个机器人的面板和头骨。为了让消费级 AR 设备取得成功，我们可能需要比 HoloLens 更强大、比 Spectacles 4 更小的设备。虽然工业用 AR 头显可以更大，但人们戴上它们后还需要戴头盔，并且要尽量避免颈部拉伤的情况出现，这些都是它面临的限制，因此 AR 的性能必须再提高几倍。

了解了这种"超级计算机眼镜"面临的巨大技术挑战后，就不难解释为什么为了解决这个问题，科技公司每年都要投入数百亿美元。尽管有这样大规模的投资，也不代表突破会突然出现。相反，这将是一个不断改进的过程，在降低 AR 和 VR 设备的价格、缩小尺寸的同时，增加它们的计算能力和功能。即使某个硬件平台或组件供应商打破了关键障碍，市场的其余部分通常也需要 2 ~ 3 年时间才能跟进到位。决定一个平台与众不同的关键因素是它给消费者带来的独特体验。

从 iPhone 的发展，看 AR 与 VR 的下一个突破

我们可以从 iPhone 这个移动时代最成功产品的演进历史中，清楚地看到 AR 与 VR 的突破过程。

如今的苹果手机在其设备内部设计了许多芯片和传感器，但它最初的几个型号使用的全部都是由独立供应商制造的组件。第一代 iPhone 的 CPU 由三星提供，GPU 由 Imagination Technologies 提供，各种图像传感器是由美国美光科技公司制造的，触摸屏的玻璃由康宁制造，等等。iPhone 的创新不太明显，其创新之处主要体现在如何将上述组件组合在一起，何时进行组合，以及为什么要这样组合。

其中最明显的创新之处是，苹果公司将宝押在了触摸屏上，完全放弃了实体键盘。这一举动在当时招来了群嘲，尤其是遭到了市场领导者微软和黑莓的嘲讽。苹果还选择直接打造面向消费者的产品，而不是面向企业的产品，而 20 世纪 90 年代中期至 20 世纪末，智能手机的消费群体主要是各类企业。iPhone 在定价方面也更为大胆——500 ~ 600 美元，而竞争对手生产的智

能手机售价则为 250 ～ 350 美元，例如黑莓（因为这些智能手机通常是由雇主提供的，所以终端用户通常可以免费使用）。苹果公司联合创始人兼首席执行官史蒂夫·乔布斯认为，苹果售价500 美元的设备提供了卓越的价值，远不是售价两三百美元的设备可比的，就算这些设备可以免费获得，也不足为惧。

事实证明，乔布斯在触摸屏、目标市场和价格点上的判断都是正确的。界面选择在其中起到了很重要的作用，这些界面选择通常看起来是矛盾的，却完美地融合了复杂性和简单性。iPhone的"主屏幕按钮"就是一个很好的研究案例。

尽管乔布斯对实体键盘没兴趣，但他还是决定在 iPhone 的正面放置一个大的主屏幕按钮。这个按钮现在是一种大家很熟悉的设计元素，在当时却是大胆的创新。这样的设计是要做出巨大妥协的，如果释放该按钮占用的空间，那么手机的屏幕可以更大、电池的续航时间可以更长，处理器的性能也会更强。然而，乔布斯将其视为向消费者介绍触摸屏和便携计算的重要组成部分。就像合上翻盖手机一样，用户知道无论他们在 iPhone 的触摸屏上执行了哪些操作，只要按下主屏幕按钮就能回到主屏幕。

2011 年，在第一款 iPhone 发布 4 年后，苹果公司为其操作系统添加了一项新功能：多任务处理。在此之前，用户只能同时操作几个预定的应用。在使用《纽约时报》应用时，可以通过 iPod 应用听音乐，但如果用户随后打开他们的 Facebook 应用，《纽约时报》应用就会关闭。如果用户想要返回《纽约时报》应用中的某篇文章，他们必须重新打开该应用，然后一步步找

到那篇文章，回到之前的位置。这样做也意味着用户需要退出
Facebook 应用。现在，多任务处理允许用户在切换到另一个应
用时有效地"暂停"当前应用，且所有这些都由主屏幕按钮管理。
如果用户按下主屏幕按钮，应用程序将暂停并返回主屏幕；如果
用户连续两次按下主屏幕按钮，应用仍然会暂停，并且会弹出应
用托盘，显示所有暂停的应用并可以进行滑动浏览。

最初的几款 iPhone 本可以支持多任务处理。毕竟，其他具
有类似 CPU 性能的智能手机都支持该功能。然而，苹果公司认为
需要让用户轻松进入移动计算时代，这意味着不仅要关注哪些技
术是可行的，还要关注用户何时准备好使用它了。为此，直到
2017 年，随着 iPhone 10 的发布，苹果公司才放心地去掉主屏
幕按钮，改为让用户从屏幕底部"向上滑动"。

全新的设备类别中没有所谓的最佳实践。事实上，许多我们
今天认为理所当然的选择曾经都是有争议的，有过这种经历的可
不止 iPhone 的触摸屏。例如，一些早期的安卓版本和应用程序使
用了苹果的"捏拉缩放"概念，但认为这个概念是反向的——如
果你把你的手指靠得更近，你所看的东西不是应该靠得更近（而
不是离得更远）吗？今天，我们几乎不会去思考这种逻辑，但这
是因为我们已经接受了 15 年的训练，认为反过来是再自然不过
的事。苹果的"滑动解锁"功能还因新颖性而获得了专利，在发
现三星侵犯了该专利以及苹果拥有的其他专利后，苹果公司向法
院提起诉讼并最终获得了超过 1.2 亿美元的赔偿。苹果应用商店
模式也存在争议。智能手机领导者黑莓直到 2010 年才推出其应用
商店，比苹果晚了两年，也就是在苹果著名的"为其打造一款应

用"广告活动发布一年后才推出。更重要的是，黑莓主要面向商务用户，因此尤为重视安全性，对用户的身份审核极为严格，例如需要经过公证的文件才能访问黑莓的应用程序开发工具包，以至于许多开发人员甚至从未使用过该平台。

　　我们已经可以在 VR 和 AR 竞赛中看到"智能手机大战"的影子。前文提到，Snap 的 AR 眼镜售价不到 500 美元，主要面向大众消费者；而微软的同类产品售价在 3 000 美元或以上，主要面向企业和专业人士。谷歌认为，与其出售价值数千乃至数十万美元的 VR 头显，倒不如让消费者将他们已经拥有的昂贵智能手机放入成本不到 100 美元的"查看器"中。亚马逊的 AR 眼镜连数字显示器都没有，它的特色是基于音频的 Alexa 语音助手和时尚的外形。与微软不同，Facebook 在着手研究 AR 之前，关注点在 VR 上，而扎克伯格和 Facebook 的许多核心成员都认为云游戏流可能是 VR 用户参与丰富渲染、高并发模拟的唯一途径。扎克伯格还表示，作为一家专注于社交网络的公司，Facebook 的 AR 设备可能会比其竞争对手的产品更加重视面部和眼球追踪摄像头、传感器和功能，而其竞争对手的关注点可能是如何缩小设备的尺寸并将美学发挥到极致。然而，没有人清楚究竟该怎样权衡设备配置文件和功能，或价格和功能。在开发者对苹果和谷歌封闭的应用商店模式表现出不满（我将在第 10 章中更详细地探讨这个话题）的同时，扎克伯格承诺让 Oculus 保持"开放"，使开发人员能够直接向用户发布应用程序，并允许用户在他们的 Oculus 设备上安装非 Oculus 应用程序商店。尽管这种做法肯定有助于吸引开发人员，但会给用户和数据隐私带来新的风险，尤其是随着设备上摄像头数量的增加，这种风险会进一步加剧。

　　AR 和 VR 似乎比智能手机在硬件方面面临的挑战更大。而且，将 2D

触摸界面调整为几乎无形的 3D 空间，界面设计可能也会变得更加困难。AR 和 VR 的"捏拉缩放"或"滑动解锁"会是什么样的？用户究竟能拥有哪些能力，这些能力什么时候能发挥作用？

源于头显，超越头显

除了针对沉浸式头显的大量投资之外，业界在生产适应元宇宙的新硬件方面也付出了很多努力，这些硬件是对现有的主要计算设备的补充，而不是像某些人想象的那样，它们有朝一日将被 AR 和 VR 设备取代。

最常见的是，游戏玩家会想象穿戴着可以提供物理反馈（即"触觉"）的智能手套甚至紧身衣，来模拟发生在虚拟世界中他们的化身身上的事情。今天，这样的设备已经有很多了，但是都非常昂贵且功能有限，因此通常专门用于工业领域。这类设备的具体工作原理是，它们使用一个由电机和电子驱动装置组成的网络，其中的驱动装置会给小气穴充气，从而向佩戴者施加压力或限制其移动能力。

自 1997 年任天堂在任天堂 64 游戏机中加入震动包（Rumble Pak）开始，触觉振动技术已经取得长足进步。例如，开发人员在编写控制器触发器时，会根据具体使用场景中的阻力进行编程实现，比如扣动霰弹枪、狙击步枪的扳机和拉开弩的感觉都与使用普通物品的感觉不同。弩弦有可能会反弹，用户得用力才能拉住它并且可以感受到实际上并不存在的虚拟弩弦的振动。

还有一类触觉接口设备，它们能够通过微机电系统的联机网络发射超声波（即超出人类听力频率范围的机械波），在用户面前的空气中产生可能会被称作"力场"的东西。这些设备产生的力场看起来有点像一个带孔的小锡盒，通常高和宽为 15 ～ 20 厘米，但宽度或高度的细微差异会产生完全不同的效果。测试对象表示，他们几乎能够感知到所有东西，比如毛绒泰迪熊、保龄球乃至沙堡坍塌时的形状变化。部分原因在于，指尖包含的神经末梢比身体的其他任何部位都多。微机电系统设备还可以检测用户的交互，使得声控的泰迪熊能够对用户的虚拟触摸做出回应，或让沙堡在被触碰时崩塌。这一点至关重要。

手套和紧身衣不仅可以传递反馈，还可以用来捕捉用户的运动数据，从而可以在虚拟环境中实时再现佩戴者的身体和手势。跟踪摄像机也可以用来捕获此信息。但是，此类摄像机需要视野开阔，距离用户相对较近，如果需要跟踪多个用户的丰富细节，效果可能不太理想。许多用户，例如一个家庭中的多个成员，希望他们的"元宇宙空间"中有多个跟踪摄像头，并且可能会在他们的手腕或脚踝上加一些智能可穿戴设备，比如腕带。

这样的腕带可能稍显笨拙（手镯或脚链怎么能代替高清摄像机来监测每根手指呢），但目前的技术足以令人赞叹。例如，苹果的智能手表 Apple Watch 中的传感器可以区分用户是握紧拳头还是松开拳头的；是一根手指与拇指捏合，还是两根手指与拇指捏合的，并可以用这些动作与 Apple Watch 以及其他设备进行交互。此外，佩戴这款智能手表的人可以通过握紧拳头的动作将光标移动到表盘上，然后按照手的移动方向来移动它。这些功能的实现依靠的是苹果的辅助触控（AssistiveTouch）软件，这款软件使用了十分标准的传感器，包括电子心脏监测器、陀螺仪和加速度计等。

其他公司在这方面的野心就更大了。自 2014 年收购 Oculus VR 以来，Facebook 在收购 CTRL-labs 时开出了该公司有史以来的最高交易价格。CTRL-Lab 是一家研究神经接口的初创公司，生产记录骨骼肌电活动的臂带（一种名为肌电图的技术）。尽管人们佩戴 CTRL-labs 设备时，会佩戴在距离手腕超过 15 厘米的地方，距离手指也就更远了，但其软件可以在虚拟世界中再现极为微小的手势，比如伸出单个手指数数、指着某物或做出"到这里来"的手势，以及不同组手指之间的捏合。更重要的是，CTRL-labs 的肌电信号除了复制人类四肢的动作，还有其他功能。在 CTRL-labs 的一个著名演示中，用户（演示中的用户为该公司的员工）将他们的手指映射到一个类似螃蟹的机器人上，然后通过挥动拳头和移动手指来使其向前、向后和向左右两侧移动。

Facebook 也在计划发布自己的智能手表系列。但与苹果不同，Facebook 并不认为该设备是智能手机的附属设备或依赖于智能手机，而是希望该智能手表拥有自己的无线数据计划，并包含两个可拆卸的摄像头以集成到背包或帽子等第三方物品中。与此同时，谷歌在 2021 年初以超过 20 亿美元的价格收购了智能可穿戴设备公司 Fitbit，这是谷歌有史以来的第五大收购案。

可穿戴设备将不断缩小尺寸并提高性能，并且随着技术的进步，它们将集成进我们的衣服中。这些发展都将帮助用户增强他们与元宇宙的互动，并让这种互动在更多的地方发生。随身携带控制器是不切实际的，如果 AR 的主要目标是让技术隐形在一副看起来普普通通的眼镜中，那么如果要拿出摇杆或智能手机才能使用它，就真的违背了"将超级计算机装进镜框"的初衷。

有人认为，计算的未来不是一副 AR 眼镜或手表，或另一种可穿戴设备，而是更小的设备。2014 年，在命运多舛的谷歌眼镜推出仅一年后，谷歌就对外公开了首个谷歌隐形眼镜项目，该项目致力于帮助糖尿病患者监测血糖水平。具体来说，这个设备由两个软透镜组成，里面镶嵌着一个无线芯片、一根比头发还细的无线天线，以及一个放置在无线芯片和无线天线中间的葡萄糖传感器。底层镜片和佩戴者眼睛之间的针孔使泪液能够流进传感器，以达到测量血糖水平的目的。无线天线从佩戴者的智能手机中获得电力，从而实现每秒至少读数一次的功能。谷歌还计划添加一个小型 LED 灯，在用户的血糖水平达到峰值或过低时发出警告。

谷歌在启动糖尿病智能镜片计划的 4 年后取消了相关项目，但该公司声称取消的原因是"我们对泪液葡萄糖和血糖浓度之间的相关性缺乏一致的测量标准"，但这已引起医学界的广泛关注。无论如何，专利申请表明，东西方的大型科技公司仍在继续投资智能隐形眼镜技术。

马斯克与他的 Neuralink

元宇宙先锋

THE METAVERSE

尽管在今时今日互联网连接仍然不稳定且计算能力不足的情况下，人们对 AR、VR 等技术的一些设想听起来简直是异想天开，但与自 20 世纪 70 年代以来一直在开发且持续吸引更多投资的所谓的脑机接口相比，这些技术看起来就触手可及了。许多标榜脑机接口的解决方案都是非侵入性的——想想《X 战警》（X-Men）中 X 教授的头盔，或者隐藏在佩戴者头发下的有线传感器网格。其他脑机接口则是部分侵入性或完全侵入性的，具体取决于电极与脑组织之间的距离。

2015 年，埃隆·马斯克创立了 Neuralink，并担任首席执行官。他宣布该公司正在开发一种"类似缝纫机"的设备，该设备可以将 4～6 微米厚（约为人类头发直径的 1/10）的传感器植入人脑。2021 年 4 月，该公司发布了一段视频，展示了一只被植入了 Neuralink 芯片的猴子在玩乒乓球游戏 Pong 的画面。仅仅 3 个月后，Facebook 宣布不再投资自己的脑机接口项目。前几年，Facebook 资助了公司内外的多个相关项目，包括在加州大学旧金山分校进行的一项测试，该测试要求参与者佩戴向头骨发射光粒子的头盔，然后测量一组脑细胞的血氧水平。一篇关于该主题的博客文章解释说："虽然通过测量血氧浓度我们可能永远无法解码脑海中想象的语句，但即便只能识别少数在头脑中想象的命令，比如返回主页、选择和删除，也是一种与今天的 VR 系统以及未来的 AR 眼镜交互的全新方式。"[2] Facebook 脑机接口的另一项测试则使用了一个放置在用户头骨顶部的电极网，借助这个电极网，被试仅凭思考每分钟大约可以写出 15 个单词，而普通人每分钟能够打出 39 个单词，速度是前者的约 2.6 倍。Facebook 报告称，"虽然我们仍然相信头戴式光学（脑机接口）技术的长期潜力，但我们决定立即将精力投入到另外一种神经接口方法上，这种方法可以在短期内将 AR 和 VR 推向市场"，[3] 并且"头戴式光学静音语音设备还有很长的路要走。可能比我们预期的要长"。[4] Facebook 提到的"另一种神经接口方法"可能是 CTRL-labs 的研究项目，但阻碍脑机接口技术通往市场的部分原因是伦理问题，而不是技术。

当一台设备可以读取人们的想法，而且读取的不仅仅是与他们手头任务相关的想法，特别是如果该设备是永久存在的，还会有多少人想拥有它呢？

我们周围的硬件

除为了向元宇宙过渡而需要持有、佩戴甚至植入的设备之外，还有一些别的设备将大量出现在我们所处的世界中。

2021 年，谷歌推出了 Project Starline，这是一个实体视频电话亭，能够让用户在视频通话过程中获得与其他参与者身处同一个房间的体验。与传统的显示器或视频会议站不同，Project Starline 的视频电话亭由十几个深度传感器和摄像头（它们结合在一起，通过 4 个视点和 3 个深度图生成 7 个视频流）、一个基于纤维束的多层光场显示器和 4 个空间音频扬声器组成。凭借这些功能，软件捕捉到了参与视频通话的人，然后使用 3D 数据而不是扁平的 2D 数据对其进行渲染。在内部测试中，谷歌发现与传统的视频通话相比，通过使用眼动追踪数据，Project Starline 用户在通话过程中的注意力提高了 15%，展示出更多非语言形式的交流，比如，手势多出约 40%，点头动作多出约 25%，眉毛的动作多出了约 50%，当被要求记住谈话或会议中的细节时，他们能回忆起来的内容增加了 30%。[5] 魔力的源泉依旧是软件本身，但魔力的实现取决于硬件的广泛应用。

元宇宙先锋

THE METAVERSE

Planet Labs，以超高细节建立一个超级镜像世界

富有传奇色彩的相机制造商徕卡（Leica）正在销售单价 20 000 美元的摄影测量相机，这些相机通过每秒高达 360 000 个"激光扫描设置点"，来捕捉整个商场、住宅等建筑物，比普通人亲临现场时看到的画面更为清晰，细节更为丰富。与此同时，Epic Games 的 Quixel 使用专有相机生成由数百亿个像素级精度三角组成的 MegaScan 场景。第 7 章提到的卫星成像公司 Planet Labs 每天对几乎整个地球进行 8 个光谱波段的扫描，不仅可以拍摄每日高分辨率图像，还可以提供包括热量、生物量和雾霾在内的详细信息。为了拍摄这些图像，它运营着世界上第二大

卫星舰队，拥有超过 150 颗卫星，其中许多卫星的重量不足 5 千克，体积小于 10×10×30 立方厘米。这些卫星拍摄的每张照片覆盖的面积为 20～25 平方千米，由 4 700 万像素组成，每个像素代表 3×3 平方米。每颗卫星每秒发送大约 1.5GB 数据，平均传输距离为 1 000 千米。Planet Labs 的首席执行官兼联合创始人威尔·马歇尔（Will Marshall）认为，这些卫星的单位性能成本自 2011 年以来已经提高至原来的 1 000 倍。[6] 利用这种扫描设备，公司能够更容易以更低的成本制作高质量的"镜像世界"或物理空间的数字孪生，并使用对现实世界的扫描来制作质量更高、成本更低的虚幻世界。

实时跟踪摄像机同样重要。例如亚马逊的无收银员、不收现金、自动支付的便利店 Amazon Go，这些商店中安装了数十个摄像头，通过面部扫描、运动跟踪以及步态分析跟踪每位顾客。顾客可以随心所欲地拿起和放下任何商品，当他们带着心仪的商品径直走出便利店时，自动支付就已经完成了。将来，这种跟踪系统将用于实时复制这些用户，从而形成数字孪生。谷歌的 Starline 等技术可以让员工同时"出现"在商店中（这些员工可能来自海外的"元宇宙呼叫中心"），他们可以通过不同屏幕"现身"，从而为顾客提供帮助。

超高细节投影相机也将发挥重要作用，它们可以确保虚拟物体、虚拟世界和化身能够移植到现实世界，并呈现逼真的细节。在这些投影技术中，起关键作用的是各种传感器，这些传感器使相机能够扫描和理解它们将要投射的非平坦、非垂直景观，并相应地调整影像，让它看起来不失真或不扭曲变形。

技术人员长期以来都在设想物联网的未来，其中传感器和无线芯片就像电源插座一样无处不在，与此同时，它们更加多样化，这样一来，我们无论走到哪里都能获得相应的体验。想象一下在一个建筑工地上，建筑工人的头顶上有无人机，无人机上安装了很多摄像头、传感器和无线芯片，建筑工人戴着 AR 头显或眼镜。凭借这种设置，现场管理员在任何时候都能够准确地知道任何地方的情况，如某个沙堆中的沙子总量、用机器移动沙子所需的往返次数、离问题区域最近并且最有能力解决问题的人、解决问题所需的时间以及可能产生的影响等。

当然，并非所有这些体验都需要元宇宙或虚拟仿真。然而，人类发现 3D 环境和数据的呈现更加直观——想象一下这两个场景之间的区别：通过一台数字平板电脑查看工地的状态，以及查看附加在工地和工地上的对象上面的信息。值得注意的是，2014 年，谷歌以 32 亿美元的价格收购了开发和运营智能传感器设备的 Nest Labs，如果不包括谷歌在 3 年后收购摩托罗拉，这是它出价最高的一次收购。此次收购的 8 个月后，谷歌又斥资 5.55 亿美元收购了智能相机制造商 Dropcam，随后将其并入 Nest Labs。

智能手机万岁

凭借出色的新设备，我们很快就能进入元宇宙，想象这样的情景是很有趣的。但是，至少到 21 世纪 20 年代，元宇宙时代的大多数设备很可能是我们已经在使用的设备。

包括 Unity Technologies 首席执行官约翰·里奇蒂洛在内的大多数专家估计，到 2030 年，使用频率较高的 VR 和 AR 头显数量接近 2.5 亿个。[7] 当然，在这种需要很长时间才能得到验证的预测上下注是有风险的。第一款

iPhone 于 2007 年发布，比第一款黑莓智能手机晚了 8 年，当时智能手机在美国的普及率还不到 5%。8 年后，iPhone 的销量已超过 8 亿部，并将美国的市场渗透率提升至近 80%。2007 年很少有人相信，到 2020 年，地球上 2/3 的人都在用智能手机。

尽管如此，AR 和 VR 设备不仅面临重大的技术、财务和体验障碍，而且它们在上市后同样会面临市场反响冷淡的局面。智能手机快速增长的背后有一个简单的事实：虽然个人电脑是人类历史上最重要的发明之一，但在它发明 30 多年后，全世界只有不到 1/6 的人拥有一台自己的个人电脑。而对于这些幸运的少数人来说，他们的个人电脑很大而且不能移动。AR 和 VR 设备不会成为他们的第一台计算设备，甚至不会是他们的第一台便携式设备。它们正在努力成为人们的第三甚至第四台便携式设备，而且在很长一段时间内，它们也可能是用户功能最不强大的设备之一。

但 AR 和 VR 可能会取代我们今天使用的大多数设备，虽然这个过程可能很漫长。即使到 2030 年，VR 和 AR 头显（两种截然不同的设备类型）的使用数量总计达到 10 亿个，是预测值 2.5 亿个的 4 倍，它们覆盖的智能手机用户仍不足 1/6。但这不要紧，到 2022 年，数以亿计的人每天通过智能手机和平板电脑在实时渲染的虚拟世界中度过数小时，而且这些设备正在迅速改进中。

在前面的部分中，我回顾了智能手机 CPU 和 GPU 能力的持续进步。这可能是这些设备与元宇宙相关的最重要的进步，但它们在其他方面的很多改进也值得一提。自 2017 年以来，新的 iPhone 机型已配备红外传感器，可跟踪和识别用户脸上的 30 000 个点。虽然此功能最常用于苹果的面部识别身份验证系统，即 Face ID，但它支持应用程序开发人员以用户虚拟化身的形式对其面部进行实时再现或虚拟增强。苹果自己的 Animoji、Snap 的 AR 镜头和 Epic Games 利用虚幻引擎创建的 Live Link Face 应用都属于这类应用。在未来几年里，许多虚拟世界运营商将使用这种功能让玩家将面部表情映射到虚拟世界中的化身脸上，这个映射过程是实时进行的，并且不需要购买额外的硬件。

苹果还率先将激光雷达[①]扫描仪部署到智能手机和平板电脑中。因此，大多数工程专业人士也不再需要购买 20 000 ～ 30 000 美元的激光雷达专用摄像头，同时近一半的美国智能手机用户现在可以创建和共享自己的家、办公室、院子和里面的一切物体的虚拟对应物。这项创新已经改变了 Matterport 等公司（详见第 7 章），这些公司现在每年产生的扫描数据的数量是之前的数千倍，并且数据的多样性大大增加。

用户可使用 iPhone 的高分辨率三镜头相机拍摄照片，创建高保真虚拟物体和模型，并将这些资产存储在"通用场景描述"交换框架中。然后，这些物体就可以被移植到其他虚拟环境中，从而降低成本并提高合成物品的保真度，或者将这些物品叠加到真实环境中，以实现艺术、设计用途或其他 AR 体验。

与此同时，Oculus VR 使用高分辨率、多角度的 iPhone 摄像头来生成混合现实体验。例如，玩《节奏空间》（*Beat Sabre*）[②]的 Oculus 用户可以将

---

① 激光雷达通过测量反射激光（即光束）返回接收器所需的时间，来确定物体的距离和形状，类似于雷达扫描仪使用无线电波的方式。

②《节奏空间》类似于《吉他英雄》（*Guitar Hero*），玩家在玩游戏时按下的不是真实键盘上的按钮，而是虚拟光键上的虚拟按钮。

iPhone 放在身后几米处，这样他们就可以在 VR 头显中看到自己在 VR 环境中的样子，而且都是从第三人称视角来观看。

许多新型智能手机还配备了新代超宽带芯片以及处理返回信息的接收器，这些芯片每秒可发射多达 10 亿个雷达脉冲。因此，智能手机可以创建用户家庭和办公室的全方位雷达地图，并准确了解用户在这些地图（或其他地图，如谷歌的街景或建筑地图）中的位置，以及相对于其他用户和设备的位置。与 GPS 不同，超宽带可将位置信息精确到厘米。当你回家时，你家的前门会自动解锁，但你在室内整理鞋架时，门不会解锁。如果使用实时雷达地图，你无须摘掉 VR 头显即可导航至家里的大部分区域，设备会提醒你在哪些区域可能发生碰撞，或在头显中渲染潜在的障碍物以便你绕过它们。

令人惊叹的是，所有这一切都可以通过标准的消费级硬件实现。这项功能在我们日常生活中的作用越来越大，这解释了为什么 iPhone 的平均销售价格从 2007 年的约 450 美元增至 2021 年的 750 美元以上。换句话说，消费者没有要求苹果利用摩尔定律的成本优势在保持前几款 iPhone 功能的同时降低价格，也没有要求苹果利用摩尔定律的性能优势在保持价格的同时增加更多功能。相反，消费者想要更多，他们希望可以用 iPhone 做几乎所有事情。

一些人认为，智能手机的未来角色包括充当用户的"边缘计算机"或"边缘服务器"，为我们周围的世界提供连接和计算。该模型已有多种相关的实践。例如，今天出售的大多数 Apple Watch 都没有蜂窝网络芯片，而是通过蓝牙连接到所有者的 iPhone。这种方法有局限性：Apple Watch 不能在距离其绑定的 iPhone 太远时拨打电话，也不能在佩戴者的 AirPods 上播放音乐、下载新应用、检索尚未存储在手表上的消息等。但这些牺牲换来的是设备的价格更低、更轻便、耗电量更低，因为用户的 iPhone 完成了大部分工作。与 iPhone 绑定的 Apple Watch 是一款功能更强大、单位性能成本更高的设备。

同样，iPhone 会将复杂的 Siri 问题查询发送到苹果的服务器进行处理，许多用户选择将大部分照片存储在云中，而不是多花 100 ～ 500 美元购买内存更大的 iPhone。在前文，我提到许多人认为 VR 头显的分辨率必须至少是当今市场上顶级设备屏幕分辨率的两倍，并且如果它们想成为主流产品，帧速率要比当前的顶级设备高出 33% ～ 50%（即每秒产生的像素数是这些顶级设备的 2.5 倍）。与此同时，VR 头显的成本还必须更低，设备的外形必须更小，并且要最大限度地减少发热量。虽然目前还没有能达到这一技术水平的设备，但 Oculus Quest 2 可以通过 Oculus Link 连接到功能强大的个人电脑，从而可靠地提高帧速率和渲染能力。2022 年 1 月，索尼发布了 PS VR2 平台，该平台可实现每只眼睛 2 000×2 040 像素的分辨率（比 Oculus Quest 2 的分辨率高出约 10%）和 90 ～ 120 赫兹的刷新率（Oculus Quest 2 的刷新率只有 72 ～ 120 赫兹），视角可达 110°（Oculus Quest 2 的视角只有 90°），还具备眼动追踪功能（Oculus Quest2 不具备该功能）。但是，PS VR2 要求用户购买并连接到索尼的 PS5 主机，这比最便宜的 Oculus Quest 2 成本更高，并且不附带 PS VR2 头显。

考虑到计算的稀缺、重要性和成本，与其投资许多其他设备，尤其是那些有更大的物理限制、热量限制和成本限制的设备，还不如专注于单个设备的功能提升。戴在手腕上或头上的计算机根本无法与口袋里的计算机抗衡。在其他一些方面，情况也是如此。要是 Facebook 希望我们在四肢上都佩戴 CTRL-labs 腕带，如果明明可以使用更便宜、能耗更低、更小的蓝牙芯片来将数据发送到智能手机上进行管理，那为什么还要为双手双脚都配备各自的蜂窝和 Wi-Fi 网络芯片呢？个人数据可能是最重要的考虑因素。我们可能不希望自己的数据被收集、存储或发送到一系列设备网络，相比之下，大多数人更愿意将这些数据从这些设备发送到自己最信任的设备（以及我们随身带着的设备），并让最信任的设备来决定哪些其他设备可以访问我们的在线历史的其他部分、信息，并可获得哪些相应的权利。

硬件，通往元宇宙的桥梁

要想实现元宇宙，我们需要的，或者说应该可以想到的设备分为三类。

- 首先是"初级计算设备"：对大多数消费者来说就是智能手机，但在未来的某个时候可能是 AR 或沉浸式 VR。

- 其次是"辅助型"或"支持型"计算设备：比如个人电脑或 PS，也可能是 AR 和 VR 头显。这些设备不一定需要依赖主设备，有可能是将主设备作为补充设备，但它们的使用频率低于主设备，并且用于更具体的目的。

- 最后，我们还有其他设备：例如智能手表或跟踪相机，它们丰富或扩展了元宇宙体验，但我们很少直接操作它们。

每个类别和子类别的设备都将增加人们在元宇宙中的参与时间和消费总额，并为制造商提供创造新业务线的机会。尽管其中许多设备需要经过数年时间才能真正成形，但人们还是出于各种各样的目的在这些设备的研究上投入了巨额资金。

　　元宇宙是一种几乎无形的体验：它是一个由虚拟世界、数据和支持系统组成的持续性网络。然而，物理设备是访问和创造这些体验的门户。没有它们，就没有森林可以被人们了解、听到、闻到、摸到或看到。这一事实体现了设备制造商和运营商重要的软硬件实力。制造商和运营商将确定使用哪些GPU 和 CPU，部署怎样的无线芯片组和标准，要囊括哪些传感器，等等。尽管这些中间技术对于特定的体验至关重要，但它们很少直接与开发人员或终端用户交互。相反，它们是通过操作系统访问的，操作系统可以管理开发人员使用这些功能的方式、时间和原因，明确他们为用户提供的体验内容，以及是否必须或在多大程度上向设备的制造商支付佣金。

　　换句话说，硬件不仅决定了元宇宙可能提供什么以及何时提供，而且能够影响元宇宙的运作方式，理想情况下，硬件制造商还可以从元宇宙经济活动的收益中尽可能多地分一杯羹。设备越重要，与它连接的其他设备越多，制造它的公司的控制权就越大。为了解这句话的实际意义，我们需要深入研究一下支付。

THE METAVERSE
透视元宇宙

渲染的巨大挑战，还只是元宇宙硬件要突破的第一步

我们需要 AR 和 VR 处理器来做更多的事情，而不仅仅是渲染更多像素。

1. 我们需要 AR 和 VR 设备来执行我们通常不会要求游戏机或游戏专用个人电脑来完成的命令。
2. 这些摄像头必须能够跟踪用户的手，以便可以在特定虚拟世界中进行重现，或者将它们用作控制器，使用特定的动作或手势就可以进行控制而无须按下控制器的按钮。虽然这种方法无法完全取代控制器，但有了它，戴着 VR 或 AR 头显的人就不必随身携带一个控制器了。
3. 增设的这些摄像头也增加了头显的重量和体积，它们还需要更多的计算能力，以及更多的电池电量。当然，它们同时增加了成本。

一如既往，魔力的源泉依旧是软件本身，但魔力的实现取决于硬件的广泛应用。

支付方式，元宇宙的中心战场

元宇宙被设想为一个平行世界，人们将在那里花大量的时间工作和生活。因此，元宇宙的实现程度部分取决于它是否建立在一个繁荣的经济体系之上，这种看法也是合情合理的。然而，我们现在仍不习惯用元宇宙的框架进行思考。虽然科幻小说已经预言了元宇宙的存在，但读者通常会发现，在这些故事中作者对虚拟世界内部经济的描述是一带而过的。虚拟经济的前景可能听起来很奇怪、令人生畏甚至令人困惑，但它其实并不神秘。元宇宙中的经济将大体遵循现实世界的经济模式。大多数专家都认同现实世界中繁荣的经济有如下促成要素：激烈的竞争、大量营利性企业的存在、对经济体系的"规则"和"公平"的信任、一致的消费者权利、持续的消费性支出，以及不断因为颠覆而出现新的市场领导者等。

我们可以看到这些要素在世界最大的经济体中发挥的作用。美国不是由某一个政府或公司建立的，而是由数百万家不同的企业共同支撑起来的。即使在今天这个巨型公司林立的时代，全美的 3 000 多万中小型企业也雇用了一半以上的劳动力，并贡献了一半的 GDP（"一半的劳动力"和"一半的 GDP"这两个数字不包括军事和国防领域）。亚马逊数以千亿计的销售额几乎都是通过售卖其他公司的产品而获得的。苹果公司的 iPhone 手机是人类历史上具有重要意义的产品，该公司设计的功能强大的集成组件占其所有产品的比例也在逐年增加。不过，苹果公司使用的大部分组件仍然是从竞争对手那里购买的，许多配件生产公司还与苹果公司因定价问题争论不休，当然，它们也为苹果公司的竞争对手提供配件。此外，消费者之所以购买这款令人难以置信的设备（并经常升级到新版本），也是为了访问大部分由苹果公司以外的公司制作的内容、应用程序和数据。

苹果公司是美国经济活力的一个典型代表。尽管该公司是 20 世纪 70 年代和 80 年代，即个人电脑时代的早期领导者，但随着微软生态系统的发展和互联网服务的激增，苹果公司在整个 20 世纪 90 年代都在艰难求生。但凭借 2001 年的 iPod、2003 年的 iTunes、2007 年的 iPhone 和 2008 年的 App Store，苹果公司成了世界上最有价值的公司。不难想象另一种结果：如果在管理 iPod 或运行 iTunes 的计算机中，有 95% 的计算机都安装了微软的操作系统，那么微软将通过这种手段使自己的产品 Windows Mobile 和 Zune 更有竞争力，从而阻碍潜在竞争对手的发展。另外，我们还可以想象这样一种局面：美国在线、美国电话电报公司或康卡斯特等互联网服务供应商能够利用自己在数据传输方面的能力来控制哪些内容可以通过其系统传输、如何传输，以及收取多少服务费。

美国经济体系的运行依托于相应的法律体系，其中涵盖了所有可以制造、投资、买卖的内容，以及雇用谁，这些被雇用的人执行了什么任务，以及债务问题。虽然这个体系并不完善，使用成本很高，而且往往反应滞后，但它的存在向所有市场参与者传递了一种信念，即他们的协议受到法律保护，以及在"自由市场竞争"和"公平"之间存在的一些中间地带，能使所有参与方受益。苹果公司以及谷歌和 Facebook 等诞生于个人电脑时代的大型互联网公司，它们的成功与著名的"合众国诉微软案"密不可分，因为法官判定微软通过控制 API、强制捆绑软件、限制性许可和其他技术限制等非法手段，使其操作系统在市场上占据了垄断地位。另一个例子是"首次销售原则"，它允许从版权持有人那里购买作品副本的人凭意愿处置该副本。这就是为什么 Blockbuster 公司能够购买一盘价值 25 美元、可以在家用录像系统上播放的录像带，然后还能一直出租给顾客，而不需要向制作这盘录像带的好莱坞工作室支付版税；以及为什么购买了作品副本的人有权出售他所拥有的书的副本，或者把一件带有版权保护设计的衬衫撕成碎片然后重新缝好。

在这本书中，到目前为止，我已经描述了许多创新、惯例和设备，这些都是实现一个蓬勃发展和完整的元宇宙所必需的。但我还没有谈到其中最重要的一点：支付方式。

由于目前人们所使用的大多数支付方式在人类社会进入数字时代之前就已存在，我们往往不认为它们是"技术"。事实上，它们是数字生态系统的体现，包含一系列复杂的系统和标准，被部署在覆盖范围很广的网络中，支持涉及数万亿美元的经济活动，而且主要是以自动化的方式进行的。它们通常很难建立，更难被取代，而且利润丰厚。Visa、万事达和支付宝母公司蚂蚁集团都属于世界上市值较高的上市公司，它们主要的同行是 GAFAM，以及摩根大通和美国银行等大型金融集团。这些公司每天持有数万亿的存款并管理数万亿的金融资产的转移，都曾进入全球市值最高的 10 家公司行列（见表 10-1）。

表 10-1　全球市值最高的 10 家上市公司

2002 年市值排名	公司名	市值（万亿美元）	2022 年市值排名	公司名	市值（万亿美元）
1	通用电气	0.372	1	苹果	2.913
2	微软	0.326	2	微软	2.525
3	埃克森美孚	0.300	3	字母表（谷歌母公司）	1.922
4	沃尔玛	0.273	4	亚马逊	1.691
5	花旗集团	0.255	5	特斯拉	1.061
6	辉瑞	0.249	6	Meta（Facebook）	0.936
7	英特尔	0.204	7	英伟达	0.733
8	英国石油	0.201	8	伯克希尔 – 哈撒韦公司	0.669
9	强生	0.198	9	台积电	0.623
10	荷兰皇家壳牌	0.190	10	腾讯	0.560

注：不包括各国国有企业。左侧排名对应的时间为 2002 年 3 月 31 日，右侧排名对应的时间为 2022 年 1 月 1 日。

资料来源："Global 500," Internet Archive Wayback Machine, "Largest Companies by Market Cap"。

事实上，各家公司都希望自己的"支付方式"能在元宇宙中占据主导地位。争夺战已经打响。更重要的是，这场争夺战可以说是发生在元宇宙领域的核心战场，也可能是实现元宇宙的最大障碍。为了解释元宇宙中的支付方式，我首先会简单介绍现代的主要支付方式，然后展现支付在当今游戏行业中的作用，以及这种作用会对移动计算时代的支付方式产生怎样的影响。接着，我将讨论移动支付方式是如何被用来控制新兴技术和扼杀竞争的。最后，我会谈谈为什么这么多专注于元宇宙的公司创始人、投资者和分析师将区块链和加密货币视为第一个"数字原生"支付方式以及当前虚拟经济问题的解决方案。

现有的主流支付方式并不完美

20 世纪，在新通信技术诞生、个人日交易数额增加，以及大多数人在购买商品时不再使用现金结算这些因素的共同作用下，支付方式的数额有所增加。从 2010 年到 2021 年，美国的现金交易份额从 40% 以上下降到 20% 左右。

在美国，最常见的支付方式是 Fedwire（federal reserve Wire Network，旧称为美国联邦储备系统通信网络）、CHIPS（Clearing House Interbank Payment System，纽约清算所银行同业支付系统）、ACH（Automated Clearing House，自动清算所）、信用卡、PayPal 以及 Venmo 等点对点支付服务。这些支付方式有不同的要求、优缺点，与费用额度、网络规模、速度、可靠性和灵活性有关。我将在后文讨论区块链和加密货币时再来讨论这个问题，所以记住这些类别和相关细节很重要。

我们先来介绍最经典的支付方式：电汇。在 1905 年左右，美国联邦储备银行开始以电子方式转移资金，最终建立了一个涵盖 12 家储备银行、联邦储备委员会和美国财政部的专有电信系统。Fedwire 的早期系统是通过电报进行汇款的，使用的是摩尔斯电码。但到了 20 世纪 70 年代，它开始采用电传，然后是计算机，接着是专有数字网络。最初的电报只能在银行之间使用（也就是只能通过银行完成汇款），所以汇款人和收款人都必须有一个银行账户，并且电报只能在工作日的工作时间发送。虽然汇款人可以设置定期电汇（例如每周二汇出 5 000 美元），但不存在"电汇请求"这一说法。

因此，电汇不能用于自动支付经常产生的账单或其他发票。一旦通过电汇汇出了资金，就不能撤销了。即使可以撤销，由于还存在其他限制性条件，人们并不会经常使用电汇。例如，汇款人和收款人往往要支付大量费用，前者通常需要支付 25～45 美元，后者需要支付 15 美元。此外，对于非美元电汇、电汇失败、结果确认（并不总能实现）等，还要额外收取费用。其中，银行通过 Fedwire 对每笔交易中汇款人和收款人收取的费用低至 0.35 美元和 0.9 美元。这笔费用基本上是固定的，因此小额电汇就很不划算，也很少有人这样做。但是，对于较大的金额（个人最多可以汇出 100 000 美元），电汇的收费则是最低的。

在 20 世纪 70 年代，美国的大型银行也同 Fedwire 的竞争对手以及客户建立了合作关系，这家机构就是 CHIPS，这样做部分原因是为了降低汇款人的转账成本。此外，CHIPS 电汇的到账时间与 Fedwire 所谓的"实时结算"不同。使用 CHIPS 电汇，汇款人的汇款会立即到达收款人的账户并可立即使用。同时，每家银行都持有流出的 CHIPS 电汇，一天结束时，银行会根据收款人账户的开户行对这些电汇进行分组，然后将其分别与来自同一银行的所有流入的 CHIPS 电汇进行净额结算。简单来说，CHIPS 的电汇过程是这样的：与其 A 银行每天向 B 银行发送数以百万计的电汇，而 B 银行每天也向 A 银行发送数以百万计的电汇，不如它们等到一天结束时才进行一次交易。在这个系统中，电汇的汇款人和收款人都无法接触到电汇的资金（而且时间长达 23 小时 59 分 59 秒），只有银行可以，而且银行在一天中的大部分时间里都能收取利息。因此，银行通常默认使用 CHIPS 进行电汇。由于时区差异、防范洗钱风险和其他限制，国际电汇通常需要两到三天时间才能到账。

任何用过电汇的人都知道，电汇通常是最复杂和最耗时的汇款方式，因为需要收款人提供大量信息。交易不可撤销，缺乏确认机制或确认过程存在延迟，这些都意味着纠正错误要花费更多的时间。然而，电汇通常仍被认为是最安全的汇款方式，因为 CHIPS 电汇只在 47 家成员银行之间操作，没有中介，而 Fedwire 的唯一中介是美国联邦储备委员会。2021 年，通过 Fedwire 汇出的钱款总额为 992 万亿美元，共涉及 2.05 亿笔交易（平均单笔交易金额约为 500 万美元），而 CHIPS 的结算金额超过 700 万亿美元，共涉及约 2.5 亿笔交易（平均单笔交易金额约为 300 万美元）。

ACH 则是一种电子网络支付系统。第一个 ACH 于 20 世纪 60 年代末出现在英国。与电汇一样，ACH 支付也只能在工作时间进行，而且要求汇款人和收款人各自拥有一个银行账户，这些银行账户必须是 ACH 网络的一部分。因此在大多数情况下，ACH 支付面临着地理上的限制。一个加拿大的银行账户通常可以向美国的银行账户进行 ACH 支付，但向越南、俄罗斯或巴西的银行账户进行 ACH 支付则是不可能的，或者至少需要借助各种中介机构才能实现，而这会增加成本。与 ACH 支付相关的费用被看作是其区别于其他支付方式的主要特点。大多数银行允许客户免费进行基于 ACH 的转账，或最多只收取 5 美元的费用。企业向供应商或员工进行 ACH 支付时，每笔交易的费用低于支付金额的 1%。与电汇不同的是，ACH 支付是可撤销的，并允许潜在的收款人提出付款要求。由于功能较多、收费较低，所以很多企业选择这种支付方式向供应商支付货款和给员工发工资。此外，它还支持客户为电力、电话、保险和其他类型的账单设置"自动付款"。据估计，2021 年美国 ACH 处理了共计 70 万亿美元的汇款业务，对应 200 多亿笔交易（平均单笔交易金额约为 2 500 美元）。[1]

ACH 的主要缺点是速度慢，交易需要 1～3 天时间才能完成。这是因为银行直到一天结束时才会对 ACH 支付款项进行"清算"（有些银行每天会分批次清算），这时银行会把必须汇给另一家银行的所有款项（即所有 ACH 支付相关款项）汇总起来，通过 Fedwire、CHIPS 或类似的解决方案一次性汇出。由此产生的延迟会导致很多麻烦。例如，汇款人利用 ACH 进行支付时，无法确认交易成功与否，只有在出现错误时才会得到通知。而这个错误需要好几天的时间来纠正：收款银行直到收款第二天才会注意到这个错误，而它提交的报告直到第三天结束时才被处理，而汇款人则在第三天才会收到通知，而接下来的流程又需要三天。

虽然我们现在常见的"信用卡"直到 20 世纪 50 年代才出现，但 19 世纪末，临时信用卡系统就已经存在了。今天，我们"刷"（或"点"）一张实体卡（或在网上将我们的信用卡信息输入一个对话框）之后，信用卡机器或远程服务器便会捕捉到账户信息，并以数字方式将这些信息发送给商家签约的银行，然后该银行将信息提交给顾客的信用卡发卡银行，后者要么同意交易，要么拒绝交易。整个过程需要 1 ~ 3 天时间，但持卡人不会注意到这一点，而且银行通常要向商家收取交易额的 1.5% ~ 3.5% 作为手续费。这个费用比例较 ACH 支付的费用比例高得多，但顾客使用信用卡时，交易在几秒钟内就能完成，而且不需要与商家交换详细的个人银行账户信息。顾客甚至不需要有一个银行账户。

虽然对用户来说信用卡通常是免费的，但逾期付款所产生的利息很快就会使用户在每年相关交易（用户很可能是通过 ACH 还的信用卡账单）需支付的手续费之外再支付 20% 以上的费用。信用卡运营商 1/3 的收入来自向商户和信用卡持卡人出售的其他服务，如保险，以及销售在其网络中生成的数据。与 ACH 相同而与电汇不同的是，信用卡付款可以撤销，尽管这一过程可能需要几天时间，而且经常会引起争议，并只能在交易后的几小时或几天内进行（争议可以在很久以后提出）。与电汇一样，信用卡在全球几乎所有的市场都可以使用。与电汇和 ACH 不同的是，几乎所有商家都支持信用卡支付，并且可以在任何时间和任何一天进行交易。任何持有信用卡的人都知道，信用卡通常是最不安全的支付方式，因为信用卡诈骗案件经常发生，比针对其他几种支付方式的诈骗案件更为常见。据估计，2021 年美国的信用卡消费金额为 6 万亿美元，涉及超过 500 亿笔交易，平均单笔交易金额为 90 美元。

此外，还有数字支付网络（也被称作点对点网络），如 PayPal 和 Venmo。虽然用户不需要银行账户就可以开设 PayPal 或 Venmo 账户，但必须在这些账户中存入一笔钱，其可以通过 ACH 支付（银行账户）、信用卡支付或由其他用户转账将这笔钱存入。一旦资金到位，这些平台就会成为所有用户使用的中央银行，用户之间的转账实际上只是平台本身持有的资金的重新分配。因此，支付是即时的，可以在任何一天或一天中的任何时间进行。如果用户是与朋友和家人之间进行汇款，这些平台通常不收取手续费。然而，向企业支付的款项平台通常会收取 2% ～ 4% 的手续费。如果用户想把钱从平台账户转到他们的银行账户，通常要支付 1%（最高 10 美元）的手续费，才能在当天完成转账，否则就要等 2 ～ 3 天钱才能到账（在此期间，平台仍能获得这笔钱的利息）。此外，这些网络通常有地域限制（例如 Venmo 只能在美国使用），并且不支持其网络之外的点对点支付（也就是说，PayPal 用户不能将自己在 PayPal 平台的资金发送到 Venmo 钱包，他们必须借助几个中介账户或渠道才能完成这件事）。据估计，2021 年，PayPal、Venmo 和 Square 的现金应用程序在全球范围内处理了共计 2 万亿美元的交易请求，对应 300 多亿笔交易，单笔交易金额平均约为 65 美元。

总之，各种支付方式在安全性、收费和速度方面有所不同，没有哪种支付方式是完美的，但比它们的技术属性更重要的是它们之间的相互竞争，包括在每个类别内的竞争。电汇方式、信用卡网络、数字支付处理器和平台都有多个，它们的竞争都是基于各自的优势和劣势而展开的，甚至在单一类别中也有不同的收费结构。例如，信用卡运营商美国运通的收费远高于 Visa，但它向消费者免费发放了更多积分，提供了更多优惠条件，为商家带来了更高收入的客户群。如果用户不想使用信用卡，或者商家不支持使用美国运通的信用卡进行支付，他们也都有多种选择。另外，如果他们愿意把钱借给某个数字支付网络平台两三天，也可以在转账时免除部分手续费。

30% 的费用难题，跨平台发展的障碍

我们可能会认为，虚拟世界会比现实世界有"更好的"支付方式。毕竟，它的经济运行只与虚拟世界的商品相关，而且是通过纯粹的数字交易运行的，因此边际成本低，而且大部分商品每件是 5 ～ 100 美元。不过，虚拟经济的规模也很大。2021 年，消费者在纯数字电子游戏上花费了 500 多亿美元（与实体游戏光盘相比，数额巨大），还花费了近 1 000 亿美元用于购买游戏内的商品、服装和额外的"生命"。相比之下，2019 年，人们在影院贡献的电影票房为 400 亿美元，在录制音乐上的消费为 300 亿美元。更重要的是，虚拟世界的 GDP 正在快速增长，根据通货膨胀率进行调整后，2021 年虚拟世界的 GDP 为 2005 年的 5 倍。从理论上讲，虚拟世界中的支付方式应具有高创造力、创新性和竞争性，但实际情况恰恰相反。今天，虚拟经济对应的支付方式比现实世界中的支付方式更昂贵、更烦琐、变化更慢、更缺乏竞争力。为什么呢？因为目前的虚拟支付方式，如 PS 的钱包，苹果的 Apple Pay，或各种应用内的支付服务，实际上是各种不同的现实世界支付方式的堆叠，并强制捆绑了许多其他服务。

1983 年，街机制造商南梦宫与任天堂接洽，希望在其 NES 上发行《吃

豆人》等游戏版本。当时，NES 并不打算成为一个平台，它只运行由任天堂制作的游戏。最终，南梦宫同意为其在 NES 上发行的所有作品向任天堂支付 10% 的许可费（任天堂对每个作品都有批准权），以及 20% 的授权费，让任天堂生产南梦宫的游戏盒。这 30% 的费用最终成为一个行业标准，被雅达利、世嘉和索尼等公司采纳。[2]

40 年后，很少有人玩《吃豆人》了，昂贵的游戏盒已经被游戏开发者制造的低成本数字光盘和成本更低的数字下载带宽所取代，而这两部分成本以网费和游戏机硬盘驱动器的形式由消费者承担。然而，30% 的授权费用标准沿用了下来，并应用于所有游戏内商品的购买，如更多的"生命"、数字背包、高级通行证、订阅、更新等（这个费用包含了 PayPal 或 Visa 等基础支付方式收取的 2% ～ 3% 的手续费）。

除了将赚钱作为目的之外，游戏机平台收取这部分费用还有其他几个原因。其中最重要的是它们需要通过一些方法帮助游戏开发者赚到钱。例如，索尼和微软通常以低于其制造成本的价格出售各自的 PS 和 Xbox 游戏机，这使得消费者能够以更低的价格获得功能强大的 GPU 和 CPU，以及玩游戏所需的其他硬件和组件。而在这些平台为设计游戏机而投入研发资金，为说服用户购买而投入营销资金，以及为鼓励用户在发布时而不是发布多年后再购买而提供独家内容（即微软和索尼的内部游戏开发工作室开发的内容）之前，每台游戏机上的成本损失就已经产生了。鉴于新的游戏机通常能实现新的或更好的功能，更快地应用这些设备应该对开发者和玩家都有好处。

这些游戏机平台还开发和维护一些专有工具和 API，促使游戏开发者利用这些工具和 API 使他们的游戏在特定的主机上运行。这些平台还运营在线多人游戏网络和服务，如 Xbox Live、任天堂 Switch Online 和 PS Network。这些投资对游戏开发者能起到帮助作用，但平台也希望能够收回这部分投资并从游戏开发者的收入中获利，因此会收取 30% 的费用。

　　游戏平台可能有收取 30% 费用的理由，但这并不意味着这部分费用是由市场设定的，也不意味着它是合理的。消费者被迫以低于制造成本的价格购买这些游戏机，无法选择购买售价更高但软件的价格低 30% 的设备。虽然游戏机平台必须吸引开发者，但它们并不会为了这些开发者而相互竞争。大多数游戏开发者在尽可能多的平台上发布作品，以触达尽可能多的玩家。因此，没有一个大型游戏机制造商能够因为向游戏开发者提供更好的条件而获益。微软将 Xbox 的佣金降低 15%，这意味着游戏发行商在 Xbox 上每售出一份游戏，可以多赚 21%，但如果后者因此选择不在 PS 或任天堂 Switch 上发布作品，总销售额的损失将高达 80%。这可能会给微软带来一些额外的客户，但不会多出 400%，而这一数字是发行商向所有游戏平台发布作品时所具有的客户体量。如果微软与 PS 或任天堂一致采取上述做法，那么这三个平台都将失去一半的软件收入，而且得不到什么好处。

　　对收取 30% 的费用最尖锐的批评集中在主机的专有工具、API 和服务上。在许多情况下，它们给开发人员增加了成本，而且没什么帮助。即便它们能够产生价值，那也非常有限。而在某些情况下，它们只是被用于锁定客户和开发人员，并且会损害双方的利益。我们可以在三个领域中清楚地看到这些情况，这三个领域就是 API 集合、多人游戏服务和授权。

　　为了让游戏在特定设备上运行，游戏开发者需要知道如何使游戏软件与该设备的许多组件进行通信，如 GPU 或麦克风。为了支持这种通信，主机、智能手机和个人电脑等操作系统运营商分别推出了包括 API 集合在内的"软件开发工具包"。理论上，游戏开发人员可以编写自己的驱动程序与这些组件通信，或者使用免费和开源的替代方案。例如，OpenGL 也是一个 API 集合，用于与来自同一代码库的尽可能多的 GPU 通信。但在游戏机和 iPhone 手机上，开发人员只能使用平台运营商的产品。Epic Games 的《堡垒之夜》必须使用微软的 DirectX API 集合来与 Xbox 的 GPU 对话。PS 版本的《堡垒之夜》必须使用 PS 的 GNMX，而苹果的 iOS 需要 Metal，任天堂 Switch 需要英伟达的 NVM，等等。

　　每个平台都声称，它们的专有 API 最适合自己的专有操作系统和硬件，因此开发人员可以使用这些 API 来开发更好的软件，这让用户更开心。总的来说，上述情况也是事实，但目前运行的大多数虚拟世界，尤其是最流行的虚拟世界，都是在尽可能多的平台上运行的。因此，它们并没有针对任何平台进行充分优化。此外，许多游戏的运行并不需要将硬件所有计算能力全部用尽。API 集合的多样性和开放替代品的缺乏是开发者使用 Unity 和虚幻引擎等跨平台游戏引擎的部分原因，因为后者被设计成面向所有 API 集合，但它们同样是收费的。为此，有些开发者可能宁愿放弃一些性能优化，从而使用 OpenGL 降低预算，也不愿向 Unity Technologies 或 Epic Games 支付一笔费用或与它们分享部分收益。

　　而多人游戏的挑战有点不同。2005 年左右，微软的 Xbox Live 几乎包揽了一款在线游戏上线所需的所有"工作"：沟通、配对、提供服务器等。尽管这项工作很困难、开销很大，但 Xbox Live 极大地提高了玩家的参与度和幸福感，这对开发者来说是件好事。然而今天，几乎所有这些工作都由游戏开发者承担和管理。这种转变反映了在线服务日益增长的重要性，以及人们对跨平台游戏需求的增长。现在，大多数开发者都希望管理自己的实时运营情况，如内容更新、竞赛、游戏内部分析和用户账号，而让 Xbox 管理整合到 PS、任天堂 Switch 等平台的游戏的实时服务是没有意义的。但游戏开发者仍必须向游戏平台支付 30% 的全额费用，并通过在线账户系统进行操作。此外，如果 Xbox Live 网络因为技术问题而离线，玩家就无法执行《使命召唤：现代战争》（*Call of Duty: Modern Warfare*）游戏的在线操作。当然，玩家为 Xbox Live 向微软支付了每月的订阅费，但这笔费用一分都不会流向那些不断改进游戏体验以及在服务器上投入很大一部分成本的游戏开发者。

反对者认为，平台服务的真正目的是刻意拉开开发者和玩家之间的距离，将双方锁定在基于硬件的平台上，并证明平台收取 30% 的费用是合理的。因为当玩家从 PS Store 购买一份数字版本的 *FIFA 2017* 时，对于玩家而言，这份游戏将永远与 PS 绑定在一起。换句话说，PS 已经从玩家购买游戏时支付的 60 美元中赚到了 18 美元，但如果玩家想在 Xbox 上玩这款游戏，必须花 60 美元再买一份，即使游戏开发人员愿意在其他平台上免费提供玩家已经付过费的游戏，平台也不允许。玩家向索尼这样的游戏机制造商支付的费用越多，这些制造商的成本损失就越能得到补偿，同时玩家离开的成本也就越高。

在涉及游戏相关内容时，平台采取了类似的方法。如果玩家在 PS 上将《生化奇兵》（*BioShock*）通关了，然后切换到 Xbox 上玩同款游戏，他们不仅需要重新购买该游戏，还需要从头玩起。此外，《生化奇兵》玩家在 PS 上获得的任何奖杯和奖项（例如以比 99% 的玩家更快的速度通关）将被该平台永久保留，但它们无法被玩家移植到其他平台。我在第 8 章中提到，十多年来，索尼一直利用自身对在线游戏的控制来阻止跨平台游戏的发展。这对开发者和玩家显然都没有好处，但这种做法（理论上）通过增加 Xbox 获取用户的难度，帮助索尼留住了 PS 用户。

主机游戏的支付渠道并不像现实世界中那样多种多样。玩家和开发者不能直接使用信用卡、ACH、电汇或数字支付网络，并且平台提供的计费解决方案与许多其他东西——玩家的游戏中的权利、保存数据的权限、在线多人游戏服务、API 等捆绑在一起。市场汇率是多少，开发人员或用户需要什么并不重要。如果发行商发行的游戏只支持离线模式，或者它们不需要特定平台提供的在线多人游戏服务，则游戏发行商不能享受费用折扣。即使发行商的游戏是在 GameStop 而不是在 PS 商店中在线销售的，情况依旧如此，游戏发行商必须向 GameStop 支付一定的交易费用。无论如何，平台都会收取费用。这一现象的最好例证是一个完全不生产任何硬件的平台——Steam，却比任天堂、索尼或微软更具统治力。

顶级游戏平台 Steam 的兴起

2003 年，游戏开发商 Valve 推出了只能在个人电脑上安装的应用程序 Steam，该应用程序实际上是面向游戏的 iTunes。当时，大多数个人电脑硬盘一次只能存储几个游戏，随着常规游戏文件大小的增长速度越来越快，玩家逐渐负担不起扩充硬盘存储空间的费用，这个问题的严重性日益明显。并且，查找然后下载新游戏，卸载部分游戏来给其他游戏腾出空间，重新安装想玩的旧游戏，以及将已下载的游戏转移到新的个人电脑上等操作都很费力。玩家还必须管理多个凭证、大量信用卡收据、网址等。此外，许多在线多人游戏，比如 Valve 的《反恐精英》（Counter-Strike），正在转向"游戏即服务"模式。在这种模式下，游戏经常需要更新或下载补丁，来"刷新"游戏中的功能、装备、模式和外观，但这也意味着玩家必须不断更新游戏，这个过程无疑很容易让人焦躁。你可以想象一下这样的画面：你结束一天漫长的工作，回到家打开《反恐精英》时，却发现自己必须等上一小时才能下载和安装更新。

游戏即服务：Steam 缔造 PC 游戏史上最重要的创新

Steam 通过创建一个"游戏启动器"解决了这些问题，该启动器可以为游戏安装文件添加索引并集中管理这些文件，尊重玩家对这些游戏享有的权利，并自动下载和更新玩家在其个人电脑上安装的游戏。作为交换，Steam 将通过其系统从每款游戏的销售额中抽取 30% 的佣金，这与主机平台的做法相同。

随着时间的推移，Valve 在 Steam 中添加了更多服务内容，这些服务统称为 Steamworks。例如，Valve 利用 Steam 账号系统创建了一个在任何游戏中都可以访问的由好友或队友组成的早期社交网络，这使得玩家无须在每次购买新游戏时搜索和重新添加好友（或重建团队）；同时，开发人员利用 Steamworks 的 Matchmaking，能够使用 Steam 的玩家网络来创造平衡和公平的在线多人游戏体验；而且玩家可以使用 Steam Voice 与其他玩家实时通话。这些服务是免费提供给开发者的，而且与主机平台不同的是，Steam 也不向玩家收取访问在线网络或服务的费用。后来，Valve 向不在 Steam 上销售的游戏开放了 Steamworks，例如在 GameStop 或亚马逊上销售的《使命召唤》实体版，从而建立了一个更大、更丰富的在线游戏服务集成网络。Steamworks 在理论上对开发者是免费的，但它也强制每款游戏使用 Steam 的支付服务进行所有后续的游戏内交易。因此，开发者通过将持续收入中的 30% 分给 Steam 来支付 Steamworks 的费用。

Steam 缔造了 PC 游戏史上最重要的创新，也是 PC 游戏市场与主机游戏市场平分秋色的一个关键原因，尽管 Steam 更难以使用且入门成本更高（一台能用来玩大型游戏的个人电脑，其价格仍然超过 1 000 美元，而能达到新游戏机要求的标准配置的个人电脑，则至少需要 2 000 美元才能买到）。时至今日，Steam 在游戏发行、版权管理和在线服务方面的技术创新已基本商品化，而在某些情况下，玩家和开发者会完全不用上述商品化服务。例如，许多 PC 游戏玩家现在使用 Discord 进行音频聊天，而不使用 Steam 的语音聊天。跨平台游戏的兴起也意味着大多数游戏内奖励和游戏记录都是由游戏开发商而非 Steam 授予和管理的。

　　然而，至今尚未有平台能够与 Valve 竞争或撼动其地位，尽管个人电脑是开放的生态系统——与游戏机不同，玩家可以下载任意数量的软件商店，甚至可以直接从发行商处购买游戏。发行商也可以不在 Steam 平台上发行该游戏，但仍能触达 Steam 的用户。但 Steam 的控制权和中心地位并没有受到影响。

　　2011 年，游戏巨头 EA 推出了自己的游戏商店 EA ORIGIN，专门销售游戏的 PC 版本（从而将发行费用从 30% 降至 3% 或更低）。但 8 年后，EA 宣布重返 Steam。推出《魔兽争霸》和《使命召唤》等热门游戏的工作室动视暴雪花了 20 年时间想方设法离开 Steam，但除了《使命召唤：战争地带》等免费游戏外，动视暴雪的大部分游戏仍在通过 Steam 销售。亚马逊是世界上最大的电子商务平台，也是全球最大的电子游戏直播平台之一 Twitch 的所有者，但亚马逊在占领 PC 游戏市场份额的路上也是困难重重，即使它已经开始在其广受欢迎的 Prime 订阅中添加了免费游戏和游戏内物品，情况也没有很大改变。以上所有公司的举措都没有促使 Valve 适度削减费用或改变政策。

Steam 的长盛不衰部分归功于其出色的服务和丰富的功能集。它还因强制捆绑分销渠道、支付方式、在线服务内容、用户权利和其他政策的保护而受益，就像游戏主机一样。

其中一个例子是，任何通过 Steam 商店购买或通过 Steamworks 运行的游戏都将永远只能在 Steam 上运行。即使在 Steam 向玩家和开发者提供服务几十年后，该平台仍将持续获得收益。解决这个问题的唯一方法是发行商将游戏从 Steam 上全部撤下，但这意味着玩家要想在其他平台上玩这些游戏，就需要通过其他渠道重新购买。此外，由于 Steam 不允许玩家导出他们在该平台上获得的成就，所以玩家一旦离开 Steam，就会失去由 Steamworks 授予的一切奖励。

据报道，Steam 还使用"最惠国待遇"①（most-favored-nation treatment）条款来确保在竞争平台收取较低的分销费用的情况下，游戏发行商也无法利用这一点来降低 Steam 制订的游戏售价。一般情况下，当 Steam 售出一份价值 60 美元的游戏时，它会从中分走 18 美元（30%），让发行商赚得 42 美元；如果竞争对手收取的发行费用占售价的 10%，那么游戏发行商仍然可以以 60 美元的价格出售该游戏，从而赚得 54 美元（多 8 美元）。但是，玩家不会平白无故地离开他喜欢的平台（而且他的所有朋友都在该平台上，上面还有他数年来获得的游戏物件和奖励），竞争平台将不得不通过对开发者和玩家进行费用减免来扰乱 Steam 的统治。游戏可能以 50 美元的价格出售，让发行商赚 45 美元（多 3 美元）并为玩家节省 10 美元（这种降价也可能导致总购买量的增加）。然而，Steam 的"最惠国待遇"条款让这一切

---

① 最惠国待遇的基本要求是缔约一方在缔约另一方享有不低于任何第三方享有或可能享有的待遇。——编者注

变得不可能。如果发行商在竞争对手的平台中降价，他们将不得不在 Steam 上做同样的事情。或者，他们可以离开 Steam，但这样做的结果是，失去的客户带来的损失将远远超过他们期望增加的收入。至关重要的是，这项"最惠国待遇"条款甚至适用于游戏发行商自己的平台，而不仅仅是像 Steam 这样的第三方聚合器。

限制更少、价格更优，Epic Games 发起的一次挑战

Epic Games 向 Steam 发起的挑战是最引人关注的。Epic Games 于 2018 年推出了 Epic Games Store，目的就是降低 PC 游戏行业的发行费用。为了吸引开发者和玩家，Epic Games 力求拥有 Steam 的所有优点，但限制更少，价格更优惠。

Epic Games Store 销售的游戏不需要玩家继续使用 Epic Games Store。玩家真正拥有了游戏，而不是仅仅拥有 Epic Games Store 中该游戏的一个副本。因此，游戏开发者可以随时离开游戏商店而不会失去他们的顾客，而玩家也能拥有他们的游戏数据。如果玩家想离开 Epic Games 平台去游戏发行商的游戏商店或任何其他商店，他们可以将自己的游戏奖励和玩家网络一同带走。开发者使用 Epic Games Store 需要支付 12% 的平台费用（如果开发者在开发游戏时使用的是虚幻引擎，则该费用降至 7%，这有助于确保即使开发者使用 Epic Games 的引擎和游戏商店，并购买、使用或授权了多种不同的产品，他们支付的总平台费用也不超过 12%）。

　　Epic Games 还利用其热门游戏《堡垒之夜》（该游戏每年的营销收入比历史上任何其他游戏都多）来吸引玩家登录游戏商店，因为平台通过更新，将该游戏的 PC 版转换为在 Epic Games Store 中发布的游戏。Epic Games 还花费了数亿美元免费赠送热门游戏，例如《侠盗猎车手 5》和《文明 5》（*Civilization V*），并花费数亿美元获得一系列尚未发布的 PC 游戏的独家发行权。但是，由于 Steam 的"最惠国待遇"条款的制约，Epic Games 无法为非独家游戏提供更低的价格。

　　2018 年 12 月 3 日，也就是 Epic Games Store 发布前三天，Steam 宣布将在发行商的游戏总销售额超过 1 000 万美元后将佣金削减至 25%，达到 5 000 万美元后削减至 20%。我们可以将这种情况视为 Epic Games 在早期取得的一次胜利，尽管该公司指出，Valve 的让步对于大型游戏开发商，即那些最有可能开设自己的游戏商店或将自己的游戏从 Steam 平台下架的少数全球独角兽公司而言是最有利的；它不适用于成千上万艰难求生的独立开发者，更不用说帮助他们赚取巨额利润了。另外，Valve 仍旧拒绝开放 Steamworks，尽管如此，Epic Games 此举还是将数亿美元的年利润从 Steam 转移到了开发者手中。

　　2020 年 1 月，Epic Games 已经花费了巨额资金，但并未能促使 Steam（或主机平台）做出进一步的让步。Epic Games 的首席执行官蒂姆·斯威尼表示，这些相互竞争的游戏商店将需要降低佣金比例，并在 Twitter 上表示 Epic Games Store 是在"抛硬币"："正面代表其他游戏商店没有回应，Epic Games Store 获胜（占据更多市场份额），同时所有开发者也将成为赢家。反面则代表竞争对手将与我们抗衡，我们将失去收益共享优势，也许其他游戏商店会获胜，但所有开发商仍然是赢家。"[3]斯威尼的策略最终可能是正确的，但截至 2022 年 2 月，Valve 在政策方面没有做出第二次让步。与此同时，Epic Games Store 的损失在加剧，同时表明它在吸引玩家方面可以获得持续成功的证据十分有限。Epic Games 的公开信息显示，该平台的收入从 2019 年的 6.8 亿美元[4]增到 2020 年的 7 亿美元[5]和 2021 年的 8.4 亿美元[6]。然而，其中 64% 用在了《堡垒之夜》上，该游戏在这三年中也令平台的收入增长了 70%。

　　2021 年，Epic Games Store 拥有近 2 亿独立用户，在当年的 12 月拥有 6 000 万活跃用户，这样看起来 Epic Games Store 似乎确实很受欢迎（据估计，Steam 的月活跃用户为 1.2 亿～ 1.5 亿）。但正如该平台的收入所表明的那样，这些玩家中的许多人可能只是为了玩《堡垒之夜》而使用 Epic Games Store，因为玩该游戏只能通过个人电脑上安装的 Epic Games Store。许多非《堡垒之夜》玩家也可能只通过 Epic Games Store 玩免费游戏。仅在 2021 年，Epic Games 就发布了 89 款免费游戏，如果不是免费而是按零售价计算的话，这些游戏的价格总计为 2 120 美元（每份游戏售价约 24 美元）。当年玩家下载了超过 7.65 亿份免费游戏，名义价值为 180 亿美元，而在上一年这一数值为 175 亿美元，2019 年为 40 亿美元[①]。虽然这些免费游戏确实吸引了玩家，但它们并没有带来太多的玩家消费（甚至可能损害了消费动力）。整个 2021 年，每个玩家在非《堡垒之夜》内容上平均

---

① 2021 年，Epic Games 按较低的批发折扣价向发行商支付了大约 5 亿美元的游戏费用。

花费 2 ～ 6 美元（获得了价值 90 ～ 300 美元的免费游戏）。Epic Games 泄露的文件显示，Epic Games Store 在 2019 年亏损 1.81 亿美元，2020 年亏损 2.73 亿美元，2021 年亏损 1.5 亿～ 3.3 亿美元，预计最早将在 2027 年实现盈亏平衡。[7]

有人可能会认为，由于个人电脑是一个开放平台，任何游戏商店都不能实现垄断。值得注意的是，占主导地位的在线游戏分销商是独立于微软和苹果的，分别运行 Windows 和 iOS 操作系统并拥有自己的商店。同时，这说明占据主要盈利份额的只有一家商店，许多规模较大的供应商离开这家商店就难以生存。很少有人会认为这是一个健康的商业生态，尤其是上述商店还要收取 20% 甚至 30% 的费用。这是因为与往常一样，支付方式成为一个捆绑包，不仅捆绑了交易处理，还捆绑了用户的游戏身份、存储的物件、友谊、记忆，以及开发人员对其客户的义务。

从《吃豆人》到 iPod

你可能想知道《吃豆人》游戏盒、Steam 的"最惠国待遇"条款和《使命召唤》与元宇宙有什么关系。游戏行业不仅是创意设计原则的信息源，还是构建"下一代互联网"的基础技术。它也是元宇宙的经济活动先例。

2001 年，乔布斯通过 iTunes 音乐商店在世界大部分地区发行了数字音乐。在商业模式方面，他选择效仿任天堂和其他游戏平台收取 30% 的佣金（尽管与游戏机不同，iPod① 本身的毛利率高于 50%，而不会使苹果亏钱）。

---

① 苹果已于 2022 年 5 月宣布停产 iPod。——编者注

7年后，这30%的佣金模式被应用到iPhone的App Store的管理中，谷歌很快就在安卓操作系统上使用了相似的模式。

此外，乔布斯还决定采纳游戏机平台使用的封闭软件模型，虽然该模型以前没有在Mac笔记本电脑、台式机或iPod上使用过[①]。所以在iOS上，所有软件和内容都需要从苹果的App Store下载。与PS、Xbox、任天堂和Steam一样，只有苹果有权决定哪些软件可以发布以及向用户收取多少费用。

谷歌对其安卓系统采取了更为宽松的管理方法。从技术上讲，它允许用户在不使用Google Play Store和第三方应用商店的情况下安装应用程序，但要求用户充分了解他们的账号设置，并授予个别应用程序（比如Chrome、Facebook或移动Epic Games Store）安装"未知应用程序"的权限，同时警告用户这会使他们的"手机和个人数据更容易受到攻击"，并迫使他们同意"对因使用未知应用程序而造成的任何损坏或数据丢失负责"。但其实谷歌同样不对用户使用其Google Play Store发布的应用程序造成的任何数据损坏或丢失承担责任。这些额外的步骤和警告取得的效果是，虽然大多数个人电脑用户直接从其制造商，例如微软或Spotify的官网下载软件，但几乎没有人在安卓上这样做过。

苹果和谷歌采用的专有模型带来的相关问题在十多年后才在全球范围内显现。2020年6月，在Spotify和乐天两个流媒体公司指控苹果利用其收费模式使自己的软件服务（如Apple Music）获利并遏制竞争对手之后，欧盟

[①] 虽然大多数iPod用户从iTunes购买音乐，但他们也可以导入从其他渠道购买的、从CD中上传的曲目，甚至可以从Napster等服务中导入盗版的曲目。更精通技术的用户甚至可以在不使用iTunes的情况下将这些曲目下载到iPod。

对苹果提起了诉讼。两个月后，Epic Games 也起诉了苹果和谷歌，宣称它们收取 30% 的佣金和对游戏的控制是非法的反竞争行为。诉讼前一周，斯威尼在 Twitter 上说："苹果已经堵住了元宇宙的实现之路。"

这些诉讼的延迟到来有几个原因。一是苹果商店政策的不平等影响，该政策主要对"新经济"业务收取费用，而对"旧经济"业务免收费用。在"应用内购买"方面，苹果创建了三大类交易模式。第一类是针对实物产品的交易，例如用户从亚马逊购买多芬香皂或加载星巴克礼品卡。在这类交易中，苹果不收取任何佣金，甚至允许这些应用程序直接使用第三方支付渠道（比如 PayPal 或 Visa）来完成交易。第二类是针对所谓的阅读器应用程序的交易，其中包括捆绑非交易内容的服务（比如随心享用的奈飞、《纽约时报》、Spotify 订阅），或者允许用户访问他们之前购买的内容，例如一部之前从亚马逊网站上购买，但现在想在亚马逊的 Prime Video iOS 应用上播放的电影。第三类是针对交互式应用程序的交易，用户可以对其内容产生影响（比如在游戏中或云驱动器中产生影响）或对数字内容进行单独交易（例如在 Prime Video 应用程序上租赁或购买一部电影），这些应用程序只提供应用内计费选项。

就像阅读器应用程序一样，虽然这些交互式应用程序可以提供基于浏览器的在线支付方式，但仍然无法在应用内告诉玩家这些选项的存在。因此，用户很少选择上述支付方式。回想一下你上次使用支持应用内支付的应用程序是什么时候，你有没有想过该应用的开发者可能在网上以更优惠的价格出售这些商品（或服务）呢？如果他们这样做了，价格需要低多少才能吸引你注册新的账户并输入付款信息，而不是在 App Store 中单击"购买"呢？便宜 10%，15%？这件商品需要多贵（从 0.99 美元中节省 20% 看起来没什么大不了）？可能便宜 20% 对大多数的消费者来说都是具有吸引力的，但这样开发者只"节省"了 7% 的费用，因为他们需要支付 PayPal 或 Visa 收取的费用。相反，如果客户去其他地方购买一款游戏，比如到奈飞或 Spotify 的官网上购买，在价格不变的情况下，开发者可以节省 27% 的费用。

从 Epic Games 起诉苹果这一案件中的各种电子邮件和文件中可以看出，App Store 的多类别支付模式主要源于苹果认为这是它可以发挥影响力的地方，这也是苹果认为自己可以创造价值的地方。当然，一段时间以来，移动商务对全球经济增长至关重要，但其中大部分增长是对实体零售的重新分配。对许多人来说，iPad 的外观使得在其上阅读《纽约时报》比阅读实体报纸更具吸引力，但苹果并没有为新闻业赋能。然而，手机游戏不同。App Store 推出时，游戏行业年产值刚刚超过 500 亿美元，其中 15 亿美元来自移动领域。到 2021 年，移动经济占这个价值 1 800 亿美元的产业的一半以上，同时其经济增长占自 2008 年以来该行业经济增长的 70%。

App Store 的经济模式体现了移动领域的发展前景。2020 年，人们大约将 7 000 亿美元花在了 iOS 应用程序的使用上。但是，其中只有不到 10% 是由苹果收取的。在苹果收取的这部分费用中，近 70% 是人们花在游戏上的。换句话说，人们在 iPhone 和 iPad 应用程序中花费的每 100 美元中有 7 美元花在了游戏上，但 App Store 每 100 美元的收入中有 70 美元来自该类别。由于这些设备都不是专门为游戏而设计的，很少人会为了玩游戏而买一部 iPhone 或一个 iPad，而且苹果几乎不提供游戏平台的任何在线服务，因此这样的数据实在让人意外。负责监督 Epic Games 起诉苹果一案的法官冈萨雷斯·罗杰斯（Gonzalez Rogers）曾对苹果首席执行官蒂姆·库克说："你不会向富国银行或者美国银行收费，对吧？但你是在向游戏玩家收费来资助富国银行。"[8]

由于 App Store 的收入当时主要来自世界经济中一个很小但增长迅速的

部分（游戏），因此 App Store 也需要时间才能成为值得仔细研究的大型业务。具有讽刺意味的是，最初就连苹果似乎也怀疑它的规模能否进一步扩大。在其推出两个月后，乔布斯与《华尔街日报》复盘了这一新兴业务。该报在其报告中指出："苹果不太可能从该业务中获得太多直接利润……乔布斯认为应用程序很有可能会带动 iPhone 和支持无线功能的 iPod touch 等设备的销量，从而增加产品的吸引力，就像通过苹果的 iTunes 销售的音乐让 iPod 更受欢迎一样。"为此，2008 年乔布斯告诉《华尔街日报》，苹果收取 30% 的佣金是为了支付 App Store 的信用卡费用和其他运营费用。他还表示，App Store "很快就会成为 5 亿美元的市场……也许它会在某个时间成为一个 10 亿美元的市场，谁也说不准"。结果，App Store 的收入在第二年就突破了 10 亿美元大关，苹果表示 App Store 当时已经扭亏为盈，收入略多于支出。[9]

到了 2020 年，App Store 已成为世界上最好的业务之一。如果它从苹果（根据 2022 年 1 月 1 日的数据，其按市值计算是世界上最大的公司，以美元计算同时也是盈利能力最强的公司）拆分出来，它将凭借 730 亿美元的收入和大约 70% 的利润率进入《财富》15 强。尽管 App Store 对通过其系统进行的交易仅收取了不到 10% 的费用，而这些交易本身仅占全球经济的不到 1%，但如果 iOS 是一个"开放平台"，App Store 的利润很可能会被竞争对手获得，至少被其获得一部分。Visa 和 Square 将向用户收取较低的应用内手续费，而相互竞争的应用商店也将以更低的价格来提供与苹果相当的服务。不过这是不可能发生的，因为苹果一直严格控制着其设备上的所有软件，使其像游戏机一样保持封闭和捆绑，而它唯一的大的竞争对手谷歌也对这样的现状比较满意。

当然，这些问题并不是元宇宙独有的，但它们的后果将是深远的，出于同样的原因，罗杰斯法官对苹果针对游戏的收费政策所产生的影响做了如下概括：整个世界都变得像游戏一样，这意味着大家要被迫适应大平台的 30% 收费模式。

以奈飞为例，2018 年 12 月，这家提供流媒体平台选择从其 iOS 应用程序中去掉应用内计费功能。作为一款"阅读器应用程序"，这自然是该平台的权利，且其财务规划团队一致认定，虽然与苹果提供的一键式下载模式相比，要求用户在奈飞官网上注册并手动输入他们的信用卡信息会流失掉一部分用户，但因这部分用户而错失的收入将低于它必须支付给苹果的 30% 的佣金[①]。但 2021 年 11 月，奈飞将手机游戏添加到其订阅计划中，这将该平台变成了"交互式应用程序"并迫使它再次使用苹果的支付服务（或彻底下架其 iOS 应用程序）。

现在让我们再回到斯威尼在诉讼前的评论，他究竟为什么会认为苹果设置的 30% 佣金将导致元宇宙"无法实现"呢？有三个核心原因。首先，苹果阻止了 Epic Games 对元宇宙的投资，并对 Epic Games 商业模式产生不利影响。其次，苹果限制了当今开创元宇宙的公司，即 IVWP 的发展。最后，苹果要把相关收入牢牢握在手里的想法很大程度上阻碍了大多数致力于建设元宇宙的技术的进步。

---

① 苹果在 2016 年规定，当客户连续订阅某项服务至第二年（即第 13 个月）时，提供订阅服务的应用程序需要为这部分用户带来的收入而向苹果支付的佣金会降至 15%。虽然这看起来意义重大，毕竟大多数提供订阅服务的应用程序都希望用户不会流失（这背后的设想是仅有一小部分用户会流失，也就是说提供订阅服务的应用程序向苹果支付 30% 的佣金的情况并不会占很大比例），但事实并非如此，例如，奈飞的用户月流失率约为 3.5%，这意味着一般来说用户只会持续订阅 28 个月，平均支付的佣金为 21.5%；换句话说，只有 62% 的用户会订阅至第二年。此外，大多数订阅服务都做不到像奈飞这样。在线视频订阅行业的用户平均流失率约为 6%，即每位用户平均订阅 17 个月的服务，每 100 名注册用户中只有不到 48 人订阅至第二年。

高成本和转移利润

在现实世界中，支付处理成本低至免费（现金），通常最高为 2.5%（标准信用卡消费），有时甚至达到 5%（最低手续费比例较高的小额美元交易）。但因为各类支付渠道之间（例如电汇与 ACH）以及同类支付渠道（Visa、万事达卡和美国运通卡）之间的激烈竞争，这些渠道收取的费用比例都不会太高。

但在虚拟世界中，一切都需要支付 30% 的佣金。诚然，苹果和谷歌提供的确实不仅仅是支付处理，它们还运营着自己的应用商店、硬件、操作系统、实时服务套件等。但所有这些服务都被强行捆绑在一起，因此它们不会面临直接竞争。许多支付渠道也有类似的捆绑。例如，美国运通为消费者提供信贷、支付网络、福利和保险，而商家则可以获得为其带来丰厚利润的客户等。然而，上述服务也可以不捆绑使用，不同渠道也能够根据这些捆绑服务的具体情况进行竞争。这样的竞争在智能手机和平板电脑中并不存在，一切都被捆绑在一起，用户只有两种选择——安卓或 iOS，而且这两个系统都没有削减费用的压力。

这并不一定意味着 iOS 和安卓捆绑服务定价过高或有问题，但它们看起来肯定是这样的。无抵押信用卡贷款的平均年利率为 14% ～ 18%，而美国大多数州都禁止高利贷，将利率上限控制在 25%。即使是世界上租金最高的购物中心，也不会向企业收取收入的 30% 作为租金，如果它们这样做了，企业都会离开，税收机构也会因此而遭受损失。但在数字经济中，只有两个"国家"存在，而且它们对自己的营收情况感到满意。

此外，美国中小企业的平均利润率为 10% ～ 15%。换句话说，苹果和谷歌从新的数字业务或数字销售中获得的利润比那些投资（并承担风险）的人要高。这对任何经济体而言都不是一种健康的状态。换个角度来想，将这些平台的佣金从 30% 降至 15% 将使独立开发者的利润至少变为原来的 2 倍，而这部分增加的利润有很大一部分会再次被投入到他们的产品研发中。相信许多人都会认同，这可能比一直让地球上最富有的两家公司获得更多资金要好。

元宇宙先锋 THE METAVERSE

未来，人人都能穿上耐克的虚拟鞋

苹果和谷歌目前的主导地位也带来了不良的经济激励。已经在元宇宙中率先推出虚拟运动服装的耐克就是一个很好的例子。如果耐克通过其 iOS 应用程序销售实体鞋，苹果将不收取任何费用。之后，如果耐克决定向购买其实体鞋的人赠送同款虚拟鞋（例如，"人们在店内买一双 Air Jordan，在《堡垒之夜》中可得到同款"），苹果仍然不会收取任何费用。如果鞋的所有者随后在现实世界中"穿上"了这些虚拟鞋，就像通过 iPhone 或即将推出的苹果 AR 头显渲染的那样，耐克仍然无须向苹果支付任何款项。如果耐克的实体鞋有蓝牙或 NFC 芯片可以与苹果的 iOS 设备通信，苹果依旧不会收取任何费用。但如果耐克想向用户单独销售虚拟鞋、虚拟跑道，或者虚拟跑步课程，苹果就会向耐克收取 30% 的佣金。从理论上讲，如果苹果确定"虚拟 + 实体鞋"组合的主要价值来源也是虚拟的，那么耐克就得支付佣金。最终，我们将面临极大的混乱，而之所以产生这样的混乱，是因为苹果设备、组件和功能基本上是相互捆绑的。

　　我们再来看一种假设情况。这次我们关注的重点是动视暴雪，一家与耐克不同的"虚拟优先"公司。如果《使命召唤》移动版的用户为他的角色购买了价值 2 美元的虚拟运动鞋，苹果将收取 0.6 美元的佣金。但如果动视暴雪要求用户观看价值 2 美元的广告，以换取一双免费的虚拟运动鞋，苹果就不会收取任何费用。简而言之，苹果的政策将决定元宇宙的货币化方式，以及由谁来主导这一过程。对于耐克来说，苹果要求收取 30% 的佣金与 Epic Games 主张的 12% 的佣金相差 18%，这一差值很有吸引力，但没有必要。如果耐克不想支付佣金的话，它可以通过利用其现有的实体业务的影响力完全跳过这个步骤。然而，大多数初创企业确实需要额外的利润，并且不能依赖元宇宙之前的业务线。

　　这些问题会在未来几年内增加。如今，老师们可以通过网络浏览器直接向客户销售视频课程，如果他们选择通过 iOS 应用程序来呈现自己的课程，可以选择不使用应用内支付服务。这是因为以视频为中心的应用程序是"阅读器应用程序"。但如果某位老师想要添加互动体验，例如上一堂构建模拟鲁布·戈德堡机械的物理课，或者具有丰富 3D 沉浸式体验的汽车发动机维修教学课程，就必须支持应用内支付，因为它们现在是一个"交互式应用程序"。如果这位老师选择把资金投入在更难、成本更高的课程上，苹果或谷歌也会因此分得一份利润。

　　苹果会认为，沉浸式带来的额外好处可以证明它们获得这份收益是合理的，但这里的利润计算方法就很有意思了。在应用商店外销售的价格为 100 美元的交互式课程，在应用商店内需要卖到 143 美元才能在抵消苹果收取的佣金后带来同等的收益。假如这个老师需要设置更高的价格来降低投资增加带来的风险——他每多收 1 美元，苹果就要收 30 美分。老师收 200 美元，苹果在这个新课程上的收益就会达到 60 美元，而老师的收益只增加了 40 美元，学生则整整多支付了 100 美元。这怎么看都不像积极的社会成果，因为无论 3D 特有的增强效果再怎么强大，学生的教育体验质量也不太可能翻倍。

受限的虚拟世界平台利润

需要给支付渠道上交 30% 佣金的问题在虚拟世界平台中尤为严重。

Roblox 上有许多快乐的用户和才华横溢的创作者，然而，这些创作者中很少有人能赚到钱。尽管 Roblox 公司在 2021 年的收入接近 20 亿美元，但只有 81 家游戏开发商（即公司）当年净收入超过 100 万美元，只有 7 家超过 1 000 万美元。事实上，这对每个人都不利，因为只有当开发者能获得更多收入时，才能吸引更多投资和为用户提供更好的产品，进而获得更多收入。

然而，开发者很难增加收入，因为 Roblox 只将用户花在游戏、资产或物品上的所有费用的 25% 支付给开发者。虽然这让苹果因 70% ~ 85% 的派息率[①] 而看起来很慷慨，但实际情况恰恰相反。

我们可以想象一下 Roblox 在 iOS 上收入 100 美元时会发生什么。根据其 2021 财年的业绩报告，其中 30 美元需要支付给苹果，24 美元是 Roblox 的核心基础设施和安全方面的支出，另外 16 美元用作管理费用。这为

---

① 派息是指公司将剩余利润以现金或股票的方式向股东发放。派息率是当年的派息总额 / 同年的盈利总额，通常为 40% ~ 60%。——编者注

Roblox 留下了总计 30 美元的税前毛利润，可用于平台的再投资。再投资涵盖三个类别：研发（使平台对用户和开发者更友好）、用户获取（增加网络效应、个人玩家的价值和开发者的收入）和支付给开发者（使他们能够在 Roblox 上创建更好的游戏）。这些类别得到的再投资金额分别为 28 美元、5 美元和 28 美元（由于激励措施、最低保证和对开发人员的其他承诺，这笔支出超过了 Roblox 设定的 25% 的支付目标），总计 61 美元。由此可知，Roblox 目前在 iOS 上的运营利润率约为 30%（Roblox 的混合利润率略低一些，为 26%。这是因为其总收入的 75% ～ 80% 来自 iOS 和安卓平台，其余大部分来自不收取费用的 Windows 等平台），但其对平台的再投资远远超出了其税前毛利润。

　　总而言之，Roblox 丰富了虚拟世界，并将数十万人变成了新的虚拟世界创造者。但是它在移动设备上每创造 100 美元的价值，就有 30 美元会流向苹果，同时开发人员可获得 25 美元的总收入（不包括所有开发成本），而苹果则获得大约 30 美元的纯利润，而且不需要承担任何风险。如今，Roblox 增加开发者收入的唯一方法是更多牺牲自己的利益或停止研发，从长远来看，这反过来又会损害 Roblox 和开发者的利益。

　　Roblox 的利润应该会随着时间的推移而提高，因为管理费用、销售和营销费用的增长速度都不会像收入增长那样快。然而，这两个类别的费用占总支出的比例较小，节省下的费用不足以弥补它的巨大损失，也无法大幅增加开发者的收入。研发原本可以使与规模相关的利润提高，但快速发展的公司不应该通过研发运营杠杆来实现盈利。Roblox 在基础设施和安全方面的投入不太可能减少，而该类别的研发成本是最高的，因为它主要是由使用驱动的（这有助于增加收入），而且更有可能发生的是，该公司会研发出体验感更好，比如高并发或涉及更多云数据流的虚拟世界，而每小时的运营成本也会随之增加。成本占第二位的类别是各平台应用商店费用，除此之外，Roblox 没有其他成本了，而各平台应用商店的费用这部分成本是 Roblox 无法控制的。

对苹果而言，Roblox 的利润限制（以及这些限制对 Roblox 开发人员收入的影响）是 App Store 系统的一项固有功能，而不是错误。苹果不想要一个由 IVWP 组成的元宇宙，它想要的元宇宙是由许多不同的虚拟世界组成的，同时这些虚拟世界将通过苹果的 App Store 及使用苹果的标准和服务相互连接。通过剥夺这些 IVWP 的现金流，同时为开发人员提供更多的现金流，苹果可以将元宇宙推向这一结果。

让我们回到刚刚提到的一位老师希望制作交互式课程的例子。由于苹果要收取 30% 的佣金，这位老师需要将课程价格提高 43% 或更多才能取得与在应用商店外销售同等的收益。但如果他将课程放在 Roblox 上，那么他要将课程价格提高 400% 才能抵消 Roblox 和苹果合计收取的 75.5% 的佣金。Roblox 比 Unity 或虚幻引擎更易于使用，并可为老师承担许多额外费用（例如服务器费用），还能帮助他获取更多客户，但这种巨大的价格差距将促使大多数老师使用 Unity 和虚幻引擎发行独立应用，或将其捆绑在一个专门面向教育的 IVWP 中。但无论怎么选，由于 App Store 提供的搜索和计费服务，苹果都会成为虚拟软件的主要分销商。

发展被阻碍的颠覆性技术

苹果和谷歌的政策不仅限制了虚拟世界平台的增长潜力，也限制了整个互联网的增长潜力。对许多人来说，万维网是最好的"原生代元宇宙"。尽管它不满足元宇宙的定义中的几个特征，但它是一个大规模且可互操作的网站网络。所有这些网站使用的都是通用标准，几乎可以在所有设备上运行任何操作系统，同时使用任何 Web 浏览器都可以访问。因此，元宇宙社区中的许多人认为 Web 和 Web 浏览器应该是所有元宇宙开发的焦点。有一些开放标准已经在推行，包括面向渲染的 OpenXR 和 WebXR、面向可执行程序的网页编程语言 WebAssembly、面向持续虚拟空间的 Tivoli Cloud、致力于在浏览器中提供"现代 3D 图形和计算能力"的 WebGPU 等。

苹果经常辩称，自己的平台不是封闭的，因为它允许访问"开放网络"，即网站和网络应用程序，因此，开发者不必为 iOS 用户开发应用，特别是如果他们不愿意接受苹果的收费标准或其他政策的话。此外，苹果公司认为，尽管有这种选择，大多数开发人员仍选择在 iOS 系统中开发应用程序，这表明苹果的捆绑服务使得它在网络的方方面面占据了竞争优势。

然而，苹果的论点并没有说服力。回想一下我在本书开头讲述的那个故事，马克·扎克伯格曾经把 Facebook 的 iOS 应用程序称为 Facebook 的"最大错误"。曾有 4 年时间，该公司的 iOS 应用程序实际上只是一个运行 HTML 的"瘦客户端"。也就是说，它的应用程序只有很少的代码，而且在大多数情况下，只是加载各种 Facebook 网页。在改用原生代码"从头开始重建"应用程序后的一个月内，Facebook 动态资讯的阅读量翻了一番。

当采用原生方式为某个设备编写应用程序时，开发人员需要专门为该设备的处理器、组件等配置编写代码。因此，这样的应用程序具备更高效、可进一步优化和稳定的性能。网页和 Web 应用程序通常无法直接访问本地驱动程序，它们必须通过某种"翻译器"和更通用（通常数量也更庞大）的代码与设备的组件进行"对话"。这会导致本地应用程序效率降低、只能局部进行优化，以及性能不太稳定（如崩溃）。

但是，从 Facebook、《纽约时报》和奈飞等案例可以看出，消费者更喜欢本地原生应用，因此本地原生应用对打造场景丰富、受到消费者欢迎的实时渲染 2D 和 3D 环境至关重要。而这些体验需要大量的计算——远比渲染一张照片、加载一篇只包含文字的文章或播放一个视频文件要复杂得多。基于网页的游戏很大程度上无法提供像 Roblox、《堡垒之夜》和《塞尔达传说》等游戏的丰富玩法。这也是苹果能够针对游戏类别设置如此严格的应用内计费规则的原因之一。

更重要的是，一个基于网页的应用程序必须通过网络浏览器访问。苹果利用自身对 App Store 的控制权来阻止用户在 iOS 设备上使用其他竞争性浏览器。如果你经常在 iPhone 或 iPad 上使用 Chrome，你可能意识不到这一点。然而，用苹果专家约翰·格鲁伯（John Gruber）的话说就是，你使用的实际上只是"披着谷歌自己的浏览器 UI 外衣的（Safari）WebKit iOS 系统版本"，而 iOS Chrome 应用程序看似"使用 Chrome 渲染或使用 JavaScript 引擎"，但实际情况并非如此。我们认为 iOS 上的 Chrome 只是苹果自己的 Safari 浏览器的一种变体，但它可以登录谷歌的账户系统[①]。[10]

由于 Safari 是所有 iOS 浏览器的基础，因此苹果针对其浏览器做出的技术上的决策，决定了所谓的"开放网络"能不能为开发人员和用户提供什么。批评者认为，苹果利用其地位将开发人员和用户引导到本地应用程序，并从中收取佣金。

这里最值得研究的一个案例是 Safari 对 WebGL 的采用，这是一种 JavaScript API，作用是使用本地处理器实现更复杂的基于浏览器的 2D 和

[①] 苹果通常会强迫第三方浏览器使用更老、更慢、性能更差的 WebKit 版本，而 iOS Safari 使用的是较新的 WebKit 版本。

3D 渲染。WebGL 不会为浏览器带来"类似应用程序"的游戏体验，但它确实提升了性能，同时也简化了开发过程。

然而，苹果的移动浏览器通常只支持 WebGL 全部功能集的一部分，而且通常是在其首次发布多年之后才采用。Mac 版本的 Safari 在 WebGL 2.0 发布 18 个月后就采用了它，但移动版 Safari 等了 4 年多才采用[①]。实际上，苹果的 iOS 政策使本就举步维艰的网页游戏的处境变得更艰难，这将更多开发者和用户推向 App Store，以免他们建造一个像万维网一样基于 HTML 构建的可互操作的"元宇宙"。

苹果公司采用的另一种实时渲染方法是云计算，这也说明了上述看法是正确的。在第 6 章中，我对该技术进行了详细讨论。你可能还记得，云游戏流会将许多通常由本地设备（如主机或平板电脑）管理的"计算工作"转移到远程数据中心。然后，用户就可以使用那些以前在小型消费类电子设备中根本无法获得的丰富计算资源。从理论上来说，这对用户和开发人员都有好处。

然而，如果某家公司的商业模式就是销售上述设备以及在这些设备上运行软件，那对它来说，这并不是好事。为什么？因为这些设备最终只不过是一个带有数据连接的触摸屏，它只是在播放视频文件。如果在 2018 年推出的 iPhone 和 2022 年推出的 iPhone 上玩《使命召唤》（可在设备上运行的最复杂的应用程序）时可以获得一样出色的体验，消费者为什么还要花 1 500 美元来更换设备呢？如果消费者不再需要下载几个 GB 大小的游戏，为什么需要购买价格更高（对企业而言利润更高）的大容量 iPhone 呢？

[①] 苹果现在才支持 WebGL 2.0 有点隔靴搔痒的感觉。开发人员不会因寄希望于给定的标准获得支持而等待数年时间，他们不可能赌上自己的未来。

云游戏令苹果与移动应用开发商的关系进一步恶化。如今，要发行一款 iPhone 游戏，开发商必须通过苹果的 App Store 发行，并使用苹果专有的 API 集合 Metal。但要发布一款云游戏，开发商的选择就非常多了，比如可以选择通过 Facebook、谷歌、《纽约时报》或 Spotify 发布。不仅如此，开发者可以使用任何他们想要使用的 API 集合，比如 WebGL，甚至是开发者自己编写的 API 集合，同时也可以使用任何他们喜欢的图形处理器和操作系统，并且仍然可以使用所有适配的苹果设备。

多年来，苹果基本上阻止了任何形式的云游戏应用。从技术层面而言，谷歌的 Stadia 和微软的 Xbox 可以安装云游戏应用程序，但安装的前提是它不会真的加载游戏。实际上，这些游戏就像是一个个展厅——展示这些预设的服务有多么美妙，就像奈飞上那些无法点击的缩略图一样。

因为云游戏流是视频流，而 Safari 浏览器支持视频流，所以在 iOS 设备上，云游戏在技术上仍然是可行的（尽管苹果禁止这些应用向用户传递这一事实）。但苹果也对 Safari 浏览器设置了许多体验限制，对于云游戏和 WebGL 游戏的开发人员来说，这使得网页游戏体验并不那么令人满意。例如，Safari 浏览器不允许 Web 应用程序进行后台数据同步、自动连接蓝牙设备或发送游戏邀请等推送通知。同样，这些限制并没有真正影响到像《纽约时报》或 Spotify 这样的应用程序，但令交互式应用程序的体验大打折扣。

苹果最初辩称，禁止云游戏是为了保护用户。理由是苹果无法审查和批准所有游戏及其更新，因此用户可能会因内容不适、隐私遭到侵犯或游戏质量不达标而受到伤害。但这一论点与其对其他类别的应用程序所采取的政策不一致。例如，奈飞和 YouTube 上就有数千甚至数十亿个未经苹果审查的视频。此外，苹果 App Store 的政策并未对开发者做出严苛的限制，只需他们展现出其软件在这方面强大的性能，并且符合相关政策即可。

对此，批评者反驳称，苹果的政策只是为了保护自身硬件和游戏销售业务。在这方面，流媒体音乐的兴起可能给苹果敲响了警钟。2012 年，iTunes 在美国数字音乐市场中占有近 70% 的市场份额，毛利率接近 30%。如今，Apple Music 在流媒体音乐市场中的份额不足 1/3，据称其毛利率已为负值。市场领头羊 Spotify 甚至不通过 iTunes 销售音乐作品。排名第三的 Amazon Music Unlimited 几乎完全面向其 Prime 客户，苹果并不能由此获得任何直接收入。

2020 年夏天，苹果终于修改了其政策，以便谷歌 Stadia 和微软的 xCloud 等服务能够以应用程序的形式出现在 iOS 设备上。但这一新政策错综复杂，并被公认为反消费者的。一个典型的例子是，云游戏服务需要首先将每个游戏（以及未来的更新）提交到 App Store 进行审核，然后在 App Store 中为该游戏开设一个独立的目录。

该政策的要求隐含了以下几条信息。首先，苹果将能够控制这些服务的发布时间。其次，它可以单方面拒绝发布任何游戏（只有在服务提供商获得许可后才会发生这种情况，并且该服务提供商没有办法直接修改游戏以满足苹果的要求）。再次，用户评论将分散在流媒体服务的应用程序和 App Store 中。最后，服务商要提供这些游戏发行服务，还需要它们的开发者与其强劲的竞争对手 App Store 达成合作。

苹果的政策还规定，Stadia 的订阅用户不能通过 Stadia 应用程序（仍将是一个版权目录）玩 Stadia 游戏。用户需要为每个他们想玩的游戏下载一个专用的 Stadia 应用程序，就像奈飞的《纸牌屋》（House of Cards）、《女子监狱》(*Orange Is the New Black*) 和《布里奇顿》(*Bridgerton*) 都会有一个单独的应用程序，而奈飞的应用程序本身只相当于版权管理的目录，而不是一种流媒体视频服务。从微软和苹果泄露的往来电子邮件来看，每个应用程序的大小接近 150 兆字节，并且每次更新底层云流媒体技术时都需要再次更新应用程序。

尽管 Stadia 会为用户的游戏订阅计费、管理订阅中的内容并帮助用户完成交付过程，但苹果是分发云游戏的主体（通过 App Store），而 iOS 用户将通过 iOS 主屏幕访问该游戏（而不是 Stadia 应用程序）。苹果的政策不可避免地给消费者带来了困惑。例如，如果一款游戏由多种服务商提供，App Store 中最终会出现多个目录，比如《赛博朋克 2077》-Stadia、《赛博朋克 2077》-Xbox、《赛博朋克 2077》-PlayStation Now 等。每当一个服务商从它们的服务列表中删除一个游戏，比如 Stadia 删除了《赛博朋克 2077》，用户的设备上就会留下一个空的应用程序。

苹果还宣布，所有游戏流媒体服务也需要通过 App Store 销售，这与苹果对待奈飞和 Spotify 等其他媒体包的方式不同，它们的应用程序由 App Store 发布，但可以选择不提供应用内计费服务。此外，苹果表示，每款以订阅形式发布的游戏也必须通过 App Store 以"点击购买"的形式出售。这又与它在音乐、视频、音频和书籍方面的政策不同。奈飞要出售或出租《怪奇物语》的话，并不需要也不会将其在 App Store 上架。

微软和 Facebook（也在开发自己的云游戏流媒体服务）很快就公开批评了苹果的新政策。"这对客户来说仍然是一种糟糕的体验，"微软在苹果更新政策当天就这样评价道，"游戏玩家希望打开一个应用程序然后直接进入游戏，就像看电影或听歌一样，而不是为了玩一个云游戏而不得不下载 100

多个应用程序。"Facebook 的游戏部门总裁在接受美国科技媒体网站 The Verge 采访时表示："我们得出了与其他人相同的结论：网络应用程序是目前在 iOS 上传输云游戏流的唯一选择。正如许多人所指出的那样，苹果关于云游戏在 App Store 上架的政策基本上形同虚设。苹果要求每个云游戏都有自己的页面、接受审查并出现在搜索列表中，这与云游戏的原本意图背道而驰。这些障碍意味着玩家无法发现新游戏，无法跨设备玩游戏，也无法通过原生 iOS 应用迅速访问高质量的游戏，即使是那些使用最新和最昂贵的设备的玩家也无法访问。"

屏蔽区块链

尽管苹果对互动体验设置了诸多限制，但其最严格的控制还是集中在紧急支付渠道上。

具体的体现可以参考苹果对其 NFC 芯片的控制。苹果禁止所有 iOS 系统中和基于浏览器的应用程序使用苹果支付以外的 NFC 移动支付。同时，也只有苹果支付可以提供"即拍即走"（tap-and-go）支付功能，使得整个交易过程只需一秒钟或更短的时间即可完成，甚至不需要用户打开手机，更不用用户打开应用程序或其子菜单。与此同时，Visa 则要求用户必须打开手机进行相应操作，然后让零售商扫描实体卡或条形码的虚拟复制版本。

苹果称制定这样的政策是为了保护其用户及其数据。但没有证据表明 Visa、Square 或亚马逊会对用户数据安全产生威胁。而且只要苹果愿意，完全可以制定一项政策，仅向受监管的银行机构提供 NFC 的访问权限；或者，它可以对使用 NFC 的用户消费额度设置额外的安全要求，例如 100 美元甚至 5 美元的限制。然而，苹果确实允许第三方开发人员在其他可能风险更高的情况下使用 NFC 芯片，而在购买一杯咖啡或一条牛仔裤时，由于风险不高，因此不必使用 NFC 芯片。例如，万豪酒店（Marriott）可以利用 NFC 技术来解锁酒店房门，而福特则可以利用该技术解锁车门。可能有人会认为这样很合理，毕竟苹果没有在酒店或汽车行业开展相关业务。然而，即使 Apple Pay 使用客户的 Visa 或万事达信用卡处理实际交易，苹果也会收取约为交易金额 0.15% 的手续费。

苹果严格控制紧急支付渠道的问题在今天看来可能并不严重。话虽如此，正如我在第 9 章中所讨论的那样，在未来，智能手机不仅仅是一部智能手机，而是一台将为我们周围的许多设备提供动力的超级计算机。它也可能成为我们在虚拟世界和真实世界中的通行证。苹果的 iCloud ID 不仅被用户用于访问当今大多数在线软件，苹果还获得了美国多个州的批准，可以对州颁发的驾照等数字身份证明进行相关操作，而用户可用 iCloud ID 来填写银行申请或登机。这些 ID 的确切使用方式、会被提供给哪些开发人员以及会在什么条件下使用，很大程度上可以帮助确定元宇宙的性质和时间。

苹果对区块链和加密货币的处理方法也是一个研究案例。在第 11 章中，我将更详细地介绍这些技术的工作原理，它们可能为元宇宙带来什么，以及为什么对区块链的狂热追随者来说，苹果的政策存在着严重的问题。但首先，我们先快速了解一下它们与 App Store 政策以及平台激励措施之间的冲突。例如，苹果和其他任何大型主机平台都不允许用于加密挖矿或去中心化数据处理的应用程序上架。苹果之所以禁止这类应用，是因为它认为这类应用程序"快速消耗电量，产生过多热量，或对设备资源造成不必要的压力"。[11]用户可能会反驳说，他们有权决定自己的移动设备电池电量的消耗速度，有权管理设备的运行状况并判断其设备资源是否使用得当，而不是由苹果和索尼来决定。无论如何，最终结果是这些设备都无法参与区块链经济，也无法将闲置的计算能力（通过去中心化计算）提供给需要的人。

此外，这些平台（Epic Games 游戏商店除外）不允许自己的平台上出现用加密货币进行支付或使用基于加密货币 NFT 的虚拟商品的游戏。尽管有人认为此举是为了抗议将电能用于为区块链供电，但这种说法经不起推敲。索尼的音乐品牌投资了 NFT 初创公司，并创建了自己的 NFT，而微软的 Azure 提供区块链认证，它的风险投资部门已经对许多初创企业进行了投资。苹果首席执行官蒂姆·库克承认自己持有加密货币并认为 NFT "很有趣"。这些平台拒绝区块链游戏，更有可能只是因为后者根本不适合这些平台的盈利模式。如果平台允许《使命召唤》移动版与加密货币钱包连接，就相当于同意用户直接用银行账户为游戏付款，而无须通过应用商店付款。与此同时，接受 NFT 就好比电影院允许观众带着自己从外面购买的零食、饮料进入影院——有些人可能仍然会在电影院买一盒巧克力豆，但大多数人就不会买任何东西了。更重要的是，我们很难想象一个平台有什么理由从购买或出售价值数千或数百万美元的 NFT 交易中收取 30% 的佣金。如果这种佣金模式继续存在，那么只要交易次数足够多，NFT 的全部价值就会被平台吞噬。

苹果在保护其 App Store 游戏收入的同时，也在支持加密货币的发展，这无疑引来了更多的不解。例如，苹果允许用户使用罗宾汉（Robinhood）或盈透证券等应用交易，但不允许他们通过这些应用程序购买 NFT。这种前后不一致的态度让人疑惑的地方在于，这两种购买行为之间没有技术上的区别——唯一的区别是，比特币（Bitcoin）是一种"同质化"加密代币，就像两枚硬币没什么区别一样，比特币之间也是如此，而一件 NFT 艺术品是独一无二的代币。如果这种非同质化代币的所有权被分割到同质化代币上（就像是用股票给一件艺术品赋值），事情就会变得更加复杂了，因为这些"股份"可以通过 iPhone 应用程序进行买卖。无论如何，苹果模棱两可的政策带来的体验既不利于开发者，也不利于用户——这类似于云游戏流媒体应用所面临的局面。适用于 OpenSea 等 NFT 市场的 iOS 应用程序只能作为目录；用户可以看到他们拥有什么以及其他人在卖什么——但要想购买或交易，他们必须到网络浏览器中进行。此外，唯一可以在 iPhone 上运行的基于区块链的游戏是那些使用网络浏览器的游戏。这就是为什么 2020 年和 2021 年几乎所有热门区块链游戏都是收藏类游戏（玩家在其中收藏虚拟运动卡、数字艺术品等）或仅限于简单的 2D 图形游戏和回合制游戏（例如 *Axie Infinity*，该区块链游戏是对 20 世纪 90 年代 GameBoy 热门游戏《宝可梦》的一种重新构想）。更多其他的构想几乎不可能实现了。

硬件设备，数字化的第一要领

虚拟支付渠道问题的核心是冲突。元宇宙构想的"下一个平台"不是基于硬件，甚至不是基于操作系统的。相反，它是一个持续存在的虚拟模拟网络，而且实际上与设备或系统无关。区别在于，元宇宙不是在某位用户的 iPhone 上运行的应用程序，而是一台用于访问整个虚拟世界的 iPhone。这种转变在当下已经有迹可循。那些最受欢迎的虚拟世界，例如《堡垒之夜》、Roblox 和《我的世界》，都可以在尽可能多的设备和操作系统上运营，并且仅针对具体的设备和操作系统进行了少量优化。

当然，没有硬件就无法访问元宇宙。每个硬件厂商都在努力成为这个拥有赚取数万亿美元的机会的支付门户。为了赢得这场战斗，它们巧妙地将硬件与各种 API、SDK、应用商店、支付方式、用户身份信息和权利管理捆绑在一起，这一过程增加了商店收取的费用，削弱了竞争，也损害了个人用户和开发者的权利。我们可以从 WebGL、浏览器通知、云游戏、NFC 和区块链遇到的重重阻碍中看到这一点。每种策略都有一定的合理性，但是当只有两个智能手机平台并且它们各自的堆栈如此广泛地捆绑在一起时，市场就无法验证它们的合理性。就连监管机构试图为个人服务产品引入更多竞争的尝试也会以失败告终。2021 年 8 月，韩国通过了一项法案，禁止应用商店运营商限定自己的支付系统，理由是这种要求是垄断行为，对消费者和开发者都有害。三个月后，也就是法案生效之前，谷歌宣布，选择使用其他支付服务的应用程序必须支付一笔新的费用，因为这些应用程序是在谷歌的应用商店上架的。这笔费用的收费比例比原来的收费比例低 4%，基本上没什么差别，同时比 Visa、万事达或 PayPal 收取的费用少一些。因此，任何选择使用其他支付方式的开发人员最终将节省不到 1% 的费用。也就是说，由此新增的利润小到让更换支付系统失去了意义，而对消费者来说，价格几乎没有变化。2021 年 12 月，荷兰监管机构下令苹果准许约会类应用程序使用第三方支付服务（此要求源于该应用程序类别的领导者 Match Group 向荷兰消费者和市场管理局进行了投诉），作为回应，苹果更新了在荷兰的应用商店政策，允许开发人员发布（并维护）支持第三方支付服务的仅限荷兰语版本的应用程序。然而，这个新版本将不能使用苹果自己的支付服务，同时苹果将强制执行 27% 的新交易费用（即原来的 30% 减去 3%）。此外，该应用程序还需要显示一份免责声明，表示它将"不支持应用商店私有且安全的支付系统"，而且开发人员需要向苹果发送一份月度报告，详细说明在该系统下进行的每一笔交易，之后他们将收到应支付佣金的发票（需要在 45 天内支付）。[12] 对此，各种监管机构、高管和分析人士都认为，苹果此举是为了"吓唬"用户。[13]

　　硬件的中心地位和影响力在一定程度上解释了为什么 Facebook 在构建自己的 AR 和 VR 设备方面投入如此巨大，Facebook 还投资了一些看起来不切实际的项目，比如脑机接口和带有无线芯片和摄像头的智能手表。作为大型科技巨头中唯一没有领先设备或操作系统的成员，Facebook 非常清楚仅在其最大的竞争对手的平台上运营产品是一个巨大的障碍。它的云游戏服务实际上已经被所有主要的移动和主机平台屏蔽。而且，无论何时，Facebook 向某位用户出售产品，它所获得的净收入都与在竞争对手平台上出售产品的收入相同。与此同时，该公司的集成虚拟世界平台 *Horizon Worlds* 从根本上受到了限制，因为它无法向开发商提供比 iOS 或安卓更高的收入分成。最令人难堪的例子可能是苹果在第一代 iPhone 问世 14 年后（2021 年）实施的"应用追踪透明度"（App Tracking Transparency）改革。简而言之，这项改革要求应用程序开发人员从用户那里获得明确的"选择加入"许可，才可访问关键用户和设备数据，同时需准确解释正在收集哪些数据及其原因（该脚本的大部分内容由苹果编写，并且 App Store 团队拥有对所有更改的批准权）。苹果认为这些改革措施有助于保护用户的利益，然而据称，其 75% ~ 80% 的用户在 2021 年 12 月之前都拒绝接收该提示。[14] 还有人认为，苹果此举意在削弱广告方面的竞争对手，从而推出自己的广告业务，并通过降低广告的效率，促使更多开发者将业务模式集中于应用内支付，让苹果可以从中收取 15% ~ 30% 的佣金。2022 年 2 月，马克·扎克伯格表示，苹果的政策变化将使 Facebook 当年的收入减少 100 亿美元（大约相当于 Facebook 在元宇宙上的投资）。一些报告显示，在"应用追踪透明度"部署之前，用户安装的 iOS 应用程序中有 17% 是由苹果的广告业务带来的。6 个月后，这一比例接近 60%。

为了解决这个问题，Facebook 需要做的不仅是构建自己的低成本、高性能、轻量级设备。它还需要让这些设备能够独立于 iPhone 或安卓设备运行，也就是说，不像苹果和谷歌那样利用它们的计算或网络芯片。但这会导致 Facebook 的设备可能比今天的智能手机巨头生产的设备更昂贵、技术上更加受限、更重。这也许就是为什么扎克伯格说"我们这个时代最艰巨的技术挑战可能是将超级计算机装进镜框"——他的竞争对手已经可以做到把超级计算机放进大部分人的口袋。

类似地，数字时代最常见的颠覆模式——出现新的计算设备，可能是人们的错误期望。微软 Windows 的霸主地位被移动设备——手机打破了。但如果我们的 AR 和 VR 头显、智能镜头，甚至脑机接口都由这些手机主导，那么就不会有新的王者出现。

微信，开创全新的支付方式

在本章中，我介绍了支付渠道在确定数字时代"商业成本"中的作用，以及它们将如何影响元宇宙中的技术、商业和竞争的发展，目前还没有直接提到的是它们会对经济产生哪些积极的影响。在这个方面，中国提供了一个极有参考价值的研究案例。

微信，突破"守门人"的重要尝试

元宇宙先锋

THE METAVERSE

2011 年腾讯推出微信时，中国基本上还是一个现金社会。但在短短几年的时间里，这款即时通信应用程序将这个国家带入了数字支付和服务时代。这是微信许多独特的——在西方国家实际上不可能具备的机会和选择带来的结果。例如，微信支付可直接连接用户的银行账户，不需要通过信用卡或数字支付网络，而直接连接用户银行账户的做法是主流游戏平台和智能手机应用商店所禁止的。由于没有中介机构，而且腾讯希望建立自己的社交网络，因此微信只收取极低的交易手续费：对点对点转账、实时交付或付款确认均不收取任何费用，对提现收取 1% 的费用。由于这种支付方式建立在通用标准（二维码）的基础上，并内置在一个消息应用程序中，所以每个有智能手机的人都很容易采用和使用。微信的成功也帮助腾讯建立了国内电子游戏行业，否则该行业会因全国的信用卡普及率不高而受到巨大限制。

在西方国家，这些支付系统通常会受到硬件"守门人"的控制，然而，腾讯在中国发展得如此强大和如此迅速，以至于连苹果都被迫允许微信运营自己的应用程序商店，并直接处理应用程序内的支付业务——而 iPhone 在中国推出的时间比这家即时通信服务商早两年。2021 年，微信处理了约 5 000 亿美元的支付业务，平均单笔支付金额相当于只有几美元。为了元宇宙的建成，开发者和创造者可能需要找到绕过"守门人"的方法。这也是为什么我们会对区块链如此热情。

THE METAVERSE
透视元宇宙

元宇宙支付，必须找到绕过"守门人"的方法

　　各家公司都希望自己的"支付方式"能在元宇宙中占据主导地位，争夺战已经打响。更重要的是，这场争夺战可以说是发生在元宇宙领域的核心战场，也可能是实现元宇宙的最大障碍。

1. 在现有的支付方式中，没有哪种支付方式是完美的，但比它们各自的技术属性更重要的是它们之间的相互竞争，包括在每个类别内的竞争。此外，需要给支付渠道上交 30% 佣金的问题在虚拟世界平台中尤为严重。

2. 为了元宇宙的建成，当下的开发者和创造者可能需要找到绕过"守门人"的方法。这也是为什么我们会对区块链如此热情。

11

区块链，元宇宙最大化的驱动力

如今，一些观察者认为区块链是在结构上实现元宇宙的必要条件，而其他人则认为这种说法是荒谬的。

人们对于区块链技术本身仍然有很多困惑，所以根本谈不上清楚地了解区块链技术与元宇宙的关系。所以，我们可以从区块链的定义开始介绍。简而言之，区块链是由一个去中心化的"验证者"网络所管理的数据库。如今，大多数数据库都是集中式的，即一条记录被保存在一个数字仓库中，并由一家跟踪信息的公司管理。例如，摩根大通管理着一个数据库，它可以跟踪你的支票账户中有多少钱，以及详细的交易记录，以验证账户余额是否正确。同时，摩根大通拥有这一记录的很多备份（你自己可能也有备份），而且它实际上运营着一个由不同数据库组成的网络。重要的是，摩根大通是这些数字记录唯一的管理者和所有者。上述这个模式几乎适用于所有数字和虚拟信息，而不仅仅是银行记录。

与集中式数据库不同，区块链记录不存储在单个位置，也不由单方管理，在许多情况下，这些记录是由一群可识别的个人或多家公司共同管理的。而区块链"分类账"（ledger）是通过遍布世界各地的自治计算机网络达成的共识来维护的。这些计算机中的每一个都在有效地竞争（并获得报酬），通过求解从单个交易中产生的加密方程来验证这个分类账。这种模式的一个优点是"账本"内容很难被篡改。网络越大（即越分散），数据就越不容易被覆盖或引起争议，因为数据处理必须经过去中心化网络中大多数人或大多数公司的同意，而不是由某个人或者某家公司来决定。

去中心化也存在缺点。例如，因为去中心化技术需要很多不同的计算机执行相同的"工作"，所以本质上这样做比使用标准数据库成本更高且会消耗更多能量。同样，许多区块链交易需要几十秒甚至更长的时间才能完成，因为网络必须首先达成共识。这可能意味着仅仅为了确认1米远处的交易，信息就需要被发送到世界各地。而且可以肯定的是，网络的去中心化程度越高，在达成共识方面就越具有挑战性。

由于上述问题，大多数采用区块链技术的数据库，实际上只能将尽可能多的"数据"存储在传统数据库中，而不是"在链上"。这就像摩根大通将你的账户余额存储在一个去中心化服务器上，但将你的账户登录信息和银行账户储存在集中式数据库中一样。反对者认为，任何没有完全去中心化的东西，实际上就是集中式的——类似于在上述情况下，你的资金仍然由摩根大通有效地控制和验证。

这会导致一些人认为去中心化数据库是技术倒退的表现，它们的效率较低、速度较慢，而且仍然依赖于集中式数据库。此外，即使数据是完全去中心化的，它的好处似乎也非常有限。毕竟，很少会有人担心摩根大通和它的集中式数据库可能会弄错或窃取客户的账户余额。可以说，人们一想到自己的财富正由一群不明身份的验证者保护着，反而可能会觉得不安全。如果耐克证明你拥有一款虚拟运动鞋，或者说耐克管理并追踪的一条记录上显示你将这双运动鞋卖给了另一个在线收藏家，谁会因为记录这笔交易的是耐克而质疑或低估这双运动鞋的价值呢？

那么，为什么人们仍认为去中心化数据库或服务器架构是未来的趋势呢？因为有了它们，我们在一定程度上就可以不用再考虑 NFT、加密货币，也不用再担心记录被盗用等问题的发生。重要的是，区块链是可编程的支付渠道。这就是为什么许多人把它们定位为第一个数字原生支付平台，同时认为 PayPal、Venmo、微信支付和其他支付平台不过是传统支付平台的翻版而已。

区块链、比特币和以太坊，加密资产的 3 大主流

第一个主流区块链——比特币，发布于 2009 年。比特币区块链的唯一关注点是运营自己的加密货币——比特币。为此，比特币区块链在编程时被设计成要向处理比特币交易的处理器支付比特币作为酬金（即"矿工费"，通常由用户在提交交易时支付）。

当然，付钱给某人或许多人来处理交易并不是什么新鲜事。然而，在这种情况下，工作和报酬是自动发生的，并且是统一的。如果处理器没有得到酬金，交易就不会发生。这就是区块链被称为"去信任"的部分原因。验证者不需要担心是否、如何、何时会得到报酬，或者支付条件是否会发生改变。这些问题的答案已经被透明地纳入支付渠道中，即交易过程中没有隐藏

的费用，也没有政策突然改变的风险。与此相关的是，用户无须担心除了有必要提供的数据，自己的其他数据会被个别网络运营商获取或存储，或在之后被滥用。这与存储在集中式数据库中的信用卡信息形成了鲜明对比，因为集中式数据库之后可能会遭遇黑客入侵或被员工不当访问。区块链也是"无许可"的：就比特币而言，任何人都可以在没有获得邀请或批准的情况下成为网络验证者，任何人都可以接受、购买或使用比特币。

这些属性构成了一个可以自我维持的系统，即通过该系统，区块链可以在增加容量的同时降低成本，提高安全性。随着交易费用价值或交易费用总量的增加，更多的验证者加入这个网络，从而通过竞争降低了价格。这反过来又提高了区块链的去中心化程度，使得任何试图操纵分类账以建立共识的尝试都变得更加困难（试想一个选举候选人试图篡改 300 个投票箱而不是 3 个投票箱时，难度有多大）。

区块链的支持者还喜欢强调如下事实：区块链这种去信任、无许可的模式意味着其支付网络运营的"收入"和"利润"是由市场决定的。这与传统的金融服务业不同，后者由少数几家拥有数十年历史的巨头控制，由于几乎没有竞争对手，它们也就不会考虑降低手续费。例如，PayPal 降低交易手续费唯一的原因就是竞争对手 Venmo 或 Square 的现金应用程序（Cash App）收取的费用较低。对于比特币来说，任何选择在交易手续费上凸显竞争优势的人都会在一定程度上把费用压低。

比特币出现后不久（到目前为止，其创建者仍未透露姓名），两位早期用户维塔利克·布特林（Vitalik Buterin）和加文·伍德（Gavin Wood）开始开发一种新的区块链——以太坊（Ethereum），他们将以太坊定义为"集去中心化挖矿网络和软件开发平台于一体"。[1] 和比特币一样，以太坊通过自己的加密货币以太币（Ether）向那些运营其网络的人支付费用。此外，布特林和伍德还创建了一种编程语言（Solidity），允许开发者构建他们自己的"无许可"和"去信任"的应用程序，即去中心化应用程序（decentralized apps，Dapps），该应用程序还可以向贡献者发行自己的类加密货币，比如代币。

因此，以太坊是一个去中心化网络，可以自动向其运营商支付酬金。这些运营商不需要签订合同就可以获得这些酬金，也不需要担心酬金的支付问题。当他们相互竞争以获得报酬时，这种竞争也提高了以太坊的性能，从而会吸引更多用户并产生更多需要管理的交易。此外，通过以太坊，任何人都可以在这个网络上编写自己的应用程序，同时也可以通过设计这个应用程序来向其贡献者支付报酬，如果成功的话，还可以为那些运营底层网络的人创造一定的价值。所有这些过程都在没有决策者或管理机构的情况下发生。实际上，这样的人或机构现在还不存在，也不可能存在。

去中心化治理方法并不妨碍以太坊对其底层程序进行修订或改进。然而，其所在社区掌控着这些变化，因此，必须确保做出任何修订都是为了让社区成员集体受益①。开发者和用户无须担心推出以太坊的公司会提高以太坊的交易费用或征收新的费用，拒绝采纳一项新兴技术或标准，或是推出与最成功的去中心化应用程序竞争的第一方服务等。以太坊的"去信任"和"无许可"设计实际上鼓励开发者与其核心功能进行"竞争"。

---

① 这种情况并非自动产生的，因为开发者可以对区块链进行编程以授予（或保留）代币持有者较大的治理权，而以上所述区块链的创建者可以控制这些代币的初始分配。然而，与通常由公司拥有的"私有区块链"相比，大多数主要的"公共区块链"都是去中心化的，由社区运营。

　　以太坊也有反对者，他们提出了三个主要的反对理由：它的处理费用太高、处理时间太长，以及它的编程语言太难掌握。一些开发者选择通过构建竞争性区块链（比如 Solana 和 Avalanche）来解决其中一个或所有这些问题。其他开发者则在以太坊（第一层）之上建立了所谓的"第二层"区块链。第二层区块链作为"迷你区块链"高效运行并且使用自身的编程逻辑和网络来管理交易。一些"第二层扩展解决方案"会对交易进行分批处理而不是单独处理。这自然会导致支付或转账的延迟，但这些交易并不总是需要实时处理（就像你无须在一天里某个特定时间向你的无线通信服务提供商支付服务费一样）。其他"扩展解决方案"希望通过轮询（polling）网络的一部分而不是全部来简化交易验证过程。还有一种技术支持验证者在无须证明他们已经解出了底层加密方程的情况下发起交易，同时通过向其他验证者提供赏金来保证交易的可信性，如果后者证明这个交易是不可信的，赏金则主要由不受信任的验证者来支付。"扩展解决方案"和提供赏金的方法都降低了网络的安全性，但许多人都认为它们是适用于小额交易的折中方案。想象一下购买咖啡和购买汽车的区别：星巴克不需要你的信用卡账单地址，而本田经销商则需要进行信用审查并检查你的身份证，这是有原因的。与此同时，"侧链"可以根据需要将代币在以太坊网络中"上下移动"，你可以将代币想象成零用现金抽屉，将以太坊想象成保险柜。

　　有些人认为第二层区块链是一个胡乱拼凑出来的解决方案，因为开发者和用户最好在性能更高的第一层区块链上工作。这些人的观点可能是对的，因为开发者可以使用第一层区块链来启动自己的区块链，然后通过使用甚至构建第二层区块链来将第一层区块链从它自己的用户、开发者和网络运营商中分离出来。更重要的是，第一层区块链的"去信任"和"无许可"设计意味着，更多有竞争力的第一层区块链可以"连接"到上层的区块链，这样一来，开发者和用户就能够将他们的代币永久性地转移到另一个区块链中。

安卓之弧，驱动元宇宙的一个重要尝试

与"去信任""无许可"的区块链形成鲜明对比的是苹果及其 iOS 平台的政策。然而，苹果公司从未标榜 iOS 是"开放平台"或以社区为中心的平台。因此，上面这种对比并不公平。用安卓操作系统进行对比可能更合适。

安卓操作系统在 2005 年被谷歌以至少 5 000 万美元的价格收购，而谷歌这家搜索引擎领域的独角兽一直在安卓操作系统开发过程中扮演着举足轻重的角色。为了缓解人们对谷歌一家独大的担忧，谷歌在 2007 年成立了开放手机联盟（Open Handset Alliance），该联盟将指导人们使用开源 Linux 操作系统内核的"开源移动操作系统"，并将优先考虑"开源技术和标准"。开放手机联盟成立之初有 34 个成员，包括电信巨头中国移动和德国电信子公司 T-Mobile，软件开发商 Nuance Communication 和 eBay，芯片厂商博通公司和英伟达，以及设备制造商 LG、宏达电子、索尼、摩托罗拉和三星。要加入开放手机联盟，必须同意不"分叉"（fork）安卓（即不获取"开源"软件并开始独立开发）或支持那些"分叉"安卓的组织（如驱动 Fire TV 和平板电脑的亚马逊 Fire OS 操作系统就是一个安卓"分叉系统"）。

第一款安卓操作系统于 2008 年发布，到 2012 年，该操作系统已经成为世界上最受欢迎的操作系统。而开放手机联盟和安卓的"开放"理念则不那么成功。2010 年，谷歌开始打造自己的 Nexus 系列安卓设备，并将其定位为"参考性设备"，"作为向行业展示未来可能性的灯塔"。[2] 仅一年后，谷歌收购了最大的安卓设备独立制造商之一摩托罗拉。2012 年，谷歌开始将其主要服务——地图、支付、通知、Google Play Store 等从操作系统本身转移到软件层，组成套件 Google Play Service。要访问这个套件，安卓授权方需要遵循谷歌自己的"认证"。此外，谷歌不允许未经认证的

设备使用安卓系统。

　　许多分析师认为，安卓系统的逐步关闭是因为三星在操作系统方面的表现越来越成功。2012 年，三星销售了市场上近 40% 的安卓智能手机（以及大部分使用安卓系统的高端手机），是第二大安卓智能手机制造商华为的 7 倍多。此外，三星对安卓"库存"版本的改造也变得越来越积极，开始生产和营销自己的界面（TouchWiz），同时在其设备上预装了自己的应用程序套件，其中许多应用程序与谷歌提供的应用程序还存在竞争关系。三星甚至还推出了自己的移动应用商店。三星作为安卓智能手机制造商，取得的成功无疑与它在这些方面的投资有关，但其做法与"分叉"安卓系统没什么不同。不管怎样，三星的 TouchWiz 操作系统确实威胁到了谷歌，使谷歌无法再充当开发人员和用户之间的媒介，同时使用该操作系统的设备替代谷歌的 Nexus 系列安卓设备成为真正的"参考性设备"。

　　安卓系统的发展对于人们理解元宇宙的未来非常重要。元宇宙提供了驱逐苹果或谷歌这些当下的守门人的机会，但许多人担心，我们最终只会遇到新的守门人——可能是 Roblox 或 Epic Games。例如，虽然腾讯的微信对交易收费较低，但该公司利用其对数字支付系统和电子游戏的控制，对所有应用内下载和虚拟物品收取 40% ~ 55% 交易额作为费用，这一比例远远超过了苹果公司收取的费用比例。正如区块链分类账上的条目被认为是不可篡改的一样，许多人认为区块链本身也是不可篡改的，因此，在元宇宙中采用区块链技术显得十分必要。

Dapps，让任何人都可以未经许可成为股东

　　与主流的区块链不同，许多 Dapps 只是部分去中心化的。Dapps 的创

始团队往往持有 Dapps 的大部分代币（因为他们本来就相信 Dapps 会成功，他们也有继续持有这些代币的动机），因此可能有能力随意更改 Dapps。然而，Dapps 的成功取决于它有吸引开发者、网络贡献者、用户，通常还包括出资者的能力。这需要创始团队向外部团体和早期采用者出售或赠送一些代币。为了获得社区的支持，许多 Dapps 承诺进行所谓的"渐进式去中心化"，它们在设计方面有时会特意与区块链的"去信任"性质保持一致。

这似乎是一种传统的创业方式。大多数应用程序与平台都需要让开发者和用户满意，尤其是在发布时。而随着时间的推移，它们的创造者（创始人和员工）就会看到自己的股权被稀释。这些创业公司有时还会上市，从而使应用程序的治理"去中心化"，这样一来，任何人都可以在未经许可的情况下成为股东。但这就是区块链的细微差别成为焦点的地方。

应用程序越成功，它的控制权通常也就越大。我们可以从谷歌的安卓操作系统和苹果的 iOS 操作系统的发展过程中看出这一点。许多技术专家将这一现象视为盈利性技术业务的自然发展，因为它积累了用户、开发人员、数据、收入等，会利用自身不断增长的潜力积极锁定开发人员和用户。这就是为什么你很难从 Instagram 导出你的账号，并在其他地方重新创建它。这也是许多应用程序在扩展或面临竞争时会关闭其 API 的原因。

例如，长期以来，Facebook 一直允许 Tinder 用户将自己的 Facebook 账号信息用作其在 Tinder 上的个人资料。当然，Tinder 更希望用户创建 Tinder 账号，但 Tinder 没有打算成为一项终身服务，更重要的是，特别是在早期，用户认为它使用起来并不方便。这款应用程序还允许用户快速地将他们在 Facebook 上展示的"最好的"照片收集起来，而不是让他们在多年的云存储文件中翻找某张照片，因此很受用户喜爱。Facebook 还允许用户将自己的社交图谱连接到 Tinder 上，从而查看自己是否与潜在约会对象有共同的朋友，如果有，Tinder 则会显示共同的朋友。出于安全考虑，一些用户更喜欢与他们可以进行身份核查的人进行配对。另一些用户则喜欢通过约会来留下真正的"第一印象"，因此只对没有共同朋友的人"向右滑动"（选择匹配）。尽管 Tinder（还有 Bumble）的许多用户都很喜欢这一社交图谱功能，但 Facebook 在 2018 年关闭了这一功能——就在它宣布推出自己的约会服务之前不久，该服务自然也使用了其独特的社交图谱和网络①。

　　大多数区块链的结构设计都是为了阻止这种发展趋势。它们是如何做的呢？这些区块链将有效地维护对 Dapps 开发人员有价值的东西——它们的代币，而用户则通过在区块链上的记录来保管自己的数据、身份、钱包和资产（比如照片）。简而言之，一个完全基于区块链的 Instagram 永远不会存储用户的照片，操纵他们的账号，或是管理他们的点赞或社交关系②。该项服务不能影响这些数据的使用方式，更不用说控制了。事实上，竞争对手可以在推出服务后立即利用这些数据，这给市场领导者带来了压力。这种区块链模式并不代表应用程序已经商品化——Instagram 能够在策略上战胜它的竞争对手，部分原因是它卓越的性能和技术构造，但我们普遍认为，用户账

---

① Facebook 仍然允许 Tinder 用户使用自己的 Facebook 账号注册和登录，并在 Tinder 的个人资料中使用 Facebook 账号个人资料中的照片。保留此功能，同时关闭对用户社交图谱的访问功能，确实很有意义。Facebook 无法阻止用户重新利用上传到 Facebook 的照片，因为它们很容易保存（右键单击，另存为），并且通过点赞数量，用户还能了解自己的哪张照片最受欢迎。此外，如果 Facebook 用户打算使用 Tinder，Facebook 也能及时了解这些信息。至少这样一来，Facebook 能够向该用户推荐仍然使用其社交图谱的约会服务。

② 简而言之，这些数据只是用户根据需要"公开"给服务的。

号、社交图谱和数据的所有权是主要的价值存储^①。通过让应用程序或者本例中的 Dapps 接触到这些内容，区块链爱好者相信他们可以颠覆传统的开发者发展之路。

我们已经对区块链操作、功能和原理有了一个简单的理解。但这项技术在性能上仍远低于预期，比如，如今基于区块链的 Instagram 可能会存储几乎所有链外的东西，每张照片都需要 1 ～ 2 秒的时间来加载。更重要的是，历史上有很多技术，它们可能会打破现有的惯例，但最终失去了发展的希望或潜力。区块链可能会有更好的发展吗？

NFT，数字货币的未来

区块链可能得以实现的最大迹象是它们目前已经做到的事情。2021年，区块链总交易额超过 16 万亿美元，是数字支付巨头 PayPal、Venmo、Shopify 和 Stripe 交易额总和的 5 倍多。在第四季度，以太坊处理的业务超过了世界上最大的支付网络、市值排名第十二位的公司 Visa。

这一切在没有中央控制、管理合伙人甚至总部的情况下成为可能，而且都是通过独立的（有时是匿名的）贡献者实现的，这无疑是一个奇迹。更重要的是，这些付款过程是通过数十个不同的"钱包"完成的（而不是局限于一个严格控制的网络，就像 Venmo 或 PayPal 等点对点支付渠道那样），可

---

① 一些风险投资家和技术专家表示，区块链是支持"瘦应用"的"胖协议"，与当今互联网的"瘦协议"和"胖应用"模型形成鲜明对比。虽然 TCP/IP 协议非常有价值（幸好它不是营利性产品），但它不会操作用户的身份、存储他们的数据或管理他们的社交图谱。相反，所有这些信息都由那些建立 TCP/IP 的人收集了起来。

以在任何时间进行支付（不像 ACH 和电汇），并在几秒至几分钟内完成（不像 ACH）。汇款人和收款人都可以确认交易成功或失败（不需要支付额外的费用）。此外，这些交易都不需要用户拥有银行账户，任何企业也不需要与任何特定的区块链、区块链处理器或区块链钱包提供商签署长期协议，更不用说谈判了。正如我们将看到的，区块链钱包还可以通过编程实现自动借记、贷记、退款等功能。

尽管与区块链相关的交易大部分是由针对加密货币的投资和交易而产生的，而不是由支付产生的，但它也得到了基于加密货币发展源泉的支持。最简单的例子是 NFT 藏品集。开发者和个人用户将把一件物品（比如一张图片）的所有权放在一个区块链上，这一过程称为"造币"（minting），之后就可以对图片的所有权进行管理，就像管理任何加密货币交易一样。不同之处在于，这是一种对于 NFT 的管理权，或者一种与比特币或美元不同的代币，这种代币是独一无二的，而比特币或美元有很多个，它们彼此是完全可以相互替代的。

区块链的支持者认为，这种结构增加了这些虚拟商品的价值，因为它们为购买者提供了一种更真实的"所有权"感。想想那句老话："现实占有，败一胜九。"（Possession is nine-tenths of the law.）[3] 在中心化服务器模式下，用户永远无法真正拥有虚拟商品的所有权。取而代之的是，他们只能通过数字记录访问他人的所有物（即服务器）上保存的商品。即使用户把数据从服务器上下载下来，放在自己的硬盘上，这也不够。为什么？因为世界上的其他人需要承认这些数据，并就其使用权达成一致。而区块链通过设计可以做到这一点。

这种占有感还会被另一项关键的产权所强化：**不受限制的转售权。**当用户从某个游戏中购买 NFT 时，区块链的"去信任"和"无许可"性质意味着游戏开发商在任何时候都不能阻止 NFT 的销售。他们甚至没有被特地告知此事，尽管这笔交易被记录在了公共分类账上。由于相关原因，开发者不可能将基于区块链的资产"锁定"到他们的虚拟世界中。如果游戏 A 出售 NFT，游戏 B、游戏 C、游戏 D 等可以合并它，前提是征得其所有者的同意——区块链的所有权数据是无许可的，而代币由所有者控制着。此外，代币结构意味着，即使有人铸造了这种虚拟商品的复制版本，原始商品仍保持独特和"原始"，就像有签名和日期的版本与没有签名和日期的版本之间的区别。

元宇宙先锋

THE METAVERSE

价值百亿美元的 NFT 市场

2021 年，大约有 450 亿美元的交易额是由 NFT 和其他一系列代币交易而产生的。[4] 这其中包括 Dapper Labs 的 NBA Top Shots，该平台将 2020—2021 年和 2021—2022 年的 NBA 赛季球星的精彩瞬间变成可收藏、像 NFT 一样的可交易卡牌；Larva Labs 的加密朋克（Cryptopunks）项目是一个由 10 000 张人像组成的系列图片，通过算法生成了 24×24 像素的 2D 化身，通常被用作个人资料图片；Axies 是一种基于区块链的《宝可梦》数字宠物，玩家可以对数字宠物进行收集、培育、交易或用它们来战斗；类似的还有 *Zed Run* 的虚拟赛马场上使用的 3D 马匹。无聊猿（Bored Apes）是另一个头像 NFT 系列，也被用作无聊猿游艇俱乐部（Bored Apes Yacht Club）的会员卡。

　　450 亿美元已经足以让虚拟人也瞠目结舌，但目前我们还不清楚究竟该如何将这一数字与 2021 年由传统数据库管理的电子游戏内容产生的 1 000 亿美元交易额进行有效对比。如果有人以 100 美元的价格购买一个加密朋克，然后以 200 美元的价格出售，那么总共有 300 美元的交易额是由该 NFT 交易产生的，但净值只有 100 美元。相反，几乎所有传统虚拟商品的购买都是单向的，即商品不能转售或者交易，每一美元都是"净值"。这意味着在 2022 年，在传统游戏资产可能会再吸引 1 000 亿美元消费的情况下，即使 NFT 消费翻番，也可能只有 100 亿美元左右的消费增量。突然之间我们发现，所谓 NFT 为游戏行业创造了一半收益的说法，似乎被夸大了 10 倍。也许更准确的做法应该是将人们每年在传统虚拟资产上的消费与 NFT 的市场价值进行对比。截至 2021 年底，100 个最大的 NFT 藏品集最低市值约为 200 亿美元，约占其当年交易总额的一半，但仍只占传统游戏市场的 1/4。然而"最低市值"是指，指定藏品集中的每个 NFT 将以该集合中价格最低的 NFT 的价格出售。这种分析有助于比较不同藏品集的交易额增长情况，但不能比较它们的市场价值。

　　一些反对者认为，NFT 的大部分价值都是投机性的，因为人们买卖它们的主要目的是获利，而不是使用，《堡垒之夜》的皮肤就是一个例子。这将使任何形式的比较都变得不可能。与此同时，全球艺术品市场在 2021 年产生了 501 亿美元的消费额（包括购买和交易），尽管这些艺术品也有投机价值，但很少有人会争论这些交易品是否缺乏效用。这两个类别之间的相似程度对 NFT 市场的规模也有指导意义。此外，正是由于 NFT 可以被转售，区块链爱好者认为用户会更加看重 NFT 的价值。NFT 甚至可以被借给其他玩家或游戏，当这些 NFT 被使用时，其所有者会收到程序预先设定的"租金"，或在它们产生收入时获得"收益"。

无论人们如何将 NFT 消费额与电子游戏项目及其内容的销售额进行比较，两者的增长率和可预见的增长潜力都截然不同。2021 年，消费者的 NFT 总体消费是一年前的消费总额 3.5 亿～ 5 亿美元的 90 多倍，而 2020 年的数据又是 2019 的 5 倍以上。相比之下，传统虚拟物品的销售额以大约 15% 的年均复合增长率增长。此外，如今 NFT 的实用性受到大多数电子游戏还不支持它们这一事实的极大制约。而且，由于还没有一个大型的游戏平台或移动应用商店支持基于区块链的游戏中的交易，大多数以 NFT 命名的游戏都只是网页游戏，因此游戏画面和玩法都非常原始。这也是许多最成功的 NFT 体验都是围绕收藏而产生的，而不是让用户主动"玩起来"的原因之一。这也是为什么大多数最受欢迎的游戏、游戏 IP、媒体 IP、品牌或公司甚至都没有发行 NFT，以及每年有数十亿人在游戏中进行消费却只有几百万人购买了 NFT。随着 NFT 功能性的提高，以及品牌和参与的用户数量的增加，NFT 的价值将会提高。当然，其发展空间还有很大。

最重要的好处可能来自实现 NFT 的互操作性。虽然区块链社区的成员经常说区块链 NFT 本质上是可互操作的，但事实并非如此。前文提到，使用虚拟商品既需要访问其数据，也需要通过代码来理解它，然而大多数区块链体验和游戏都没有这样的代码。事实上，如今大多数 NFT 将虚拟商品的权利而不是数据放在区块链上，虚拟商品的数据仍存储在中央服务器上。因此，NFT 的所有者不能将该商品的数据导出到其他体验中，除非它从存储数据的中央服务器那里获得许可。出于类似的原因，几乎没有基于区块链的体验是真正去中心化的，即使是那些发行 NFT 的体验。例如，开发者可能无法撤销这些 NFT 的所有权，但他们可以修改使用它的代码，或删除用户的游戏账号。

根据"去中心化"资产具有"中心化"依赖性这一事实，我们可以得出两个主要结论。**第一个结论是，NFT 是无用的，伴随它的是欺诈、猜测和误解**。在 2021 年，这种情况经常出现，未来几年这种情况很可能也不会改变。但这项技术未被发掘的潜力是非凡的，并将随着区块链游戏及其产品实用性的增加和访问量的提高而实现。

第二个结论是区块链对于元宇宙的重要性。例如，区块链不仅仅为虚拟商品建立了一个共同和独立的注册中心，它们还为虚拟商品互操作性的最大障碍——营收流失，提供了潜在的技术解决方案。

许多玩家愿意在不同的游戏中使用自己的资产，行使相应的权利。然而，许多游戏开发商的大部分收入来自向玩家出售仅能在他们的游戏中使用的商品。玩家"在别处购买，在这里使用"的能力会危及游戏开发者的商业模式。例如，玩家可能积累了太多虚拟商品，因此他们认为没有必要再购买了。或者，玩家可能在游戏 A 中购买了所有皮肤，但随后只在游戏 B 中使用这些皮肤，这将导致付出大多数成本的一方，并不一定是获得最大收益的一方。事实上，因为这种情况下虚拟商品的销售者不需要收回游戏最初的开发或运营成本，所以他们很可能会大幅压低游戏内商品的价格。

许多开发者担心开放项目经济创造的价值，可能远远超过他们自己所获得的收益。开发者 A 可能会为游戏 A 制作皮肤 A，但游戏 A 会衰落，而这时候皮肤 A 就会成为开发者 B 长期运行的游戏中流行（且有价值）的物品。在这种情况下，开发者 A 实际上为可能打败自己的竞争对手创造了游戏内容。还有一种情况是，开发者 A 的创造变得具有标志性和高价值，从而让玩家获得比开发者 A 更多的利润。（更糟糕的是，开发者 A 在首次售出皮肤 A 后可能再也不会获得与皮肤 A 有关的其他收入了。）

当然，总的经济影响是非常积极的，但其背后的交易是一个混乱的过程，在此过程中总有输家的出现。然而，税收和关税的结合可以在一定程度上促进互操作性（就像现实世界中的情况一样）。例如，开发人员可通过编程实现在交易或转售大多数 NFT 时系统自动抽取并向其原始创建者支付佣金。在为进口商品或为使用"外来的"商品而付款时，我们也可以建立类似的制度。其他观察者则建议对虚拟商品进行程序化降级，在"使用"上附加一个隐含的"成本"，由此慢慢降低商品的价值并推动回购。单靠区块链中的程序设计无法阻止利润流失，因为有效的预防需要"完善"的系统和激励措施。而且，全球化的现状告诉我们，这是不可能的。但由于区块链的"去信任""无许可"和"自动补偿"模型，许多人认为它仍然可以催生一个更具互操作性的虚拟世界。

区块链上的游戏，你的所有资产都是开放的

不管人们对 NFT 的长期价值持有什么观点，基于区块链的虚拟世界和社区还有更多令人感兴趣的方面。早些时候，我注意到 Dapps 可以向它们的网络和用户发行类似加密货币的代币。这些代币的发行不是为了获得计算资源（就像比特币和以太坊的交易处理一样），它们还可以作为一种奖励手段，就贡献时间、发展新用户（获取客户）、数据输入、知识产权、资本（金钱）、带宽、良好行为（如社区评分）、帮助调节等而对用户进行奖励。在向用户奖励这些代币时，可以将治理权一起奖励给用户，当然，它们可能也会随着基础项目一起升值。每个用户（即玩家）通常也可以购买这些代币，

从而在自己喜欢的游戏经济获得成功时获益。

　　开发者相信这种模式可以减少投资者的资金需求，加深他们与社区的关系，并显著提高用户黏性。如果你喜欢玩《堡垒之夜》或使用 Instagram，那么我有理由相信，如果你能从中获利或帮助管理它们，你就会对它们投入更多金钱和时间。毕竟，有数百万人愿意在《开心农场》（*Farmville*）中花费数十亿小时"耕种庄稼"，而且是在既没有收入，也没有拥有《开心农场》，甚至没有自己的农场的情况下。通常来说，若想获得这类体验，并不一定要使用区块链技术，但许多人认为，区块链技术的"去信任"、"无许可"和"无摩擦"结构会让这种体验更有可能获得成功并蓬勃发展。最重要的是，这样的影响是可持续的。这种可持续性不仅源于用户的参与度和对应用程序所有权的增加，还源于区块链在防止应用程序背叛用户信任，并促使应用程序赢得用户信任时所采取的方式。

　　Uniswap 和 Sushiswap 之间的竞争很好地展示了 Dapps 到用户的区块链动态。Uniswap 是首批获得大规模使用的以太坊 Dapps 之一，它开创了"自动做市商模型"（automated market maker model）①，允许用户通过中心化交易所交换代币。Uniswap 主要的开放代码被竞争对手 Sushiswap 复制和"分叉"。为了获得采用，Sushiswap 向用户赠送了代币。这样一来，用户享有与在 Uniswap 中完全相同的功能，而且还获得了 Sushiswap 的股权。因此，Uniswap 不得不向用户赠送自己的代币进行反击，同时追溯奖励所有之前的用户。像这样对用户有利的"军备竞赛"非常常见。几乎没有什么能够阻碍 Dapps 的功能变得更好，因为我们在数字时代通常重视的大部分数据——客

---

① 自动做市商模型是去中心化交易所最为关键的技术之一，它能够为一系列不同代币创建和运行可公开获取的链上流动性。——译者注

户的身份、数据和数字财产等，是由区块链而非 Dapps 维护的。

除了运营 Dapps 和账号服务，区块链还可用于提供与计算相关的游戏基础设施。在第 6 章中，我指出计算资源永远是稀缺的，以及人们长期以来秉持的一种信念，即实现元宇宙需要用到数十亿 CPU 和 GPU，而它们中的大部分在任何时候都处于闲置状态。几家基于区块链的初创公司正在努力实现这一目标，并取得了成功。其中一家公司名叫 Otoy，它创建了基于以太坊的 RNDR 网络和代币，这样那些需要额外 GPU 的人就可以将任务发送到与 RNDR 网络相连的空闲计算机，而不是与亚马逊或谷歌等收费昂贵的云提供商相连的空闲计算机。双方之间的所有谈判和合同都在几秒钟内通过 RNDR 协议进行处理，而且双方都不知道正在执行的任务的 ID 或任务的详细信息，所有交易都使用 RNDR 加密货币代币。

Helium，展示了去中心化支付模式的巨大潜力

元宇宙先锋

THE METAVERSE

Helium 也采用了区块链技术，《纽约时报》将其描述为"用于'物联网'设备的分散式无线网络，由加密货币进行驱动"。[5] Helium 的工作原理是使用价值 500 美元的热点设备，使其所有者能够安全地转播家庭互联网连接，并且速度是传统家用 Wi-Fi 设备速度的 200 倍。无论是消费者（比如查看 Facebook 的人）还是基础设施（例如处理信用卡交易的停车收费表）都可以使用这项互联网服务。Lime 运输公司是 Helium 的主要客户，使用 Helium 来跟踪自己公司超过 10 万辆的自行车、滑板车、轻便摩托车和汽车，其中许多车辆经常遇到移动网络的"死区"。[6] 运

行 Helium 热点的人将获得 Helium 的 HNT 代币作为报酬，代币的数量与 Helium 的使用量成正比。截至 2022 年 3 月 5 日，Helium 的网络覆盖了超过 62.5 万个热点，而大约一年前，它的热点数量还不足 2.5 万，这 62.5 万个热点分布在 165 个国家的近 5 万个城市。[7] Helium 的代币总价值已超过 50 亿美元。[8] 值得注意的是，该公司成立于 2013 年，但在从传统的（即无报酬的）点对点模式转向通过加密货币向贡献者直接提供报酬之前，该公司的服务一直难以获得采用。目前，我们还不能确定 Helium 的商业模式是否具有长期可行性，以及它的潜力如何。因为大多数互联网服务提供商禁止其客户转播它们的互联网连接。而互联网服务提供商通常会忽略这种服务违规行为，只要能确保连接没有被转售且总数据使用量很低就没问题。但我们现在无法保证互联网服务提供商是否会继续忽略 Helium 或任何类似系统用户的此类违规行为。不管怎样，该公司再次向大众展示了去中心化支付模式的潜力，而且目前正争取直接与互联网服务提供商达成协议。

2021 年，加密游戏热潮的规模和多样性，与其相对初期的发展阶段和每位玩家的巨额收入相匹配，这也会令加密游戏得到迅速发展。一位全球知名游戏投资者曾说，她所认识的几乎所有有才华的游戏开发者，除了那些已经在运营举世闻名的工作室的人以外，目前都专注于在区块链上构建游戏。总的来说，基于区块链的游戏和游戏平台已获得了超过 40 亿美元的风险投资[9]（区块链公司和项目的风险投资总额约为 300 亿美元）。一些人推测，风险基金已经筹集或指定了另外的 1 000 亿～2 000 亿美元。[10]

人才、投资和实验的涌入可以迅速产生一个良性循环，让更多用户建立加密钱包、玩区块链游戏和购买 NFT，增加所有区块链产品的价值和利用率，而这会吸引更多开发者，进而又会吸引更多用户等。最终，未来的局面是这样的：少数可交换的加密货币被用于推动无数不同游戏的经济，取代那些仍然分散在 Minecoins、V-Bucks、Robux 和无数其他专有支付页面中的货币。在未来，所有虚拟商品在一定程度上都是为了互操作而产生的。

当这些技术的规模足够大时，即使是前区块链时代最成功的游戏开发商，包括动视暴雪、育碧和 EA，也会发现这些技术能够创造的经济体量是巨大的，在竞争中是至关重要的。因此，这些游戏开发商会将经济和账号系统开放给一个不属于竞争对手（如 Valve 和 Epic Games）而是归游戏社区所有的系统，到了这时，上述转变就会更加容易。

DAO，兴起的去中心化自治组织

然而，数字原生"可编程"支付渠道最具颠覆性的方面在于，它们实现更大范围的独立协作和更容易的新项目融资的方式。从结构上讲，这一点与我迄今为止讨论的任何内容都没有区别，但从更广泛的背景去理解它是十分重要的。

为此，我想谈谈自动售货机。实际上，类似设备最早出现在几千年前（大约公元 50 年），消费者投入一枚硬币，就能得到圣水。到了 19 世纪末，这些机器出售的商品类型更为多样，比如水、口香糖、香烟和邮票等。没有店主或律师管理货物的分配，也不需要公认的且经过验证的付款方式，系统按照固定的规则运作：（If）如果满足设定的条件（this），那么（Then）就会触发指定操作（that）。每个人都信任这个系统。

　　我们可以把区块链看作一个虚拟的自动售货机，只是区块链更加聪明。例如，它们可以跟踪多个贡献者并以不同的方式评估他们的贡献。想象一下这样的场景：有人想从现实世界的自动售货机中购买一颗售价为 1 美元的棒棒糖，可能他只有 75 美分，所以他决定向路人借 25 美分来完成这笔交易。也许路人会同意，但提出的条件是他可以得到一半的糖果，而不是按比例得到 1/4。这时，一台"区块链自动售货机"可为两位合作者安排编写所谓的"智能合约"，然后在接受这两个人分别支付的货款后，该设备将自动（且按照合约）将正确的商品份额（一半一半）交付给相应的所有者。与此同时，区块链自动售货机也会自动向每个与糖果销售相关的人支付酬金——5 美分给为售货机备货的人，7 美分给售货机的主人，2 美分给制造商。

　　智能合约可以在几分钟内完成，几乎适用于所有场景。它们可以是小型短期合约，也可以是大型长期合约。许多独立作者和记者使用智能合约来为他们的研究、调查和写作筹集资金——预支了未来收入，但预支的费用由社区而不是公司提供。完成后，他们的作品会被转卖给区块链，或者被放在一个加密的付费墙后，所得收益会分享给他们的赞助人。还有一些情况是，一群作家发行代币来为一个新的、正在筹划中的杂志筹集资金，该杂志随后只对代币持有者开放。此外，还有一些作家使用智能合约自动与那些帮助过他们或启发过他们的人分享收益。所有这些智能合约的拟定都不需要信用卡号码、输入 ACH 详细信息、发票，甚至不需要很多时间，只需一个装有加密货币的加密钱包即可。

　　一些人认为智能合约是有限责任公司（LLC）或非营利性组织［501(c)(3)[①]］的元宇宙时代版本。人们可以编写智能合约并立即获得资金，而不

---

① 它是美国税法的一个条款，为宗教、慈善、教育等组织提供免税待遇。——编者注

需要参与签署文件、执行信用检查、确认付款或分配银行账户权限、聘请律师，甚至不需要知道其他参与者的身份。更重要的是，智能合约采用去信任的方式持续地管理着组织的许多行政工作，包括所有权的分配、章程投票的计算、收益的分配等。这些组织通常称为"去中心化自治组织"（Decentralized Autonomous Organizations，DAO）。

事实上，许多最昂贵的 NFT 不是由个人购买的，而是由数十个（在某些情况下，可达数千个）匿名加密用户组成的 DAO 购买的，这些用户单靠个人力量根本负担不起高昂的费用。使用 DAO 的代币，该集体便可以确定这些 NFT 何时出售以及以最低多低的价格出售，同时还可以管理付款。此类 DAO 中最著名的例子是宪法 DAO，它于 2021 年 11 月 11 日成立，目的是购买《美利坚合众国宪法》现存的 13 本原初版中的一本，方法是于 11 月 18 日参加苏富比拍卖行的拍卖会。尽管没有详尽的计划，也没有"传统"的银行账户，DAO 还是筹到了超过 4 700 万美元，远高于苏富比估计的赢得拍卖所需的 1 500 万～ 2 000 万美元。虽然宪法 DAO 最终输给了私人竞标者、亿万富翁、对冲基金经理肯·格里芬（Ken Griffin），但彭博社在报道这一尝试时写到，这"显示了 DAO 的力量……（DAO）有可能改变人们购物、创建公司、共享资源和运营非营利性组织的方式"。[11]

同时，宪法 DAO 也说明了以太坊区块链的许多问题。例如，在 DAO 筹集上述资金的过程中，估计有 100 万～ 120 万美元用于处理交易。虽然它只占筹集资金总额的约 2.1%，在传统支付方式的平均手续费比例范围内，但捐助者出资的中位数估计为 217 美元，其中近 50 美元花在了"矿工费"上。此外，以太坊区块链不能"免除"撤销或退款的费用。结果，由于大多数捐助者收回了他们的捐款，这些费用实际上由于拍卖而翻了一番。因为取回捐款的成本超过了捐款本身，所以许多捐助者仍然会选择将捐款留在

DAO 中。（这些问题大多是由于草率编写的智能合约而出现的，而这本可以避免，特别是如果合约使用了另一个区块链或第二层解决方案的话。）

虽然"传统金融"的一个成员就能够战胜"去中心化金融"社区，但高级金融世界也在使用 DAO 进行投资。Komorebi Collective 就是这样一个例子，该公司对"杰出的女性和非二进制加密货币创始人"进行风险投资，其成员包括一些知名风险投资家、技术高管、记者和人权工作者。2021 年底，约 5 000 名户外运动爱好者使用 DAO 购买了美国怀俄明州黄石国家公园附近的一块 40 英亩的土地，并且这种购买形式在今年早些时候得到了法律认可，因此 DAO 的合法性得到了承认。CityDAO 主要通过 Discord 聊天软件进行组织，没有官方领导（以太坊联合创始人维塔利克·布特林是其成员之一），所有重大决策都是通过投票做出的，成员可以随时出售他们的会员代币。CityDAO 的名义负责人告诉《金融时报》，他希望怀俄明州对 DAO 结构的接纳将"成为连接数字资产、加密货币和现实世界的基本纽带"。[12] 作为参考，怀俄明州也是第一个授权人们成立有限责任公司的州，它在 1977 年通过了相关立法，比美国全国范围内立法通过早了大约 19 年。

Friends with Benefits（FWB）实际上是一个基于 DAO 的会员俱乐部，在该俱乐部中，代币用于访问私人 Discord 频道、活动和信息。一些人认为，FWB 要求用户购买代币才能进入的做法，只是复制了已有数百年历史的"专属俱乐部会员费"模式，只是这种模式现在从"加密"炒作中受益了。然而，这种观点忽略了 FWB 代币设计的效力。会员不需要支付年度"会费"，但他们需要购买一定数量的代币才能入会，然后持有这些代币就能保持会员身份。因此，每个成员都是 FWB 的部分所有者，随时可以出售他们的代币然后离开。因为这些代币会随着俱乐部取得成功或变得更受欢迎而增值，每个成员都有动力将他们的时间、想法和资源投入到俱乐部中。升值也使垃圾信息发送者加入 FWB 的门槛不断提高，而在一般情况下，一个在线社交平台的流行只会让恶意发言者越来越多。同时，升值也意味着俱乐部必须更努力地发展，以赢得会员对它的持续关注和投入。这就好比如果你通过购买 1 000 美元的代币加入了一个俱乐部，但这些代币的价值变为原来的 4 倍，该俱乐部必须采取更多措施让你继续保留会员身份而不是变现离开。毕竟，如果你离开，你出售代币将拉低剩余代币的市场价值。此外，还有许多社会性质的 DAO 使用智能合约向个人成员发放代币，以感谢他们的贡献，或者向那些负担不起购买代币的费用，但被组织成员认为有价值的人发放代币。

Nouns DAO 实际上是 FWB 和加密朋克的混合体。每天都有一个新的 Noun 被拍卖（一个可爱的像素化虚拟角色的 NFT），拍卖所得的 100% 净收益都会进入 Nouns DAO 资金库，专门用于提升 Nouns NFT 的价值。它具体是如何做到这一点的呢？一般是通过资助由 NFT 所有者撰写并投票表决的提案。实际上，它是一个不断增长的投资基金，由不断扩大的理事会进行管理。

一些人认为，社交 DAO 和代币是解决大规模在线社交网络上有针对性的骚扰和毒害的一种方法。例如，想象一下这样一个模型：Twitter 用户可以通过举报不良行为获得有价值的 Twitter 代币，也可以通过检查以前被举报的推文获取更多收益，如果他们违反规则，则会失去这些代币。与此同时，超级用户和有影响力的用户可以通过举办活动赚取代币，而不是依靠点击或代表广告商发布促销推文来维持收入。到 2021 年底，Kickstarter、Reddit 和 Discord 都公开声明了转向基于区块链的代币模型计划。

昂贵和缓慢，区块链发展的两大障碍

潜在的区块链革命仍面临许多障碍。最值得注意的是，区块链的交易费用仍然过于昂贵且交易过程缓慢。因此，大多数"区块链游戏"和"区块链体验"仍然主要运行在非区块链数据库上。因此，它们并没有真正去中心化。

考虑到大规模实时渲染 3D 虚拟世界的计算需求，以及它们对超低延迟的需求，一些专家对我们是否能够完全达到去中心化这种目标仍然存疑，更不用说实现元宇宙了。换句话说，如果计算稀缺且达到光速仍是一项挑战，那么无数次执行相同的"工作"并等待全球网络就正确答案达成一致，这怎么可能会是一件有意义的事情呢？而且，即使我们能做到这一点，这些虚拟世界消耗的能源不会使地球融化吗？

这种观点可能太浅薄了，但针对这一议题存在各种不同的观点。许多人相信关键的技术问题会及时得到解决。例如，以太坊将继续改革其验证过程，以便网络参与者可以执行更少的工作（关键是更少的重复性工作），而且它的每笔交易使用的能量已经降到不足比特币区块链的 1/10。第二层区块链和侧链也在激增，从而弥补了以太坊的许多不足，而较新的第一层区块链，如 Solana，可以与它的编程灵活性相匹配，但性能要好得多。Solana Foundation 称，单笔交易消耗的能量相当于两次谷歌搜索。

在大多数国家和美国各州，DAO 和智能合约不被法律所承认。这种情况虽然已经开始改变，但仅得到法律承认并不是一个完整的解决方案。人们常说"区块链不会说谎"或"区块链不能说谎"。这可能是真的，但是用户可以欺骗区块链。音乐家可以将其歌曲的版税代币化，从而利用智能合约确保用户履行所有支付。然而，音乐家可能不会"在链上"收到这些版税。相反，音乐唱片公司可能会向该音乐家的集中式数据库发送电汇，然后该音乐家必须将适当的金额存入正确的钱包，以此类推。许多 NFT 是由那些不享有基础作品权利的人制造的。换句话说，区块链不会让一切都变得可以信任，就像合同不能抑制所有的不良行为一样。

还有 App Store 的问题：如果苹果和谷歌不支持区块链游戏或交易，那还有什么意义？区块链极端主义者认为，区块链的整体经济力量将迫使世界上最强大的公司做出改变，而不仅仅是游戏开发商和游戏展会。

5 个视角，重新看待区块链和元宇宙

我认为，在元宇宙的背景下，以及在整个社会中，有 5 种视角可用于思考区块链的意义。

元宇宙先锋

THE METAVERSE

5 种视角，赋能区块链的创新理解

第一，它是一种因为炒作和人们一时的狂热而流行起来的技术，且会导致大量的浪费，它受到关注不是因为它的优点，而是因为短期的投机。

第二，区块链确实不如大多数（如果不是全部的话）其他数据库、合同和计算结构，但仍可能引发围绕用户和开发者权利、虚拟世界的互操作性，以及向那些支持开源软件的人支付报酬等的一系列变革。也许这些结果已经不可避免，但区块链可能

会以更快、更民主的方式产生这些结果。

　　第三，**更有希望的是，区块链不会成为存储数据、计算、支付、有限责任公司和非营利性组织等的主要手段，但它们将成为许多体验、应用和商业模式实现的关键**。英伟达首席执行官黄仁勋曾说："区块链（将）在很长一段时间内存在，并且（将）成为一种基本的新计算形式。"[13] 全球支付行业领导者 Visa 成立了一个加密货币支付部门，其登录页面上写道："加密货币的使用和投资已达到了非凡的水平，为企业、政府和消费者开启了一个充满各种可能性的世界。"[14] 我们可以回想一下第 8 章，就像在动视暴雪的《使命召唤》中使用一个从 Epic Games 的《堡垒之夜》中购买的化身一样，当一个虚拟世界想要与另一个虚拟世界"共享"一项独特的资产时，会出现许多问题。资产在不使用时存储在哪里：Epic Games 的服务器、动视暴雪的服务器，或是两者兼有，还是在其他地方？如何向存储器进行支付？如果物品被更改或出售，谁拥有更改和记录的权力？这些解决方案如何扩展到数百甚至数十亿个不同的虚拟世界？如果所有区块链所做的只是提供一个独立的系统来部分解决其中的一些问题，那么许多人认为它的革命性仍然只会局限在虚拟文化、商业和权利方面。

　　第四，**区块链不仅是未来的关键技术，也是颠覆当今平台范式的关键**。我们来回想一下为什么封闭平台更容易在竞争中获胜。免费、开源和社区运营的技术已经存在了几十年，它们常常向开发者和用户承诺一个更公平、更繁荣的未来，却输给了付费、封闭和私有的替代技术。这是因为运营这些替代产品的公司负担得起在竞争性服务和工具、工程人才、客户获取（例如，通过低于成本的硬件价格吸引客户）和独家内容方面的巨额投资。这样的投资反过来又会吸引用户，为开发者创造一个利润丰厚的市场，或者它们会吸引开发者，从而吸引那些能带来更多开发者的用户。随着时间的推移，管理这些开发者和用户的公司利用这种控制，以及它们不断增长的利润池，就可以锁定这些群体，阻碍竞争对手。

区块链将如何改变这种相互关系呢？它们提供了一种机制，通过这种机制，从财富到基础设施和时间等各种重要而多样的资源可以很容易地聚合在一起，其规模可以与最强大的私营公司相媲美。而要想打败市值上万亿美元且在追求上万亿美元机会的企业巨头，唯一的办法就是让数十亿人再贡献上万亿美元。区块链也有一个固有的经济模式来奖励那些为其成功或持续运营做出贡献的人，而不是像大多数开源项目那样依靠的是利他主义和同理心。此外，至少到目前为止，基于区块链的体验似乎为开发者带来了比封闭游戏平台更大的利润。同样重要的是，区块链平台和公司的领导者对用户和开发人员的控制，远远低于那些使用传统数据库和系统的人，因为前者不能强制捆绑用户的身份、数据、支付方式、内容、服务等。美国顶级风投公司安德森－霍洛维茨专注于加密技术的风险投资家克里斯·迪克森（Chris Dixon）认为，如果说 Web2 的主导精神是"不作恶"（谷歌的非官方座右铭），那么（基于区块链的）Web3 就是"不能作恶"。

然而，所有的数据都"在链上"是不太可能的，这意味着很少有体验会完全"去中心化"并且因此仍然保持事实上的中心化，或至少由特定的一方实行强有力的控制。此外，控制不仅来自数据所有权，还来自专有代码和 IP。复制 Uniswap 的代码相对容易，这些代码大部分都是开源的，但能够复制运行基于区块链的《使命召唤》的代码，并不代表开发者有这样做的权利。迪士尼的区块链游戏可能会为用户提供迪士尼 NFT 的无限使用权，但这并不代表其他开发商可以使用迪士尼 IP 制作迪士尼游戏。换句话说，小孩子可以在浴缸里用黑武士和米老鼠玩偶来讲故事，但孩之宝不能购买这些玩偶并用它们来帮助销售迪士尼的桌游。另一种形式的"锁定"是习惯——必应提供的搜索结果可能比谷歌更准确（广告更少），但我们很少想到去使用它。虽然它们做得更好，但如果要说服用户改变行为，或克服使用谷歌的搜索引擎和浏览器的协同增效作用，它们还需要付出怎样的努力？虽然迪克森的观点有些夸张，但你会注意到上面的例子说的是独立开发者和创造者如何确定自身的权利，而不是底层平台（如以太坊）以何种方式构建或保护自己。

　　一般来说，社会认为前者的权利比后者的权利对经济健康更重要。

　　第五，区块链本质上是实现元宇宙的必要条件，至少是满足我们的丰富想象力和使我们真正想要生活于元宇宙中的条件。2017 年，蒂姆·斯威尼表示，我们将"意识到区块链实际上是一种运行程序、存储数据和以可核查的方式执行交易的通用机制。它是计算机中存在的所有东西的超级集合。我们最终会把它看作一台计算机，它的运行速度是我们桌子上的计算机运行速度的 10 亿倍，因为它是每个人的计算机的组合"。[15] 如果我们希望制作出丰富的、实时渲染的、持续的虚拟世界，就必须弄清楚如何利用世界上所有的计算、存储和网络基础设施（尽管这并不需要区块链技术）。

2021 年 1 月，在公众对元宇宙和 NFT 的狂热开始前不久，斯威尼在 Twitter 上说："区块链是实现开放元宇宙的基础。这是通向最终的长期开放框架的最合理途径，在这个框架中，每个人都可以控制自己的存在，不需要受'守门人'的限制。"在随后的推文中，斯威尼补充了两项免责声明："首先，目前的技术水平远远没有达到构建出在实时 3D 模拟场景中维持 1 亿并发用户所需的 60 赫兹交易介质的地步"；其次，不要将他的话解读为他对加密货币投资的认可。"那是一种疯狂的、混乱的投机行为……但这项技术是有发展前景的。"[16]

2021 年 9 月，斯威尼仍然对区块链技术的潜力保持乐观，但似乎也对它的滥用感到沮丧，他宣称："（Epic Games 不会）碰 NFT，因为整个领域目前正面临着一个棘手的问题，有趣的去中心化技术基础和炒作等难以解决的问题纠缠在一起。"[17]斯威尼的评论强调了一个经常被区块链狂热爱好者忽视的问题，这些人通常认为去中心化只是一种保护财富的方式，而不是失去财富的方式。在没有中介机构、监管监督或身份验证的情况下，加密货币领域充斥着侵犯版权、洗钱、盗窃和谎言等现象。在接下来的一个月，Steam 禁止了使用区块链技术的游戏在其平台发布，而斯威尼借机宣布："Epic Games 商城欢迎使用区块链技术的游戏，前提是它们遵守相关法律，公开游戏条款，并对适当的群体进行年龄分级。尽管在我们的游戏中不使用加密货币，但我们欢迎技术和金融领域的创新。"[18]许多 NFT 和基于区块链的游戏的设计初衷正是解决用户对购买什么、如何使用以及购买的物品未来可能会如何等困惑，但只要价格上涨，很多人就不在乎这些问题。

在区块链中炒作的成分占多少，已实现的部分或未来有可能实现的部分占多少，仍然不确定——这与元宇宙的当前状态没什么不同。然而，计算时代的一个核心经验就是：能为开发人员和用户提供最优服务的平台将会胜出。区块链还有很长的路要走，但许多人认为，随着元宇宙经济的增长，它们的不可更改性和透明性是确保这两个群体的利益得到优先考虑的最佳方式。

THE METAVERSE
透视元宇宙

区块链，是炒作还是真未来？

在元宇宙的背景下，以及在整个社会中，有 5 种方式可用于思考区块链的意义。

1. 它是一种因为炒作和人们一时的狂热而流行起来的技术，且会导致大量的浪费，它受到关注不是因为它的优点，而是因为短期的投机。

2. 区块链确实不如大多数（如果不是全部的话）其他数据库、合同和计算结构，但仍可能引发围绕用户和开发者权利、虚拟世界的互操作性，以及向那些支持开源软件的人支付报酬等的一系列变革。

3. 更有希望的是，区块链不会成为存储数据、计算、支付、有限责任公司和非营利性组织等的主要手段，但它们将成为许多体验、应用和商业模式实现的关键。

4. 区块链不仅是未来的关键技术，也是颠覆当今平台范式的关键。

5. 区块链本质上是实现元宇宙的必要条件，至少是满足我们的丰富想象力和使我们真正想要生活于元宇宙中的条件。

THE META- VERSE

And How It Will Revolutionize Everything

第三部分

元宇宙如何彻底改变一切

元宇宙，最终将改变
大多数行业并触及地球上几
乎每个人。而元宇宙的价
值，将"超过"物理世界。

And How It Will Revolutionize Everything

12

元宇宙什么时候到来

在第二部分中，我简单介绍了要实现我所定义的元宇宙的完整愿景，需要满足哪些条件。本章，我将讨论一个无法回避的问题——元宇宙何时到来，并预测它在一系列行业中的面貌。

即使是那些每年向互联网的"继承者世界"投入数百亿资金的人，也往往对元宇宙的到来时间存在分歧。微软首席执行官萨提亚·纳德拉曾表示，元宇宙"已经到来"；微软创始人比尔·盖茨预测："在未来两三年内，我预计大多数虚拟会议将从 2D 摄像机图像网格转移到元宇宙之中。"[1] Facebook 首席执行官马克·扎克伯格曾表示："在未来 5 ~ 10 年，许多与元宇宙相关的技术将成为主流。"[2] 而 Oculus 首席技术官顾问约翰·卡马克预测，这些技术会在更晚的时候出现。Epic Games 首席执行官蒂姆·斯威尼和英伟达首席执行官黄仁勋没有给出具体的时间，而是说元宇宙将在未来几十年内出现。谷歌首席执行官桑达尔·皮查伊只是说，沉浸式计算是"未来"。腾讯高级副总裁马晓轶负责公司大部分游戏业务，2021 年 5 月，他公开介绍了腾讯公司的"超级数字场景"愿景。他提醒说，虽然"元宇宙迟早会到来，但不是今天……与几年前相比，我们今天所看到的确实是一个飞跃的版本，但它仍然处于初级的实验阶段"。[3]

为了预测互联网和计算机的未来，回顾它们相互交织的历史是有帮助的。那么现在问问你自己：移动互联网时代是从什么时候开始的？我们中的一些人可能会把这段历史追溯到移动电话的出现。其他人可能认为第一个 2G 数字无线网络的商业化代表移动互联网时代的开始。也许它真正开始于 1999 年无线应用协议标准的引入，该标准为我们带来了 WAP 浏览器，并使我们能够通过几乎任何"傻瓜电话"访问大多数网站相当原始的版本。或者，也许移动互联网时代是从黑莓 6000、7000 或 8000 手机系列开始的，而后者至少有一个是为移动无线数据设计的第一个主流移动设备。然而，大多数人可能会说，答案与 iPhone 有关，虽然它比 WAP 和第一代黑莓问世晚了近 10 年，比 2G 的出现晚了近 20 年，比第一个移动电话的出现晚了 30 多年，但它定义了许多移动互联网时代的视觉设计原则、经济理论和商业实践。

然而事实上，移动互联网时代不是突然降临的。我们可以确定一项特定的技术是何时被创造、测试或部署的，但不能确定一个时代何时开始或何时结束。转型是一个迭代的过程，在这个过程中，许多不同的变化在其中汇聚。

以电气化过程为例，它始于 19 世纪末，一直持续到 20 世纪中叶，以电力的采用和使用为标志，却没有包括长达几个世纪为理解、获取和传输电力而做的努力。电气化不是一个单一的稳定增长的过程，也不是任何一种产品得到采用的过程。相反，它由独立的技术、工业和与流程相关的两波转型浪潮组成。

第一波浪潮开始于 1881 年左右，当时爱迪生在曼哈顿和伦敦建立了发电站。然而，尽管爱迪生很快实现了电力的商业化，而且他在实现商业化的两年前就发明了第一个能用的白炽灯泡，但当时人们对这种资源的需求很低。在他的第一座发电站建成的 25 年后，美国估计有 5% ～ 10% 的机械驱动力是电力（其中 2/3 是由当地产生的，而不是通过电网输送的）。但随后，第二波浪潮突然开始。1910 年至 1920 年，电力在机械驱动力中所占的比例增至之前的 5 倍，超过了 50%（其中近 2/3 来自独立运营的电力公司）。到 1929 年，这一比例达到了 78%。[4]

这两波浪潮的区别不是美国的工业使用电力的比例变化，而是人们对电力的使用程度，以及围绕它的设计。[5]

当工厂第一次采用电力时，通常将其用于照明和取代室内电源（通常来自蒸气发电设备）。工厂主们没有考虑更换传统的基础设施，尽管这些设施能将从发电站输送过来的电力输送至工厂的各个位置，并确保能用它们来驱动机械。相反，他们继续使用笨重的齿轮和齿轮网络，这些齿轮杂乱、噪声大且十分危险，难以升级或更换，要么"全部打开"，要么"全部关闭"（因此需要稳定的电压来支持单个操作站或整个工厂，并容易遇到无数的"单点故障"），费力地支持着专业化工作。

但最终，新的技术和理解使工厂主有理由也有能力对工厂进行端到端的电力设计，从用电线取代齿轮，到将定制的专用电动马达安装在各个工位上，进而方便工人们执行缝纫、切割、冲压和焊接等操作。

这种变化带来了一系列好处。工厂有了更大的空间、更充足的光线、更好的空气，以及更少的危及生命的设备。更重要的是，各个工位的电源是独立的（这提高了安全性，同时减少了成本和停机时间），可以使用更多的专业设备，如电插座扳手。

工厂主可以依据生产流程的逻辑而不是笨重的设备来配置生产区域，甚至可以定期重新配置这些区域。这两项变化意味着更多的行业可以部署装配线（它们最早出现于18世纪末），而那些已经拥有装配线的行业可以进一步、更有效地扩展装配。1913年，福特汽车公司创始人亨利·福特创建了第一条移动装配线，使用电力和传送带将每辆车的生产时间从12.5小时减少到93分钟，还因此节省了电力消耗。根据历史学家大卫·奈（David Nye）的说法，著名的福特高地公园工厂（Highland Park plant）"就是在假定电灯和电力将得到普及的基础上建立的"。[6]

一旦有几家工厂开始这一转型，整个市场就被迫迎头赶上，从而带动了人们对电力基础设施、设备和工艺的更多投资和创新。在第一条移动装配线投入使用的一年内，福特生产的汽车数量超过了该行业其他企业生产的汽车数量之和。当福特生产的汽车数量达到1 000万辆时，行驶在路上的汽车中有一半由福特生产。

工业电力应用的"第二次浪潮"并不是因为一个有远见的人在爱迪生核心工作的基础上实现了进化飞跃，它也不仅仅是由越来越多的工业发电站所推动的，相反，它来自大量相互关联的创新，涵盖了电力管理、硬件制造、生产理论等。这些创新中，有一些适合由工厂经理来做出，比如对一个房间进行改造，还有少数创新需要一个城市的共同努力，但所有这些都依赖人员和过程。总的来说，这些创新促成了所谓的"蓬勃发展的20年代"（Roaring

Twenties），开创了百年来劳动力和资本生产率年均增长最大的时期，并推动了第二次工业革命。

如果在 2008 年，我们拥有 iPhone 12

电气化可以帮助我们更好地理解移动时代的兴起。苹果感觉像是整个移动时代的起点，因为它将我们现在认为是"移动互联网"的所有东西——触摸屏、应用商店、高速数据、即时通信，整合或提炼为一个单一的产品，我们可以触摸它们、将它们握在手掌中，并且每一天都在使用它们。但移动互联网的产生和驱动力远不止这些。

直到 2008 年第二款 iPhone 发布，这个产品才真正开始腾飞，销售额在第一代的基础上增长了近 300%——此后的大约 11 代苹果手机都未能打破这一纪录。第二代 iPhone 是首款包含 3G 功能的手机，实现了通过移动网络上网，而 App Store 的功能则使无线网络和智能手机普及开来。

而 3G 和 App Store 都不是苹果独有的创新。iPhone 手机通过英飞凌（Infineon）生产的芯片接入 3G 网络，这些芯片则通过"国际电信联盟"（International Telecommunication Union）和"无线行业全球移动通信系统协会"（Global System for Mobile Communications Association）等组织主导的标准进行连接。这些标准随后被美国电话电报公司等无线供应商部署在由 Crown Castle 和美国铁塔（American Tower）等无线塔台公司建造的无线电塔之上。

苹果之所以敢喊出"为其打造一款应用"这句口号，是因为有数百万开发人员开发了它们。这些应用程序是依据各种各样的标准开发的，包括

KDE、Java、HTML 和 Unity。这些标准是由外部组织（其中一些在关键领域与苹果竞争）建立或维护的。应用商店的支付之所以能够成功，是因为各大银行建立了数字支付系统和渠道。iPhone 还依赖无数其他技术，从三星的 CPU（由 ARM 授权），到意法半导体（STMicroelectronics）的加速器，康宁的大猩猩玻璃（Gorilla Glass），以及博通、Wolfson 和美国国家半导体等公司的其他组件。所有这些创造和贡献加在一起，使 iPhone 的诞生成为可能。它们同时塑造了 iPhone 的演进之路。

我们可以在 2020 年发布的 iPhone 12 中看到这一点，这是该公司的第一款 5G 设备。抛开乔布斯的才华不谈，在 2008 年，苹果没有多少钱能够花在发布 iPhone 上。即使苹果当时能够设计出 5G 网络芯片，也没有 5G 网络可供它使用，因为没有 5G 无线标准可以与这些网络进行通信，更没有能够利用 5G 网络低延迟或带宽的应用程序。就算苹果能够在 2008 年（比 ARM 的出现早 10 多年）就制造出自己的类似于 ARM 的 GPU，游戏开发者（App Store 营收的 70% 来自他们）也没有游戏引擎技术可用，无法充分利用 GPU 强大的功能。

实现 iPhone 12 所有的功能需要全生态系统的创新和投资，其中大部分都不在苹果的能力范围内，尽管苹果利润丰厚的 iOS 平台是这些进步的核心驱动力。威瑞森的 4G 网络和美国铁塔公司的无线基站建设的商业案例取决于消费者和企业对 Spotify、奈飞和 Snapchat 等应用程序更快更好的无线传输需求。如果没有它们，4G 的"杀手级应用"（killer app）将是……稍微快一点的电子邮件。同时，更好的游戏可以充分利用更好的 GPU，Instagram 等照片共享服务可以让更好的摄像头发挥作用。更好的硬件设施带来了更高的用户参与度，进而推动了这些公司的发展和利润的增加，而这又进一步催生了更好的产品、应用和服务。

、在第 9 章中，我谈到了人们消费习惯的改变，是它使得硬件和软件都得到了改善，而不仅仅是技术能力的发展。在 iPhone 推出 10 年后，苹果认为它不需要实体的主屏幕按钮了，设备使用者通过操作就可以回到主屏幕，并通过触摸屏底部的滑动来管理多个任务。这种新的设计为 iPhone 机身内部更复杂的传感器和计算组件腾出了空间，并帮助苹果（和它的开发者）引入更复杂的、基于软件的交互模型。许多视频应用程序开始引入手势（例如，用两个手指在屏幕上拖动）来提高或降低音量，而不是要求用户暂停或在屏幕上设置一堆按钮来实现该功能。

临界质量，元宇宙的关键要素

考虑到电气化和移动技术的普及过程，我们可以自信地说，元宇宙不会突然到来。同时，也不会有明确的"元宇宙之前"（before Metaverse）和"元宇宙之后"（after Metaverse）阶段——它们只是对应着生活发生改变的历史时期。一些高管认为，我们已经跨越了元宇宙这个门槛。他们的结论似乎为时尚早。今天，不到 1/14 的人经常接触虚拟世界，而这些虚拟世界几乎完全是游戏形式的，就算有相互连接，也没有任何意义，对整个社会的影响微乎其微。

但有些事情正在发生。即使扎克伯格、斯威尼和黄仁勋等人认为元宇宙还很遥远，我们也有理由相信现在是公开承诺实现元宇宙的时候了。正如斯威尼所说，Epic Games 在"很长一段时间里一直有着实现元宇宙的抱负。它始于最多同时支持 300 个陌生人进行的实时 3D 文本聊天软件，但在最近几年，才开始有大量的作品迅速涌现"。

这些作品的大量涌现得益于具有高分辨率和触摸屏的低成本移动计算机等的普及，地球上 12 岁以上的人类群体中，拥有这类移动计算机的占 2/3。

更重要的是，这些设备配备了 CPU 和 GPU，能够驱动和渲染复杂的实时渲染环境，同时负载数十个并发用户，且使每个用户都能控制自己的化身并能够执行各种操作。4G 移动芯片组和无线网络进一步增强了这一功能，用户可以随时随地访问这些环境。与此同时，可编程区块链的出现让我们看到了希望，也为我们提供了一种实现机制，从而可以利用地球上每个人与每台计算机的综合力量和资源，去构建一个去中心化的、健康运行的元宇宙。

跨平台游戏，让我们看到实现元宇宙的希望

"跨平台游戏"令我们看到了实现元宇宙的希望。有了它，用户即使使用不同的操作系统也可以玩同一种游戏（名为"跨平台玩法"）；可通过任一平台购买虚拟商品和货币，然后在其他平台使用它们（跨平台购买）；可跨平台使用他们存储的数据，并保留游戏中的历史记录（跨平台进程）。近 20 年来，这种体验在技术上是可行的，但只有到了 2018 年，主要游戏平台（最著名的是 PS）才开始支持这种体验。

跨平台的重要性体现在三个方面。**首先，存在于云中的虚拟持续模拟的概念，与设备的具体限制是不一致的。**如果你正在使用的操作系统改变了你在元宇宙中可以看或做的事情，或者有可能会阻止你访问它，那么就不可能存在元宇宙或平行平面。这样一来，你只能通过在你的设备上运行的软件，窥见几个虚拟现实世界中的一个。**其次，使用任何设备都可与任何其他用户交互的能力促成了用户参与度的激增。**试想一下，如果

你需要使用两个账号分别在计算机和手机上登录 Facebook，因此这两个账号中的好友和他们所使用的头像都不同，并且若你只能向与你使用同一类型设备的人发送信息，那么你使用 Facebook 的可能性会大大降低。如果数字时代是由网络效应和梅特卡夫定律定义的，那么跨平台游戏会通过将这些虚拟世界的分叉网络连接在一起，让这些虚拟世界变得更有价值。**最后，这种参与度的增加对构建虚拟世界的人产生了不成比例的影响。**例如，在 Roblox 上构建几乎所有游戏、化身或物品的成本都是预先确定的。因此，玩家增加的任何支出都会显著提高独立开发者的利润，而这又能让独立开发者在游戏、角色和道具上投入更多资金。

我们还可以观察文化的变化。从 2017 年到 2021 年底，《堡垒之夜》的收入估计为 200 亿美元，其中大部分来自虚拟化身、虚拟背包和舞蹈（也称为"表情"）的销售。《堡垒之夜》使 Epic Games 成为世界上最大的时尚销售商之一，后者的商品销量是杜嘉班纳、普拉达和巴黎世家等时尚巨头商品销量的数倍，这也说明即使是"射击"游戏也不再只是"游戏"。与此同时，整个 2021 年，由于 NFT 的兴起，大众逐渐接受纯粹的虚拟物体可能价值数百万美元甚至更多这一想法。

我们可以发现人们逐渐消除了对在虚拟世界中度过的时间的污名化，新型冠状病毒肺炎疫情大流行加速了这一进程。几十年来，"游戏玩家"一直在制作"假的"化身，在数字世界中度过他们的空闲时间，同时实现非游戏性目标，如在《第二人生》中设计一个房间，而不是在《反恐精英》中杀死一个恐怖分子。社会上的很大一部分人认为这种努力是奇怪的、浪费时间的或是反社会的（甚至更糟），一些人甚至认为虚拟世界是成年男子在自家地下室独自造火车这一事件的现代版。虚拟的婚礼和葬礼，自 20 世纪 90 年代以来经常发生，被大多数人认为是荒谬至极的——更像是一个笑话，而不是凄美的事物。

在 2020 年和 2021 年，受疫情影响，很多人被隔离在家。待在家里的那段时间迅速改变了人们对虚拟世界的看法，这是始料未及的。数以百万计的怀疑论者现在已经参与了虚拟世界中的活动（比如《动物之森》、《堡垒之夜》和 Roblox）并乐在其中。因为他们一直在找事情做，要么参加曾经在现实世界中计划的活动，要么就是陪孩子们待在家里。这些经历不仅帮助整个社会消除了对在虚拟世界中的生活的污名化，甚至可能会吸引上一代（年长的）人参与元宇宙 [①]。

这两年内的复合影响是深远的。在最简单的层面，虚拟世界的开发者从更多的收入中受益，这反过来又吸引了更多的投资以及催生了更好的产品，从而吸引了更多用户，产生更多的收入等。但随着虚拟世界的边界逐渐被打破，每个人都可能成为游戏玩家，而不仅仅是 13 ～ 34 岁的男性。世界上最大的品牌开始蜂拥进入这个空间，因此推动了虚拟世界的合法化和多样性。到 2021 年底，汽车巨头（福特）、运动品牌（耐克）、非营利性组织（无国界记者组织）、音乐家（贾斯汀·比伯）、体育明星（内马尔）、拍卖行（佳

---

① 我发现这和网上杂货店的普及有很多相似之处。数以百万计的消费者多年前就知道了在线食品杂货服务，虽然经常在网上买衣服或卫生纸，但他们还是拒绝尝试在线食品杂货服务。他们拒绝尝试的理由很简单：他们认为，如果让别人替他们挑选食品杂货，这些货品送到的时候可能已经损坏了，或者品相变得很差，总之就是不能够信任。商家也没有通过名人代言等营销手段打消人们的疑虑。但疫情的大流行促使许多人第一次使用了该服务，使他们意识到网上的食品杂货很好，购买过程不仅简单，而且体验很好。有些人会继续使用该服务，但不是所有人都会这样做，也不是所有时刻都会选择该服务。

士得）、时尚品牌（路易·威登）和特许经营公司（漫威）都将元宇宙作为其业务的关键部分，乃至其增长战略的核心。

元宇宙，下一个无穷增长的引擎

下一个可能助推"元宇宙收入"或"元宇宙应用"激增的"关键部分"是什么？一种观点认为可能是对苹果和谷歌等公司采取监管措施，迫使它们解除操作系统、应用商店、支付方式和相关服务之间的绑定，并在每个领域进行单独竞争。另一种观点认为，我们正在等待 AR 或 VR 头显能像 iPhone一样，对数亿消费者和成千上万的开发者开放设备类别。还有更多的答案包括基于区块链的去中心化计算、低延迟云计算，以及建立一个共同和广泛采用的 3D 对象标准。时间终将揭示真相，但在可预见的未来，我们可以把宝押在三大主要驱动因素上。

第一个驱动因素是，元宇宙所需的每项基础技术都在逐年改进。互联网服务变得更普及、更快、更透明。计算能力也得到了更广泛的部署，能力更强，成本更低。游戏引擎和 IVWP 正变得更易于使用、构建成本更低、功能更强。标准化和互操作性的漫长实现过程正在进行中，部分原因是 IVWP和加密运动的成功，同时经济激励也在起作用。通过监管措施、诉讼和区块链，支付渠道也在慢慢开放。请记住，斯威尼所说的"工作部件"的关键部分不是各自独立的，而是不断地"结合在一起共同发挥作用"。

第二个驱动因素是正在进行的代际变革。在本书的开头，我讨论了"iPad 原住民"一代与 Roblox 崛起的相关性。这个群体在成长过程中期望世界是可以互动的，期望世界受到他们的"触摸"和"选择"的影响。现在他们到了可以自主消费的年纪了，前几代人可以看到他们的行为和偏好与老年人有多么不同。这当然不是什么新鲜事。根据不同的代际身份，人们可能分别是在发送明信片、每天放学后花几小时打电话、使用即时聊天软件或在在线社交网络上发布照片的过程中长大的。这个发展轨迹是明确的。我们知道 Y 世代 ① 的游戏数量多于 X 世代，Z 世代多于 Y 世代，Alpha 世代多于 Y 世代。如今，超过 75% 的美国儿童在 Roblox 上玩游戏。换句话说，现今出生的每个人未来都会是游戏玩家。这意味着全球每年约有 1.4 亿新玩家诞生。

　　第三个驱动因素是前两个驱动因素结合的结果。最终，元宇宙将通过某种体验成为现实。智能手机、GPU 和 4G 并没有神奇地生成动态、实时渲染的虚拟世界，虚拟世界需要开发者的技术支持以及他们的想象力。而随着"iPad 原住民"一代的年龄增长，越来越多的人将从虚拟世界的消费者或业余爱好者转变为专业开发者和商业领袖。

---

① 在美国，X 世代是指 20 世纪五六十年代出生的一代人；Y 世代是指 2000 年进入青年期的群体；Z 世代是指出生在网络信息时代，受数字信息技术、即时通信设备、智能手机产品等影响比较大一代人；Alpha 世代指 2010 年之后出生的一代人。——编者注

THE METAVERSE
透视元宇宙

为什么元宇宙一定会到来

时间终将揭示真相，但在可预见的未来，我们可以把宝押在三大主要驱动因素上。

1. 第一个驱动因素是，元宇宙所需的每项基础技术都在逐年改进。互联网服务变得更普及、更快、更透明。计算能力也得到了更广泛的部署，能力更强，成本更低。

2. 第二个驱动因素是正在进行的代际变革。"iPad 原住民"这一群体在成长过程中期望世界是可以互动的，期望世界受到他们的"触摸"和"选择"的影响。

3. 第三个驱动因素是前两个驱动因素结合的结果。最终，元宇宙将通过某种体验成为现实。智能手机、GPU 和 4G 并没有神奇地生成动态、实时渲染的虚拟世界，虚拟世界需要开发者的技术支持以及他们的想象力。

13

元宇宙＋，重塑未来商业的 5 大新模式

　　接下来，开发人员很快会制造出什么呢？在本书中，我避免描述"2030年的元宇宙"或者提出任何关于元宇宙到来后社会面貌会是什么样子这类看法。如此宽泛的预测所面临的挑战是从现在开始到那一天到来之前，预测的内容会不断调整。一项无法预见的技术将在 2023 年或 2024 年被创造出来，这反过来会为新的创造注入灵感，产生新的用户行为，或展示该技术的新用例，从而带来其他创新、变化和应用等。然而，有一些领域可能会被元宇宙以某种方式改变，这些变化至少在短期内是可以预测的。由此产生的新体验将吸引数百万甚至数十亿用户和数十亿美元的消费。考虑到所有注意事项后，我们有必要来看看这些转变可能是什么。

元宇宙 + 教育，学习场景从虚拟到在场

教育是最有可能发生转变的领域。教育对社会和经济的发展都至关重要，但现状是，教育资源稀缺，分配极不平等。它也是被称为"鲍莫尔成本病"（Baumol's Cost Disease）的主要例子，即"较高劳动生产率的工作的工资上涨，会带动那些生产率增长较慢的工作的工资上涨"。[1]

这不是在批评教师的工作效率低下，而是反映了这样一个事实：由于过去几十年中许多新的数字技术的出现和发展，大多数工作在经济方面变得更加"富有成效"。例如，由于计算机化的数据库和微软办公软件等的普及，会计师的工作效率大大提高。与 20 世纪 50 年代的会计师相比，如今的会计师在单位时间内可以做更多的"工作"，或者在相同的时间内管理更多客户。清洁和安全服务也是如此，它们现在利用更强大的电动清洁工具，或者可以使用数码相机、传感器和通信设备网络来监控设施。医疗保健仍然是一个由劳动力驱动的行业，但诊断、治疗和生命支持技术的进步有助于消除与人口老龄化相关的许多成本。

与几乎所有其他工作类别相比，教学生产率的提高幅度较小。在大多数情况下，2022 年的教师无法在不影响其教育质量的情况下教出比几十年前更多的学生。此外，我们也没有找到缩短教学时间的方法（即加快教学速度）。然而，与可能成为会计（或软件工程师、游戏设计师）的人的工资相比，教师的工资必须具备竞争力，并且必须随着经济增长而导致的生活成本的上涨而增加。除教师的教学时间外，从学校规模、设施水平和供应质量来看，教育在物质资源方面仍然是令人难以置信的资源密集型领域。事实上，由于新的、更昂贵的设备投入（比如高清摄像头和投影仪、iPad 等），与教育物质资源相关的成本在一定程度上也增加了。

教育生产率增长相对不足体现在其成本的相对增加上。据美国劳工统计局（US Bureau of Labor Statistics）估计，相比于 1980 年 1 月的平均商品成本，2020 年 1 月这一数据增长了 260% 以上，而在此期间，大学的学费已经增长了 1 200%。[2] 而增长率排名第二位的医疗和服务部门的这一数据，则增长了 600%。

虽然西方国家的教育生产率增长水平长期落后于生产力增长水平，但技术专家一直预计教育行业的生产力增长幅度将超过大多数行业基准。当时的设想是，高中、大学，尤其是商学院，将从根本上进行重组，并被远程学习取代，许多学生不是坐在教室里学习，而是通过点播视频、直播课堂和人工智能支持的多项选择进行远程学习。但新型冠状病毒肺炎疫情给我们的最重要教训之一就是，"Zoom 学校"太糟糕了。通过屏幕学习有很多挑战，在大多数情况下，我们认为我们失去的比可能获得的（或节省的资金）更多。

建罗马、去火星、下火山，《神奇校车》中的一切都将成为现实

元宇宙先锋 THE METAVERSE

远程学习最明显的特点是"在场感"的损失。当学生们坐在教室里时，他们处在一个教育环境中。他们的周围有老师和同学，因此有沉浸感，这完全不同于摄像机提供的任何东西（通过摄像机，他们可以看到不可触及的学校场景）。为什么在场感很重要？教学研究表明，让学生参加实地考察而不是将他们限制在视频中，让他们来学校而不是在家听录音，以及鼓励他们在任何可能的情况下"动手"学习，这些都有明显的好处。失去在

场感意味着失去与老师的眼神接触（以及来自老师的审视），与朋友一起共同学习的体验和触觉感受，制造携带注射器的液压机器人，使用煤气灯，解剖青蛙、小猪等一切体验。

很难想象居家或远程教育会完全取代面对面的教育，但我们正在通过新的且主要以元宇宙为重点的技术慢慢缩小这个差距，例如，立体显示技术（volumetric displays）、VR 和 AR 头显、触觉反馈技术（haptics）和眼动跟踪摄像头。

实时渲染的 3D 技术不仅可以帮助教育工作者将课堂（和学生）带到任何地方，而且即将出现的丰富的虚拟模拟可以极大地增强学习过程。起初，人们认为 VR 在课堂上的应用只是"参观"古罗马（顺便说一句，"参观"古罗马长期以来都被认为是 VR 头显的"杀手级应用"，但其实很乏味）。现在，学生们将在"一学期内建造罗马"，通过建造引水渠来学习它的工作原理。今天和过去几十年里，许多学生是通过观察他们的老师扔下一根羽毛和一把锤子的过程，然后观看"阿波罗 15 号"指挥官戴维·斯科特（David Scott）在月球上做同样事情的录像带来了解重力的（剧透：羽毛和锤子以同样的速度下落）。这样的演示不一定会消失，但可以通过创造精致复杂的、仅限虚拟环境使用的鲁布·戈德堡机械来进行完善，然后学生们可以在类似地球重力的作用下，在"火星"上，甚至在"威尼斯上层大气的硫酸雨环境"下进行测试。与其用醋和小苏打制造"火山爆发"，不如让他们自己置身于"火山"中，搅动它的岩浆池，然后被喷射到"天空"中。

换句话说，人们曾经在《神奇校车》（The Magic School Bus）

中想象的一切都将成为现实，而且规模会更大。与实体课堂不同，这些课程将在世界任何地方按需提供，对那些有身体残疾或有社交障碍的学生完全开放（并且更容易定制）。一些课程将由专业讲师授课，他们的授课过程以动作捕捉和录音的方式记录下来。这些课程没有边际成本，也就是说，它们不需要老师投入额外的时间，无论它们运行了多少次也不会耗尽。而这些课程的价格相比于到实体课堂中学习需要支付的费用，要少很多。在实体课堂中，每个学生都只能进行一次解剖，不管他们的父母有多富有，也不管当地学校董事会的资金有多么充足，情况都是如此。但在元宇宙技术的帮助下，这些学生甚至不需要去学校（如果他们愿意，可以"穿过"生物的各个器官系统）。

至关重要的是，这些虚拟课程仍然可以由一位敬业的现场教师及时做出补充。想象一下，在虚拟环境中呈现的"真实的"珍妮·古道尔（Jane Good）[1]，引导学生"穿过"坦桑尼亚贡贝溪国家公园，这些学生"家庭教室"里的老师也加入进来并进一步加强个性化的体验。这种体验对应的成本将只是真正到实地考察（当然是去坦桑尼亚）的成本的一小部分，学生学到的东西甚至有可能比真正的实地考察更多。

这并不是说，借助 VR 和虚拟世界，教与学的过程会变得很容易。教育是一门艺术，而学习效果本身是很难衡量的。但不难想象，虚拟体验可以增强学习过程的趣味性，同时还能扩充学习渠道并降低学习成本。面对面的教育和远程教育之间的差距将会缩小，预制课程和现场导师的竞争以及优秀教

---

[1] 珍妮·古道尔，英国生物学家、动物行为学家和著名的动物保护专家，并以对坦桑尼亚贡贝溪国家公园的黑猩猩进行详细和长期的研究而闻名。——译者注

师及其工作的影响力将成倍增强。

细心的读者会注意到，这样的体验本身并不构成元宇宙，也不需要元宇宙。在没有元宇宙的情况下，面向教育的引人注目、实时渲染的 3D 世界是可能存在的。然而，实现这些体验与所有其他体验以及现实世界之间的互操作，显然是有价值的。如果用户可以把他们的化身带到这些虚拟世界中，就可能会更频繁地使用这些化身。如果他们的教育账号中的历史可以在"学校"中编写，然后在其他地方阅读和扩展，那么这些学习知识的人将更有可能持续学习，他们的经历将更加个性化。

元宇宙＋生活，全面颠覆我们的生活方式

教育只是元宇宙将改变的众多以社会为中心的领域之一。如今，数以百万计的人每天都在使用数字服务进行锻炼，例如 Peloton 提供的实时、点播形式的自行车课程视频，其还带有游戏化的排行榜和高分跟踪功能；而露露乐蒙（Lululemon）的子公司 Mirror，拥有更多健身程序，人们在使用这些程序时，会有一位虚拟教练投射出来。目前，Peloton 已将业务扩展到实时渲染的虚拟游戏中，比如 *Lanebreak*——骑自行车的人控制车轮在梦幻般的赛道上前进并躲避障碍以获得积分。这预示着未来可能发生的事情：也许不久之后，当我们将晨练活动同步到 Roblox 中时，我们的化身会通过 Facebook VR 头显上的 Peloton 应用程序，骑车穿越《星球大战》中白雪皑皑的霍斯星球，我们还可以一边跑步一边与朋友聊天。

正念、冥想、物理治疗和心理疗法也可能发生类似的改变，肌电图传感器、3D 全息影像显示技术、沉浸式头显、投影和跟踪摄像头等技术和设备将被人们结合起来，共同提供前所未有的技术支持、感官刺激和场景模拟。

在月球上的"巴黎"共进晚餐

考虑到元宇宙的影响，约会是另一个非常有趣的类别。在 Tinder 发布之前，一些人认为在线约会问题已经得到了"解决"——人们需要做的就是做几十道乃至数百道多项选择题，系统会根据这些问题的答案给出一个神秘的综合性分数，然后依据这个分数，对两个可能成为情侣的人进行配对。但这一理念以及建立在此理念基础上的公司被一种基于照片的模式所颠覆。在这种模式中，用户可以"向右滑动"或"向左滑动"，以查看对方是否愿意聊天或直接忽略自己不感兴趣的人，平均每个用户花 3 ～ 7 秒做出这样的选择。³ 近年来，约会应用程序为配对的情侣们提供了新功能，比如休闲游戏和测试、语音提示以及在 Spotify 和 Apple Music 上分享他们最喜欢的播放列表的功能。未来，约会应用可能会为情侣提供各种沉浸式虚拟世界，帮助即将配对的情侣更好地了解彼此。这些虚拟世界可能包含模拟现实（在巴黎共进晚餐）或幻想（在"月球上的巴黎"共进晚餐……）的场景，包括通过动作捕捉让化身进行现场表演①（想象一下观看街头乐队的表演或参加伦敦皇家芭蕾舞团的数字孪生的演出，就算用户身处亚特兰大，也可以做到），并可能会促使人们重新开发经典的真人约会类节目，例如《约会游戏》（ *The Dating Game* ）。这些应用程序也有可能集成到第三方虚拟世界中（毕竟这是元宇宙），使得配对的情侣可以轻松进入虚拟的、通过 Peloton 或 Headspace 产生的场景中。

---

① 尼尔·斯蒂芬森在《钻石时代》（ *The Diamond Age* ）中详细描述了这种技术和经验，他将此类产品称为交互式读物，或简称为 ractives，将表演者称为 ractors，表示人们在使用产品时就像与交互式演员互动一样。该书于 1995 年出版，距离《雪崩》出版已有三年。

元宇宙＋娱乐，虚拟制作让我们重新想象与体验娱乐

越来越多的人听到电影和电视节目等"线性媒体"的未来是 VR 和 AR 这种呼声。我们将戴上 VR 头显，在模拟 IMAX 大小的屏幕上或者和坐在我们旁边的朋友一起"在球场边上"观看节目，而不是坐在 30×60 英寸电视屏幕前的沙发上看《权力的游戏》或金州勇士队与克利夫兰骑士队的篮球比赛。或者，我们也可以通过 AR 眼镜观看比赛，让人觉得我们还有一台放在客厅里的电视。当然，电影和电视节目最后呈现出来的是 360° 沉浸式的观感。当特拉维斯·比克尔（Travis Bickle）[①]问"你在跟我说话吗？"的时候，你实际上可以站在他面前，甚至背后。

这些预测让我想起了有多少人曾经设想过像《纽约时报》这样的报纸会被互联网改变。[4] 20 世纪 90 年代，一些人认为"在未来"《纽约时报》应用程序会将每日版的 PDF 文件发送到每个订阅者的打印机上，然后打印机会在主人醒来之前尽职尽责地把它打印出来，从而消除了实体版对昂贵的印刷机和复杂的送货上门系统的需求。更大胆的理论家认为，《纽约时报》应用甚至可以将这个 PDF 中个别读者不想要的部分去掉，从而节约纸张和墨水。几十年后，《纽约时报》确实提供了这个选项，但几乎没有人使用它。取而代之的是，订阅者访问的是不断变化且从未印刷过的数字报纸，它没有明确的章节划分，并且基本上无法"从头到尾"地阅读。大多数看新闻的人根本不会去看报纸。相反，他们通过聚合器解决方案（例如苹果新闻）和社交媒体新闻源获取新闻，这些信息源将来自不同出版商的无数故事以及你朋友和家人的照片的混合。

未来的娱乐方式可能会涉及类似的混合解决方案。"电影"和"电视"

---

① 电影《出租车司机》的主角。——编者注

不会消失，就像口头故事、连续剧、小说和广播节目在创作之后历经几个世纪依然存在一样，但我们可以期待电影和互动体验（通常称作"游戏"）之间存在丰富的联系。促进这种转变的是电影制作中越来越多地使用了实时渲染引擎，例如虚幻引擎和 Unity。

从历史上看，《哈利·波特》或《星球大战》等电影都使用了非实时渲染软件。在制作过程中不以毫秒为单位生成帧，而是花更多时间（从一毫秒到几天不等）使图像看起来更逼真或更详细是有意义的。此外，计算机图像部门的目标是虚拟地生成一个已知图像（基于故事板的图像）。因此，电影制作人不需要在现实世界中建造"曼哈顿"，甚至不需要在西村（West Village）建造一条街道充当复仇者联盟的布景，也不用建造一条可以模拟"真实纽约"的街道以及当外星人入侵或涉及无限宝石（Infinity Stones）时可能会发生的任何场景。

工业光魔，虚拟制作的领导者

元宇宙先锋
THE METAVERSE

　　在过去 5 年中，好莱坞逐渐将实时渲染引擎（最典型的是 Unity 和虚幻引擎）应用到他们的拍摄过程中。2019 年的《狮子王》是一部纯粹使用 CGI 制作的电影，但它的设计看起来像"真人动作片"，导演乔恩·费儒（Jon Favreau）经常戴着 VR 头显，通过基于 Unity 的再创作让自己沉浸在每个场景中。这让他能够理解每个纯粹的虚拟场景，就好像现实世界中常见的电影拍摄过程一样——从拍摄的位置和角度，到相机如何跟踪其虚构的角色以及环境的照明和着色等。最终的渲染也是在 Autodesk 发布的非实时动画软件 Maya 中进行的。

费儒以他在《狮子王》中的作品为基础，帮助开创了"虚拟制作"时代——他使用由高密度 LED 制成的墙壁和天花板建造了一个巨大的圆形房间，房间本身被称作虚拟片场（Volume），然后用虚幻引擎实现的实时渲染点亮 LED。这项创新带来了许多好处。最显而易见的是，虚拟片场中的每个人都能体验费儒在 VR 中所做的事情，并且无须佩戴头显。这也意味着你能在虚拟片场看到"真实的人"，而不是每个人都只能观看预先制作的《彭彭丁满历险记》（Timon & Pumbaa）动画。此外，演员可能会得到虚拟片场 LED 的帮助——从虚拟太阳照射下来的光会直接为演员重新着色，并为他们提供准确的阴影，这使得制作人员不需要在"后期制作"中对此进行应用或校正。一个可以全年拥有完美的日落的场景就此产生——多年后，完全相同的场景可以在几秒钟内重现。

虚拟制作的领导者之一是工业光魔，这是一家由《星球大战》创作者乔治·卢卡斯创建的视觉特效公司，现在归迪士尼所有。工业光魔估计，如果一部电影或系列电影已计划好在 LED 片场中拍摄，那么其拍摄速度可能比混合使用"真实世界"和"绿幕"拍摄电影快 30%～50%，而且后期制作成本也更低。比如热门的《星球大战》的衍生电视剧《曼达洛人》，它由费儒创作和执导，但每分钟的成本大约只有《星球大战》的 1/4，并且它也得到了电影评论家和观众的一致好评。该剧第一季的几乎所有内容都是在加州曼哈顿海滩的一个虚拟舞台上拍摄的，其中包括一个未命名的冰雪世界、沙漠星球内瓦罗（Nevarro）、森林覆盖的索尔根（Sorgan）、深空以及电视剧中的几十个场景。

除了使用类似的引擎和虚拟世界之外，虚拟制作与元宇宙有什么关系？它们之间的联系要从"虚拟外景"说起。如果你参观迪士尼的实体工作室外景，你会发现舞台和储物柜里摆满了《美国队长》（*Captain America*）的旧服装、死星（Death Star，《星球大战》中的超级武器）的微型模型，以及在《摩登家庭》（*Modern Family*）、《新女孩》（*New Girl*）和《老爸老妈浪漫史》（*How I Met Your Mother*）中出现的客厅。迪士尼的服务器上有所有其需要的 3D 对象，包含纹理、服装、环境、建筑、面部扫描信息和它制作的所有东西的虚拟版本。这不仅让拍续集变得更容易，也让制作衍生作品变得更容易。如果 Peloton 想要出售以死星或《复仇者联盟》中的校园为授课背景的课程，它可以利用迪士尼制作的大部分内容，前提是获得许可。如果 Tinder 想在 Mustafar 上提供虚拟约会场景，同样可以采用这种方法。与其通过 iCasino 视频玩 21 点，为什么不直接到坎托湾（Canto Bight）①玩呢？迪士尼不会将《星球大战》整合在《堡垒之夜》中，而会使用已经构建的内容在《堡垒之夜》创意模式上填充它自己的迷你世界。

---

① 坎托湾首次出现在《星球大战：最后的绝地武士》中，是坎托尼卡（Cantonica）这个沙漠星球的主要城市，是银河系里的知名赌城。——译者注

人人都能成为漫威故事的"主角"，也能像 NBA 球星一样投篮

这些技术不仅能让你有机会亲身体验《星球大战》的电影世界，它们还将使你成为故事体验的核心。在《曼达洛人》或《蝙蝠侠》（*Batman*）的每周更新之余，粉丝们将能够与他们的英雄一起参加经典（或非经典）活动和支线任务。例如，在星期三晚上 9 点，漫威可能会在 Twitter 上说复仇者联盟"需要我们的帮助"，相关任务进程可能由小罗伯特·唐尼（Robert Downey Jr.）扮演的托尼·史塔克（Tony Stark）来推动，或者可能由与他几乎没有相似之处，但操纵着一个像他的化身的人来推动。或者，粉丝将有机会体验他们在电影或节目中观看的内容，比如 2015 年，在《复仇者联盟 2：奥创纪元》（*The Avengers: Age of Ultron*）的结尾片段中，主角们在漂浮于地球上空的一大块土地上，与一群邪恶的机器人作战的场景。而在 2030 年，玩家将有机会参与作战过程。

类似的机会也将向体育迷开放。我们可能会通过 VR 头显"坐在球场边上"，但更有可能的是，我们观看的比赛几乎是瞬间被捕捉并复制到"电子游戏"中的。如果你拥有 *NBA 2K27* 这款游戏，你将能够"跳到"一场比赛中的一个特定的时刻，然后看看你是否能够赢得比赛，或者至少投进一个明星球员没有投进的球。对体育迷来说，目前观看比赛、玩体育电子游戏、参与梦幻体育、进行在线投注和购买 NFT 等活动彼此之间是独立进行的，但我们可能有机会看到这些体验活动都融合在一起，从而创造出新的体验。

　　其他人则在更抽象的层面重新构想娱乐方式。从 2020 年 12 月到 2021 年 3 月，Genvid Technologies 在 Facebook Watch 上举办了一场名为"决战巅峰"（Rival Peak）的大规模互动直播活动。这次活动的主题是《美国偶像》（American Idol）、《老大哥》（Big Brother）和《迷失》（Lost）的虚拟混搭。13 名 AI 参赛者被困在太平洋西北部的偏远地区，观众可以通过 13 周每天 24 小时运行的数十台摄像机观看他们互动、为生存而战并解开各种谜团。虽然观众无法直接控制给定角色，但他们仍然可以实时影响这些角色——通过解决难题为角色提供帮助或为反派制造障碍，参与 AI 角色的选择，并投票决定谁将被赶出岛屿。尽管视觉效果和创意都很粗糙，但"决战巅峰"预示了现场互动娱乐的未来可能是什么样子，也就是说，后者未来将不支持线性故事，而是所有参与者共同制作一个互动故事。2022 年，Genvid Techndogies 与漫画特许经营者罗伯特·柯克曼（Robert Kirkman）和他的公司 Skybound Entertainment 合作推出了《行尸走肉：最后的 M. I. L. E》（The Walking Dead: The Last M. I. L. E.）。这种体验让观众第一次掌握了《行尸走肉》中角色的生杀大权，同时引导人类的竞争派系走向或远离冲突。观众还可以设计自己的化身，然后进入《行尸走肉》的世界，真正成为故事中人。接下来可能会发生什么？我们大多数人都不想要一场真正的"饥饿游戏"，但观看我们最喜欢的演员、体育明星甚至政客的化身扮演游戏中的高保真实时渲染角色，可能会很有趣。

元宇宙 + 广告，抢占新增长的机遇蓝海

　　在过去的 60 年里，虚拟世界在很大程度上被广告商和时装公司所忽视。如今，电子游戏只有不到 5% 的收入来自广告。相比之下，大多数主要的媒体类别，如电视、音频（包括音乐、谈话广播、播客等）和报刊，其 50% 或更多的收入来自广告商，而不是观众。尽管每年有数亿人在虚拟世界中进

行娱乐活动，但像阿迪达斯、盟可睐、巴黎世家、古驰和普拉达等品牌才刚刚认识到虚拟世界值得关注，上述状况需要改变。

在虚拟空间中做广告很困难，原因有几个。首先，游戏行业在最初的几十年里是"离线"的，每个游戏都需要数年时间才能制作出来。因此，更新游戏内广告是不太可行的，而这意味着任何内置的广告都可能很快过时。这也是书籍中除了那些宣传作者其他作品的广告，通常不会出现其他广告的原因，但报纸和杂志则历来依赖广告。对于报纸和杂志的大多数读者来说，福特不会为宣传旧车"配置"的广告支付太多费用（福特可能会认为这种印象是有害的）。但是，目前的电子游戏不再受此类技术限制，因为它们现在可以通过互联网进行实时更新，但文化影响仍然存在。除了《糖果粉碎》这样的休闲手游外，游戏社区基本上不熟悉游戏内广告，并且对广告有很强的抵触情绪。尽管电视、平面杂志、报纸和广播用户也不怎么喜欢这些媒体上经常出现的广告，但广告始终是体验的一部分。

更大的问题可能是确定广告在实时渲染的 3D 虚拟世界中是什么或者应该是什么，以及如何定价和销售。在 20 世纪的大部分时间里，大多数广告都是单独协商和投放的。也就是说，像宝洁这样的公司会和哥伦比亚广播公司（CBS）合作，在晚上 9 点播出的《我爱露西》（I Love Lucy）中，播放第二个广告时段中的第一则广告——象牙肥皂广告，宝洁公司需要为此支付一定的广告费。如今，大多数数字广告都是通过编程实现的。例如，广告商会针对不同人群投放不同类型的广告（一张横幅海报、一个由商家提供的社交媒体帖子、一个由商家提供的搜索结果等），并且会按用户的点击量或广告观看时长向商家收费。

为 3D 渲染的虚拟世界寻找核心"广告单元"是一项挑战。许多游戏都有内置广告牌，包括以曼哈顿为背景的 PS4 游戏《漫威蜘蛛侠》，以及热门跨平台游戏《堡垒之夜》。但是，它们的实现方式完全不同。在游戏中，广告海报的大小可能会发生数倍的变化，这意味着游戏开发者可能需要不同的图片（而 Google Ad Words 对屏幕大小没有要求）。此外，玩家可能会以不同的速度、不同的心境（悠闲地散步或激烈地交火）经过这些海报，也可能位于离海报不同距离的地点上。所有这些都使得评估任何一款游戏内的广告牌的价值变得困难，更不用说通过编程方式去购买它们了。在虚拟世界中还有许多潜在的广告单元——游戏内车载收音机播放的广告、与现实世界相似的虚拟软饮料品牌等，但这些更难设计和衡量。然后是在同步体验中插入个性化广告的技术复杂性，确定何时应向玩家展示广告或不展示等（让所有玩家看到下一部复仇者联盟电影的横幅是有意义的，但如果看到的是药膏的广告可能就没什么意义了）。

AR 广告在概念上来看是更可行的，因为广告的背景画布是真实世界，而不是无数的虚拟世界，但实现起来可能更困难。如果用户看到大量无提示的或突兀的广告出现在真实世界的背景之上，他们就会更换这些头显。同时，这些广告引发事故的风险也会很高。

在美国，一个多世纪以来，广告消费占 GDP 总量的 0.9% ～ 1.1%（两次世界大战期间不算在内）。如果元宇宙要成为主要的经济力量，花钱做广告的人就不得不去寻找一种与之相关的方式，而广告技术也最终应知晓，要如何提供与充分衡量投放到元宇宙无数虚拟空间和对象中的程序化广告。

不是在元宇宙中做汽车广告，而是在虚拟空间中开着汽车跑

　　一些人认为，我们还需要从根本上重新思考如何在元宇宙中为特定产品制作广告。

　　2019年，耐克为 Air Jordan 品牌打造了一个身临其境的《堡垒之夜》创意模式世界，名为 Downtown Drop。在游戏中，玩家穿着火箭鞋在一个梦幻之城中的街道上奔跑，表演戏法并收集硬币以打败其他玩家。Downtown Drop 让玩家可以在"限时模式"中购买并解锁 Air Jordan 系列产品的专属形象和道具的目的是，彰显耐克 Air Jordan 系列产品的气质，从而让玩家了解这个品牌的调性，而不管玩家通过什么媒介来了解。2021 年 9 月，蒂姆·斯威尼在接受《华盛顿邮报》采访时表示："想在元宇宙中崭露头角的汽车制造商不会投放广告。他们会将自己的汽车实时投放到虚拟世界中，使人们可以开着它到处跑。他们将与许多具有不同经验的内容创造者合作，以确保他们的虚拟汽车在各个场景中都具有可玩性，并获得应有的关注。"[5]

　　显然，将一个新的、可驾驶的汽车模型放入虚拟世界，比将一辆车的照片放入目标搜索结果、在商业广告中讲述一个 30 秒或 2 分钟的引人入胜的故事或与一位 YouTube 上的内容生产者制作一个"本地广告"要复杂得多。它需要构建能吸引用户积极参与和使用的体验感和虚拟产品，以代替用户最初寻求的娱乐方式。如今，几乎没有任何广告代理商或营销部门具备构建此类体验所需的基本技能。尽管如此，元宇宙成功的广告模式可

能带来的利润、差异化的必要性以及消费互联网时代的教训，似乎可能会启发人们在未来几年的重大尝试。

快速成长的新品牌，比如 Casper、Quip、Ro、Warby Parker、Allbirds 和美元剃须俱乐部（Dollar Shave Club）不仅利用了直接面向消费者的电子商务模式，而且通过优化搜索引擎、A/B 测试和推荐代码等新颖的营销技术从老牌企业那里赢得了市场份额，并开发了独特的社交媒体身份。但到了 2022 年，这些策略不再新颖，它们只是一些商品，只是台面上的赌注，毫无新意。它们无法帮助任何品牌（无论品牌新旧）找到新的受众群体或脱颖而出。然而，虚拟世界在很大程度上仍然是未征服的领域。

同样地，如今的时尚品牌也需要进入元宇宙。随着越来越多的人类文化走向虚拟世界，人们将寻求新的方式来表达自己的身份和彰显个性。《堡垒之夜》便清楚地证明了这一点，它花了数年时间创造了比历史上任何一款游戏都多的收益，并且主要是通过出售化妆品而盈利（就像我之前提到的，这些收益也超过了许多顶级时尚品牌的收益）。NFT 也证明了这一点。最成功的 NFT 收藏品不是单纯的虚拟商品或交易卡，而是基于身份和社区的"个人资料图片"（PFP），如《加密朋克》和《无聊猿》。

如果今天的品牌不能满足这一需求，就会被新品牌取代。此外，元宇宙将给路易·威登、巴黎世家等多家公司的实体销售带来压力。如果人们更多的工作和休闲活动发生在虚拟空间中，那么我们需要更少的钱，并且可能会花更少的钱购买需要的东西。但为此，这些品牌可能会利用其实体销售来促进和提升其数字品牌的价值。例如，购买布鲁克林篮网队球衣或普拉达的包的人也可能获得使用虚拟球衣和包或 NFT 模拟物的权利，或者在购买相应的虚拟商品时享受折扣。或者，也许只有那些购买了"指定物品"的人才能获得一个数字副本。在其他情况下，数字消费可能会带动实体消费。毕竟，我们的身份不是纯粹在线的或离线的、实体的或"形而上"的。它们都会持续存在，就像元宇宙一样。

元宇宙 + 工业，开启智能制造的未来

在第 4 章中，我强调了元宇宙如何以及为什么会从消费类休闲活动开始，然后进入工业和企业，而不是像之前的计算和网络浪潮那样反过来。元宇宙向工业领域的扩张将是缓慢的。工业领域对模拟保真度和灵活性的技术要求远高于游戏或电影，而成功的关键在于对接受过现有软件解决方案和业务流程培训的员工进行再教育。大多数"元宇宙投资"最初多以假设形式而不是最佳实践案例为参考，这意味着投资将受到限制，利润往往很少。但最终，基于当前的互联网，大部分元宇宙及其收入将出现在普通消费者看不到的地方。

以美国佛罗里达州坦帕市占地 56 英亩、共有 20 栋建筑、耗资数十亿美元重建的水街（Water Street）为例。作为该项目的一部分，"战略发展合作伙伴"（Strategic Development Partners）制作了一个直径 17 英尺的 3D 打印和模块化的城市比例模型，然后用 12 个 5K 激光相机，根据城市的天气、交通、人口密度等数据，在该模型上投射 2 500 万像素的相关信息。所有这些都是通过虚幻引擎的实时渲染模拟运行的，可以通过触摸屏或 VR 头显查看。

数字孪生，为智能社会赋能

这种模拟的好处很难用文字描述，而这正是战略合作伙伴首先看到建立一个物理模型和 3D 数字孪生的价值的原因。"战略合作伙伴"使城市、潜在租户、投资者以及建筑合作伙伴能够以独特的方式了解和规划该项目，同时可以确切地看到城市将会受到施工过程以及已完成项目的哪些影响。想想看，5 年的建设工期会对本地交通产生哪些影响，这些影响与 6 年的建设工期会产生的有何不同？如果某个建筑物被推倒以修建一座公园，或者这个建筑物的楼层从 15 层减少到 11 层，将会发生什么？在开发过程中，该地区其他建筑物和公园的景观将受到哪些影响，包括折射光或热辐射的影响，以及在一年中的任何时候或任何一天受到的影响？这些建筑物会对该地区的应急响应时间造成什么影响？这座城市需要一个新的警察局、消防站或救护站吗？防火梯应该建在建筑物的哪一边？

如今，这些模拟主要用于设计和理解一栋建筑物或一个项目。最终，它们将用于运营由此产生的建筑物和其中的企业。例如，星巴克内的标牌（实体的、数字的和虚拟的）将根据实时跟踪结果进行选择和更改，跟踪的对象是：哪些类型的顾客光顾了这家店、何时光顾的，以及该店的剩余库存。星巴克所在的商场还将根据其线路和相似的饮品替代品（或另一家星巴克）等数据，将顾客引导至该门店，或阻止他们这样做。该商场也将连接到城市的基础设施系统，从而使由人工智能驱动的交通

信号灯网络运行得更好，并帮助消防和警察等城市服务更好地应
对紧急情况。

　　尽管这些示例侧重于所谓的"架构、工程和构造"，但这些想法很容
易在其他用例中复用。多年来，世界各地的军队一直在使用 3D 模拟技术，
我在第 9 章中介绍过，美国陆军与微软签订了一份价值超过 200 亿美元的
HoloLens 头显和软件合同。数字孪生在航空航天和国防公司中的效用也是
显而易见的（也许比军队使用虚拟现实技术更可怕）。而更有前景的是它们
在医药和医疗保健行业中的应用。正如学生们可以使用 3D 模拟技术来探索
人体一样，医生们也可以使用这项技术。2021 年，约翰·霍普金斯医院神
经外科医生为一名患者实施了该院的首例 AR 手术。该手术的主刀医生、医
院脊柱融合实验室主任蒂莫西·威瑟姆（Timothy Witham）医生说："这就
像一个 GPS 导航器非常自然地出现在你的眼前，所以你无须借助一个单独
的屏幕就可以看到患者的 CT 扫描图像。"[6]

　　威瑟姆医生的 GPS 类比揭示了商业 AR 和 VR 的所谓最低可行性产品
与消费类休闲产品之间的关键区别。为了获得广泛应用，消费级 VR 和 AR
头显必须比其他设备（如掌上电子游戏或智能手机消息应用程序等）提供的
体验更具吸引力或功能性。混合现实设备提供的沉浸式体验是一个差异化
因素，但如第 9 章所述，这类设备仍然存在许多缺点。例如，《堡垒之夜》
几乎可以在任何设备上玩意味着用户可以与他们认识的任何人一起玩。但
Population: One 基本上只有拥有 VR 头显的人才能玩。此外，《堡垒之夜》
也有更高分辨率的模式，该模式具有更高的视觉保真度、更高的帧率、更多
的并发用户，并且玩家不会出现头晕恶心的情况。对于许多游戏玩家来说，
VR 游戏还不足以成功地与主机、PC 或智能手机游戏竞争。但是，将有 AR

的手术与没有它的手术进行比较，就像在驾驶时有 GPS 和没有 GPS 一样，不管技术是否存在，司机该走的路还是要走，而技术的使用与否取决于它是否会对结果产生有意义的影响（例如缩短驾驶时间）。对于手术来说，这意味着更高的成功率、更快的恢复时间或更低的成本。尽管当今 AR 和 VR 设备的技术局限性无疑限制了它们在手术方面的应用，但即使只能小幅度地提高手术成功率也能证明它们价格高昂是合理的，我们也应该使用它们。

THE METAVERSE
透视元宇宙

元宇宙如何改变一切

1. **元宇宙如何改变教育**

   现实的教育：教学生产率无法提高，教学速度无法加快。"Zoom 学校"太糟糕了，最明显的特点是"在场感"的损失。

   元宇宙教育：学生们将在"一学期内建造罗马"，通过建造引水渠来学习它的工作原理。学生们可以在类似地球重力的作用下，在"火星"上，甚至在"威尼斯上层大气的硫酸雨环境"下进行测试。与其用醋和小苏打制造"火山爆发"，不如让学生们自己置身于"火山"中，搅动它的岩浆池，然后被喷射到"天空"中。

2. **元宇宙如何改变生活方式**

   现实的在线约会：在 Tinder 发布之前，一些人认为在线约会问题已经得到了"解决"。在这种模式中，用户可以"向右滑动"或"向左滑动"，以查看对方是否愿意聊天或直接忽略自己不感兴趣的人。平均每个用户花 3 ～ 7 秒做出这样的选择。

   元宇宙约会：未来，约会应用可能会为情侣提供各种沉浸式虚拟世界，帮助即将配对的情侣更好地了解彼此。这些虚拟世界可能包含模拟现实（在巴黎共进晚餐）或幻想（在"月球上的巴黎"共进晚餐）的场景，包括通过动作捕捉让化身进行现场表演（想象一下观看街头乐队的表演或参加伦敦皇家芭蕾舞团的数字孪生的演出，就算用户身处亚特兰大，也可以做到），并可能会促使人们重新开发经典的真人约会类节目，例如《约会游戏》。

3. **元宇宙如何改变娱乐**

现实的虚拟制作： 越来越多的人听到电影和电视节目等"线性媒体"的未来是 VR 和 AR 这种呼声，但在过去 5 年中，好莱坞逐渐将实时渲染引擎（最典型的是 Unity 和虚幻引擎）整合到他们的拍摄过程中。

元宇宙虚拟制作： 我们不仅能亲身体验《星球大战》电影世界，而且每个人都将成为故事体验的核心。

4. **元宇宙如何改变时尚与广告**

现实的时尚与广告： 在过去的 60 年里，虚拟世界在很大程度上被广告商和时装公司所忽视。如今，电子游戏只有不到 5% 的收入来自广告。

元宇宙时尚与广告： "想要在元宇宙崭露头角的汽车制造商不会投放广告。他们会将自己的汽车实时投放到虚拟世界中，使人们可以开着它到处跑。他们将与许多具有不同经验的内容创造者合作，以确保他们的虚拟汽车在各个场景中都具有可玩性，并获得应有的关注。"

5. **元宇宙如何改变行业**

现实的行业：应用于智慧城市，主要用于设计和理解一栋建筑物或一个项目，比如建立一个物理模型和 3D 数字孪生。

元宇宙行业：它们将用于运营由此产生的建筑物和其中的企业。数字孪生在航空航天和国防公司中的效用也是显而易见的，而更有前景的是医药和医疗保健行业。

元宇宙新经济，赢家与输家重新洗牌

如果说元宇宙是移动和云时代计算和网络的"继承者"，最终将改变大多数行业并影响与改变地球上的几乎每个人，那么就必须解决几个非常宽泛的问题："元宇宙经济"的价值是什么？谁来领导这一切？元宇宙对社会又意味着什么？

数万亿美元，元宇宙的经济价值

虽然企业高管们还不能就元宇宙到底是什么以及何时到来达成一致，但大多数人相信它的价值将达到数万亿美元。英伟达首席执行官黄仁勋预测，**元宇宙的价值最终将"超过"物理世界。**

　　试图预测元宇宙的经济规模是一项有趣但可能令人沮丧的尝试。甚至当元宇宙真正"到来"时，人们对它的价值也无法达成共识。毕竟，虽然我们现在进入移动互联网时代至少已经 15 年，进入互联网时代已经近 40 年，进入数字计算时代已经超过了 75 年，然而对于移动经济、互联网经济或数字经济可能产生的价值这类问题，人们依然没有达成共识。事实上，很少有人会去评估它们的价值 ①。相反，大多数分析师和记者只是将从定义上看可能属于这些类别的公司的估值或收入相加。衡量这些经济体的挑战在于，它们并不是真正的经济体。它们只是与"传统经济"紧密交织并依托传统经济的技术集合，因此，尝试对它们未来的经济进行估值更像是一种分配艺术，而不是一种测量或观察的科学。

　　想想你现在正在阅读的这本书。你很可能是在网上购买的。你为它支付的钱是否算数字消费？但它是实体生产、实体分配和实体消费的。而你的某些消费是否应该算是数字消费，如果是，应该按什么样的比例计算，以及为什么这样计算？如果您正在阅读这本书的电子版，这种分配比例又会如何变化？如果你在登机的时候，意识到自己在飞机上可能会闲得无聊，然后用 iPhone 下载了一份数字音频，这是否会改变这种分配比例？如果你只是从 Facebook 的帖子上知道了这本书呢？如果我使用云文字处理器而不是离线的文字处理器（或者说手写）来写这本书，这种分配比例是否会发生变化？

　　当我们想到数字经济的子集元素时，事情就会变得更加复杂，比如互联网经济或移动经济，两者都可能是最接近"元宇宙经济"的类比方法。提供互联网视频服务的奈飞是否有移动收入？该公司确实有一些只使用移动设备

———————————

① 如果你认为确实有人这样做过，那可能是因为我在本书中提到了一些估算。

的用户，但将来自这些客户的收入称作"移动收入"，并没有解决花了部分时间（而不是全部时间）使用移动设备观看奈飞视频的用户所产生的消费性质问题，这些用户会在各种设备上为访问服务而付费。

是否应该根据用户在移动设备上花费的时间所占的比例，相应地将每月订阅费的一部分算作移动消费呢？这是否又意味着用户在 65 英寸客厅电视屏幕上观看电影所创造的数字经济的价值，与在地铁上使用 5×5 英寸智能手机所创造的数字经济价值相当？而一个只在家里使用，只通过 Wi-Fi 联网的 iPad 算移动设备吗？或许算，那为什么使用 Wi-Fi 的智能电视不算移动设备呢？当它们主要通过网线传输数据时，产生的消费能算"移动"宽带消费吗？就这一点而言，如果没有互联网，人们就不会购买今天的大多数"数字设备"了吗？当特斯拉通过互联网更新汽车软件，以改善电池寿命和充电效率时，我们究竟应该如何计算或衡量这一价值呢？

我们现在可以看到这些问题的一些预兆。如果你将拥有的三年前的 iPad 升级到更新的 iPad Pro，只是因为后者的 GPU 性能更好，这样你就可以参与高并发用户实时渲染的 3D 虚拟世界，那么元宇宙应该分走多少苹果公司的收入份额？如果耐克出售捆绑 NFT 或《堡垒之夜》版本的运动鞋，那这些交易是否部分属于元宇宙中的交易呢？如果属于，那么其中的多少应该算？是否存在一个互操作性阈值，超过这个阈值后，虚拟商品交易应被视为元宇宙中的交易，而不仅仅是电子游戏道具交易？如果像比尔·盖茨想象的那样，微软团队的大多数视频通话都应用实时渲染的 3D 环境，那么它的订阅费中有多少是属于元宇宙的呢？如果建筑物是通过数字孪生来运营的，那么它所产生的消费中的哪一部分应该被计入元宇宙？宽带基础设施被更高容量的实时传输所取代，这算是人们对于元宇宙领域的投资吗？至少在今天，几乎所有将使用并因这一技术飞跃而受益的应用都与元宇宙关系不大。然而，人们之所以对低延迟网络进行投资，是因为有一些体验需要元宇宙：同步实时渲染的虚拟世界、AR 和云游戏流。

虽然上述问题是有益的思考训练，但它们没有标准答案。对那些专注于元宇宙的人来说，要做出权衡尤其具有挑战性，因为元宇宙尚未实现，也没有明确的开始时间。考虑到这一点，衡量元宇宙经济规模更切实可行的方法是借助更具哲学性的思考。

近 80 年来，数字经济在世界经济中的占比不断上升。有少数人估计，现在世界经济中大约 20% 是数字化的，到 2021 年，后者的价值约为 19 万亿美元。在 20 世纪 90 年代和 21 世纪初，数字经济的增长主要是由个人电脑和互联网服务的普及推动的，而接下来的 20 年主要是由移动和云计算技术推动的。这两波浪潮也意味着数字业务、内容和服务可以被更多人在更多地方、更频繁、更容易地访问，同时支持新的用例。移动和云计算技术浪潮也令之前的一切黯然失色。在大多数情况下，数字经济并不是什么新鲜事。例如，约会服务行业的规模在互联网出现之前可以忽略不计，但其通过移动设备实现了数量级的增长。通过数字光盘，录制音乐产业的规模翻了倍，但随后在基于互联网传输的时代，下降了 75%。

元宇宙的发展将与互联网的发展大体相似。**总体而言，它会推动全球经济的增长，即便部分行业经济规模（也许是房地产行业）会缩小。这样一来，数字经济在全球经济中的份额将会继续增加，元宇宙在数字经济中的份额占比也会增加。**

2032 年，元宇宙经济可能占数字经济的 30%

假设到 2032 年，元宇宙经济将占到数字经济的 10%，在此期间，数字经济在世界经济中的份额将从 20% 增至 25%，世界经济将继续以平均 2.5% 的速度增长，那么在 10 年内，元宇宙创造的 GDP 将达到每年 3.65 万亿美元。这一数值也表明 2022 年以后，元宇宙经济增长量占数字经济增长量的 1/4，占同期 GDP 实际增长量的近 10%（其余大部分将来自人口增长和消费者的消费习惯转变，比如人们购买更多汽车、更多水等）。而如果元宇宙经济占到数字经济的 15%，其每年经济增长量将达到 5.45 万亿美元，占数字经济增长量的 1/3，占世界经济增长量的 13%。如果按占数字经济 20% 的比例计算，元宇宙经济增长量将达到 7.25 万亿美元，占数字经济增长量的一半和世界经济增长量的 1/6。还有一些人认为，到 2032 年，元宇宙经济可能占数字经济的 30%。

不管如何推测，上述内容都准确地描述了经济是如何转变的。元宇宙的先驱者将会得到年轻人的密切关注，其经济增长速度将超过数字经济或实体经济中领先的公司，并重新定义我们的商业模式、行为和文化。反过来，风险投资和公开市场的投资者对这些公司的估值将高于市场其他部分，从而为这些公司的创始人、员工或投资者创造数万亿美元的财富。

这些公司中的极少数将成为消费者、企业和政府之间的重要中介——虽然它们本身就是价值数万亿美元的公司。其实，说数字经济占世界经济的

20%，仍然是有问题的。因为无论计算方法多么合理，这一结论都忽略了一个事实，即剩下 80% 的经济的大部分也是由数字驱动或信息驱动的。这也是为什么我们认为五大科技巨头的收入还不足以彰显它们强大的实力。谷歌、苹果、Facebook、亚马逊和微软在 2021 年的总收入为 1.4 万亿美元，不到数字经济总额的 10%，占世界经济总量的 1.6%。然而，这些公司对它们没有计入资产负债表的所有收入产生了极大影响，它们从许多收入中抽取分成（例如，通过亚马逊的数据中心或谷歌的广告抽取分成），有时还制定它们自己的技术标准和商业模式。

今天的科技巨头如何占位元宇宙

哪些公司将引领元宇宙时代？回顾历史，我们便可以得到这个问题的答案。

我们可以通过 5 个类别来理解企业的不同发展轨迹。无数的新公司、新产品和新服务将被开发出来，最终影响、触达或改变几乎每个国家、每个消费者和每个行业（第一类）。一些新入场者将取代当前领导者的位置，后者要么败下阵来，要么沦为无关紧要的角色；这里的例子包括美国在线、ICQ、雅虎、Palm 和 Blockbuster（第二类）。由于数字经济的整体增长，一些被取代的巨头重新获得了扩张的机会（第三类）。IBM 和微软的计算机市场份额从来没有这么小过，但它们的价值都比所谓的鼎盛时期要高（第四类）。还有一些公司不会被取代和颠覆，并继续发展其核心业务（第五类）。那么谁可能是向元宇宙转变的研究案例呢？

与 MySpace 不同，Facebook 成功地实现了向移动平台的转型。但该公司必须再次转型，目前监管机构似乎不太可能支持类似 Instagram 和

WhatsApp 的收购，这有助于 Facebook 将发展重心转向移动业务，以及 Oculus VR 和 CTRL-labs，而它们为 Facebook 的元宇宙计划奠定了基础。该公司还面临着运行其服务的平台的战略阻碍，这些平台是以硬件为基础的。与此同时，Facebook 的口碑从未如此差过。不过，对 Facebook 进行贬低是错误的。这家社交网络巨头仍然拥有 30 亿月活跃用户和 20 亿日活跃用户，以及使用次数最多的在线身份识别系统。它已经计划在元宇宙相关方案上每年投入 120 亿美元（并在接近 1 000 亿美元的年收入中产生超过 500 亿美元的现金流），同时 Facebook 在 VR 硬件出货量方面已经领先多年，并且它的创始人与其他企业高管一样相信元宇宙，且对该公司拥有实际控制权。

但正如人们不能指望 Facebook 一样，投资和信念并不能确保元宇宙成为现实。**颠覆并不是一个线性的过程，而是一个递归且不可预测的过程。**正如我们所看到的，围绕元宇宙存在很多令人困惑和悬而未决的问题。关键的技术进步何时到来？怎样才能最好地实现这些技术？元宇宙的理想盈利模式是什么？新技术将产生哪些新的用例和使用习惯？ 20 世纪 90 年代，微软相信移动技术和互联网，并拥有许多产品、技术和资源来做谷歌、苹果、Facebook 和亚马逊现在所做的事情。但事实证明，从应用商店和智能手机的作用到人们日常使用的触摸屏的重要性，微软几乎在所有方面的做法都是错误的，并且也因为需要维护自己非常成功的 Windows 操作系统和集成的 Microsoft Exchange①、Server② 和办公套件而分神。而今天，微软的价值如此之高，是因为它最终决定摆脱对自己的技术堆栈和套件的依附，转而支持客户喜欢的东西。

---

① 微软推出的邮件服务器软件。——译者注
② 微软用于构建互联应用程序、网络和 Web 服务的基础结构平台。——译者注

微软在很多方面都被谷歌超越了，谷歌现在运营着世界上使用人数最多的安卓操作系统（而不是 Windows）、Chrome 浏览器（而不是 IE 浏览器）和 Gmail 邮件在线服务（而不是 Hotmail 或 Windows Live）。然而，谷歌将在元宇宙中扮演什么角色呢？该公司宣称自己的使命是"整合全球信息，供大众使用，使人人受益"，但它几乎无法访问虚拟世界中存在的信息，更不用说使用这些信息了。而且它没有虚拟世界、虚拟世界平台、虚拟世界引擎或任何它独有的类似服务。值得一提的是，Niantic 最初是谷歌的子公司，但在 2015 年被拆分。两年后，谷歌将其卫星成像业务出售给了 Planet Labs。2016 年，谷歌开始打造云游戏流媒体服务 Stadia，并于 2019 年底推出该服务。同年早些时候，谷歌还宣布成立"云原生"内容工作室 Stadia 游戏和娱乐部门。2021 年初，该工作室被关闭。在接下来的几个月里，包括总经理在内的许多 Stadia 高层管理人员都转到了谷歌内部的其他部门，或者离开了该公司。

我们已经可以在 Epic Games、Unity Technologies 和 Roblox 等公司中看到新的颠覆者的特征。尽管与 GAFAM 相比，它们的估值、收入和运营规模并不大，但它们拥有玩家网络、开发者网络、虚拟世界和"虚拟管道"，可以成为元宇宙领域真正的领导者。不仅如此，它们的历史、文化和技能与世界上当前的科技巨头几乎没有交集，但所有这些公司都认同元宇宙是未来。在过去 15 年的大部分时间里，GAFAM 主要关注其他领域，包括流媒体电视、社交视频和直播视频、云文字处理器和云数据中心。它们关注这些领域并没有错，但它们对电子游戏的关注相对较少，尤其是目前最接近元宇宙理念的是大逃杀游戏、儿童虚拟游乐场，或者只是游戏引擎。科技巨头对游戏的相对漠视说明它们没有准备好迎接这一互联网新时代的转变，或者没有预测到这一转变。

2012 年马克·扎克伯格以 10 亿美元收购 Instagram，这次收购被视为数字时代最辉煌的收购之一。当时，该图像共享服务每月只有 2 500 万活跃用户、十几名员工，而且没有收入。10 年后，其估值超过 5 000 亿美元。2014 年，Facebook 斥资 200 亿美元收购了当时拥有 7 亿用户的 WhatsApp。现在，人们普遍认为，这两项收购虽然对于 Facebook 而言是明智的收购，但是监管机构本应以反垄断为由而加以阻止。

　　尽管扎克伯格的收购记录广受赞誉，但无论是 Facebook 还是它的竞争对手，都没有收购 Epic Games、Unity Technologies 或 Roblox——尽管这些公司在过去 10 年的大部分时间里估值都不到 10 亿美元，而对 GAFAM 中的大多数公司来说，10 亿美元还不到它们一周的利润[①]。为什么？因为 Epic Games 公司的作用和潜力都太不确定了。电子游戏领域在最好的情况下被认为是利基市场，在最坏的情况下被认为是边缘市场。回想一下，尼尔·斯蒂芬森最初并没有设想这类游戏是通往元宇宙的唯一途径，但到了 2011 年，他表示几乎所有西方的技术主管就算没有玩过也都听说过《第二人生》和《魔兽世界》。

　　值得赞扬的是，Facebook 泄露的备忘录显示，2015 年，扎克伯格向董事会提出收购尚未成为独角兽的 Unity Technologies。然而，目前还没有关于收购的官方报道，尽管 Facebook 本来有机会用很便宜的价格收购这家公司：直到 2020 年，Unity Technologies 的估值才超过 100 亿美元，但 Facebook 错失良机。虽然 Facebook 确实在 2014 年收购了 Oculus，但后者新增的终身用户数量仍比不上 Epic Games、Unity Technologies 或 Roblox。这并不是说

---

① 大多数好莱坞公司都吹嘘自己"差点收购了奈飞"或"考虑收购 Instagram"，所以值得注意的是，如果它们中有哪一家曾收购了 Epic Games、Unity Technologies 或 Roblox，那么现在被收购公司的价值很可能已经超过了母公司。

Facebook 收购 Oculus 是错误的，Oculus 可能还具有变革性，何况 Facebook 不止收购了这一家公司。实际上，Facebook 自此之后已经完成了数十次收购。此外，Facebook 元宇宙战略的表面核心不是 Oculus，也不是 VR 和 AR，而是类似于 Roblox 和《堡垒之夜》的 IVWP——*Horizon World*（使用 Unity 构建而成）。而 Roblox 的用户正是威胁到 Facebook 未来的人——不是那些脱离社交网络的人，而是那些从未使用过它的人。

如果说 Facebook 是元宇宙领域最激进的投资者，而谷歌是最保守的投资者，那么亚马逊则处于中间位置。AWS 占据了近 1/3 的云基础设施市场，正如本书中讨论的，元宇宙将需要前所未有的计算能力以及数据存储和实时服务能力。换句话说，即使其他云提供商在未来的增长中占有更大的份额，AWS 也能从中受益。然而，与音乐、播客、视频、快时尚和数字助理等更传统的市场相比，亚马逊构建专门面向元宇宙的内容和服务的努力可以说是不成功的，而且没有那么重要。根据各种报道，亚马逊每年向亚马逊游戏工作室（Amazon Game Studios）投入数亿美元资金，该工作室专门为实现亚马逊创始人杰夫·贝佐斯的目标——制作"对计算能力的要求高到离谱的游戏"而服务。然而，大多数游戏在发行前就被取消了（尽管直到它们的开发预算超过大多数热门游戏的终身预算才被取消）。2021 年 9 月发布的《新世界》（*New World*）收获了一众好评并获得了初步关注（令人难以置信的是，它已经耗尽了可用的 AWS 服务器资源），但每月只有数百万玩家。另一个例子是亚马逊游戏工作室在 2022 年 2 月发布的《迷失方舟》（*Lost Ark*）。成功总是美好的，但《迷失方舟》不是该工作室制作的，只是由它重新发布。该游戏由 Smilegate RPG 开发，最初于 2019 年在韩国发布，一年后亚马逊与该公司达成了合作协议。未来可能还会有更多的热门作品出现，但这些作品的收入与亚马逊每年在 Amazon Music 和 Amazon Prime Video 上投入的数十亿美元（以及以 85 亿美元收购好莱坞电影公司米高梅），完全不成比例。据报道，亚马逊在电视剧《指环王》单季上的投入将超过其游戏工作室的年度投入。亚马逊的云游戏流媒体服务 Luna 也是类似的例子。该服务于 2020 年 10 月推出，但它的市场甚至比谷歌的 Stadia 还小，而且与亚马逊的其他内容服务不同，其中几乎没有免费内容。Luna 成立 4 个月后，负责该部门的高管离职，后来出任 Unity Engine 的总经理。尽管电视游戏直播市场的领导者 Twitch 以及 Prime 会员项目一直保持着不俗的实力，并不断取得成功，但亚马逊一直想方设法努力成为 Steam 的竞争对手，却没有成效。

亚马逊最值得关注的游戏项目始于 2015 年开发。据报道，当时亚马逊斥资 5 000 万～7 000 万美元买下了 CryEngine 的许可权，这是一个中等规模的独立游戏引擎制造商，隶属于《孤岛惊魂》(Far Cry) 的开发商 CryTek。在接下来的几年里，亚马逊投资了数亿美元将 CryEngine 转变为 Lumberyard，使其成为虚幻引擎和 Unity 的潜在竞争对手。尽管 CryEngine 针对 AWS 进行了优化，但该引擎的采用率一直不高。Linux 基金会于 2021 年初接管了该引擎的开发工作，并将其重新命名为"开放 3D 引擎"，使其成为开源的。亚马逊在 AR 或 VR 硬件方面有些成就，但到目前为止，它在实时渲染、游戏开发和游戏发行方面几乎所有进程的表现都令人失望。

我在第 9 章和第 10 章中提到，**苹果公司也确实是元宇宙的受益者**。即使监管机构对其许多服务进行了拆分，该公司的硬件、操作系统和应用平台仍将是通往虚拟世界的关键门户，这将为其带来数十亿美元的高利润收入，并扩大其对行业技术标准和商业模式的影响。该公司在推出轻量级、高性能和易于使用的 AR 和 VR 头显以及其他可穿戴设备方面，也比任何其他公司都更有优势，部分原因在于谷歌公司的这些设备能够与 iPhone 充分集成。然而，人们并不知道苹果正在开发自己的 IVWP，例如 Roblox，这是一种可能使公司与许多虚拟世界用户和开发人员联系起来的应用程序类别。鉴于苹果公司缺乏很多游戏专业知识，并且人们认为它是一家以硬件而非软件或网络为重点的公司，因此误以为其不可能建立一个领先的 IVWP。

　　元宇宙时代最有意思的 GAFAM 公司很可能是微软，它是移动时代失去主导地位的最具代表性的研究案例之一。自 2001 年第一代 Xbox 发布以来，投资者和公司高管都在思考微软的游戏部门是否重要，是否有保留的必要。在萨提亚·纳德拉从史蒂夫·鲍尔默手中接任首席执行官三个月后，公司创始人比尔·盖茨表示，如果纳德拉想拆分 Xbox，他"绝对"支持，"但我们将制定一个整体游戏战略，所以它可能不像你想的那样浅显"。纳德拉进行的第一次价值数十亿美元的收购是收购游戏《我的世界》，这一举动现在看起来很正确，但在当时属于不走寻常路的操作。他选择不让该游戏只在该公司的 Xbox 和 Windows 中的一个平台发展，而是在这两个平台上都发展，这显然是更好的。此外，自收购以来，该游戏的玩家数量增长了 500% 以上，从每月 2 500 万用户增加到 1.5 亿，使其成为全球第二流行的实时渲染 3D 虚拟世界。

　　众所周知，现在处于行业前沿的是游戏体验，包括微软的游戏体验。回想一下《微软模拟飞行》，它是技术和协作的奇迹。虽然 Xbox 的游戏工作室开发并发布了该游戏，但它是与 Bing Maps 合作开发该游戏的，并使用了一个协作形式且可免费使用的在线地图社区—— OpenStreetMaps 提供的数据。Azure 的人工智能将这些数据整合到 3D 可视化中，帮助提供实时气象服务，并支持云数据流。Xbox 部门还拥有自己的硬件套件、世界上最受欢迎的云游戏流媒体服务、第一方游戏工作室和少数专有引擎。虽然 HoloLens 由 Azure AI 部门运营，但它与游戏的关系是显而易见的。2022 年 1 月，微软同意以 750 亿美元收购独立游戏发行商动视暴雪（这是 GAFAM 历史上价格最高的一次收购）。微软在宣布这次收购时表示："（动视暴雪）将加速微软在移动、PC、游戏机和云领域的游戏业务增长，并将为元宇宙提供构建模块。"[1]

在许多方面，纳德拉对《我的世界》的收购体现了他对微软整体转型的态度。微软的产品不再是为自己的操作系统、硬件、技术堆栈或服务而设计的，或被优化以与后者配合。相反，它将是跨平台的，支持尽可能多的平台。这就是微软在失去计算操作系统霸权的情况下仍能实现利润增长的原因——数字世界的利润整体实现了增长。因此，虽然微软的份额收缩了，但其总利润增加了。同样的理念确立了微软在元宇宙中的位置。

成立于 1946 年的索尼是另一个值得分析的企业集团。按收入计算，索尼互动娱乐是全球最大的游戏公司，其业务涵盖专有硬件和游戏，以及第三方的发行和分销。索尼互动娱乐还运营着全球第二大付费游戏网络 PS Network、第三大云游戏流媒体订阅服务 PSNow 以及多个高保真游戏引擎。该公司的原创游戏，例如《最后生还者》《战神》和《地平线：零之曙光》，被认为是行业历史上最生动、最具创意的游戏之一。PS 也是第五代、第六代、第八代和第九代游戏机中最畅销的游戏机，PS VR2 预计将于 2022 年底上市。与此同时，索尼影业是全球收入最高的电影制片公司，也是整体规模最大的独立电视 / 电影工作室。索尼的半导体部门也是图像传感器领域的全球领导者，拥有近 50% 的市场份额（苹果是其最大的客户），而它的 Imageworks 部门是顶级视觉效果和计算机动画工作室。索尼的鹰眼（Hawk-Eye）是全球众多职业体育联盟使用的计算机视觉系统，通过 3D 模拟和回放来辅助裁判（曼城足球俱乐部也在部署该技术，在比赛过程中创建体育场、球员和球迷的实时数字孪生）。索尼音乐是全球收入第二高的音乐集团（前文提到的特拉维斯·斯科特即索尼音乐旗下的艺术家），而 Crunchyroll 和 Funimation 为索尼提供了世界上最大的动漫流媒体服务。随着元宇宙的出现，我们在审视索尼的资产和创造能力时，可以看到巨大的潜力。然而，许多挑战依然存在。

索尼的游戏几乎只能在 PS 上运行，而索尼互动娱乐在制作热门移动游戏、跨平台游戏或多人游戏方面的成功经验有限。尽管索尼在游戏硬件和内容方面实力雄厚，但通常被视为在线服务领域的落伍者，并且在计算和网络基础设施以及虚拟制作方面没有领导力。尽管日本企业在半导体领域实力雄厚，但索尼在日本没有大的竞争对手，这意味着它向元宇宙的转变可能需要使用 GAFAM 的服务和产品[①]。

2020 年，索尼发布了功能强大的 IVWP——Dreams，并推出了许多由专业人士制作的游戏，但未能吸引很多用户或开发者。许多评论家认为 Dreams 注定要走向失败，这反映了索尼在 UGC 平台方面的经验不足。与大多数 IVWP 不同，Dreams 并非免费的，售价为 40 美元。此外，该平台没有为开发者提供任何收入分成，并且只能在 PS 游戏机上运行，而与之竞争的 IVWP 平台却可以在全球数十亿台设备上运行[②]。

与 GAFAM 相比，索尼的用户数量会少很多，工程师更少，每年的研

---

① 2019 年 5 月，索尼宣布与微软建立"战略伙伴关系"，使用微软 Azure 数据中心为云游戏和其他内容流媒体服务提供支持。2020 年 2 月，Xbox 负责人表示："谈到任天堂和索尼，我们非常尊重他们，但我们认为亚马逊和谷歌是未来的主要竞争对手……这并不是不尊重任天堂和索尼，但传统游戏公司在某种程度上很难与之抗衡。我想他们可以尝试重新创建 Azure，但我们在云计算领域已经投入了数百亿美元。

② 将 Dreams 限制在 PS 设备上，是这个平台在技术上如此强大的部分原因，因为移动设备的能力显然不如计算设备。但由于该 IVWP 最初是为自己的高端设备设计的，索尼此举增加了将上面的游戏扩展到其他平台的难度。

发预算在数月甚至数周内就会超支。几十年来，该公司一直是"错失良机的典型代表"。尽管索尼的随身听产品使其成为便携式音乐设备的全球市场领导者，并拥有全球第二大音乐厂牌，但彻底改变数字音乐的是苹果公司。虽然索尼在消费电子、智能手机和游戏领域实力雄厚，但它还是被挤出了手机业务领域，而且完全错过了发展联网电视设备的机会。索尼是唯一一家没有传统电视业务需要保护的好莱坞巨头，曾在奈飞从 DVD 转型的同一年推出了流媒体服务 Crackle，可索尼未能抓住这个机会。为了在元宇宙中处于领先地位，索尼不仅需要大量创新，还需要前所未有的跨部门协作——就算是最为综合性的公司，在部门协作方面也面临着挑战。该公司的平台将需要跳出其自身紧密集成的生态系统，比如 PS，同时还需连接到第三方平台。

然后是英伟达，这是一家在图形计算时代创建，至今已有近 30 年历史的公司。与英特尔和 AMD 等生产大型处理器和芯片的公司一样，英伟达也将从计算需求的增长中受益。用户设备中的高端 GPU 和 CPU，以及亚马逊、谷歌和微软的数据中心，通常都使用这些供应商的产品和技术。然而，英伟达的目标远不止于此。例如，该公司的 GeForce Now 云游戏流媒体服务流行程度全球排名第二位，规模是索尼的数倍，比亚马逊的 Luna 或谷歌的 Stadia 高几个数量级，是市场引领者微软的一半。与此同时，它的 Omniverse 平台开创了 3D 标准，促进了不同引擎、物体和模拟的互操作，并可能成为数字孪生和现实世界的一种 Roblox。**我们可能永远不会戴上英伟达品牌的头显，也不会玩英伟达发布的游戏，但至少我们很可能生活在一个很大程度上由英伟达提供动力的元宇宙中。**

评估今天的引领者为面对未来而做的准备情况是有风险的，因为他们看起来都准备好了，他们已拥有现金、技术、用户、工程师、专利、人脉等。然而，我们知道其中一些公司将摇摇欲坠，并且是因为这些优势（其中一些会变成负担）。随着时间的推移，你会渐渐发现，元宇宙的许多引领者在本书中都没有出现过，可能是因为它们太小而没有引起我的注意，或者我不知道它们的存在。有些公司很有可能尚未创立。整整一代 Roblox 的"原住民"现在才刚刚成年，很有可能是他们而不是硅谷，创造出第一个拥有数千（或数万）并发用户的大游戏，或基于区块链的 IVWP。无论是受到 Web3 原则的推动，还是受到元宇宙提供的赚取数万亿美元机会的鼓舞，或者由于监管审查而根本无法将公司出售给 GAFAM，这些创始人最终将取代 GAFAM 中的至少一名成员。

为什么信任比以往任何时候都重要

无论哪家公司将占据主导地位，最有可能出现的结果确实是一小部分横向或纵向的集成平台会在元宇宙中占据绝大部分时间、内容、数据或收入份额。这并不代表它们能同时占据所有这些资源中的绝大部分份额，回想一下，GAFAM 在 2021 年的数字收入占数字经济总收入的不到 10%，但足以共同塑造元宇宙的经济及其用户的行为，还影响现实世界的经济及公众。

所有企业，尤其是以软件为基础的企业，都能从这种正向反馈环中受益——更多的数据会带来更好的推荐，更多用户意味着会产生黏性更高的用户群并吸引更多广告商，更高的收入会带来更多可支配支出，更大的投资预算会吸引更多人才。在将由区块链引领的未来，这一点并没有改变，其原因与 20 世纪 90 年代有数百万其他网站可用，但受众仍然集中在少数网站和雅虎或美国在线等门户网站的原因相同。用户习惯本身就具有黏性，这也是风险资本家对区块链 Dapps 的估值达到数十亿美元的部分原因——尽管与 Web2 时代相比，后者的权威性对用户或数据而言微不足道。

　　然而，许多人认为，元宇宙真正的战争并不是在大公司之间展开的，也不是在它们与想取而代之的初创公司之间展开的。相反，这场战争是"中心化"和"去中心化"之间的较量。当然，这个框架并不完美，因为任何一方都无法"获胜"。重要的是元宇宙在这两端之间的位置、原因以及它的位置会随时间发生怎样的变化。当苹果在 2007 年推出其封闭的移动生态系统时，它是在与传统智慧打赌。这场赌局的成功无疑带来了更大、更成熟的数字经济，尤其是移动经济，同时创造了历史上最有价值、利润最多的公司和产品。但 15 年后，随着苹果电脑销售量在美国个人电脑销售量中的占比从不到 2% 上升到超过 2/3（它在软件销售中的份额接近 3/4），苹果的主导地位剥夺了开发者和消费者的很多选择，阻碍了整个行业的发展。在 Epic Games 公司起诉苹果一案中，苹果首席执行官蒂姆·库克告诉法官，允许开发者在应用中添加链接，让他们跳转到其他支付方式，就相当于"从根本上放弃了我们的 IP 的全部回报"。[2] 下一代互联网不应受到此类政策的限制。然而，迄今为止，Roblox 这个最受欢迎的元宇宙原型之所以能蓬勃发展，其原因与苹果的 iOS 有许多相同之处：尽可能严格控制用户的体验，包括强制捆绑内容、分销渠道、支付方式、账号系统、虚拟商品等。

　　考虑到这一点，我们应该承认，元宇宙的发展得益于去中心化和中心化，就像现实世界一样，凡事都有两面性。而且，就像现实世界一样，两个极端的中间地带不是一个固定点，甚至不是一个可预料的点，更不是一个得到一致认可的点。但是，如果大多数公司、开发人员和用户都接受不能非此即彼这一基本观点，那么就有一些政策方法可以遵循。

　　例如，Epic Games 向开发者颁发的虚幻引擎许可是书面形式的，即授予被许可人无限期使用虚幻引擎构建其作品的权利。Epic Games 仍然可以更改其后续版本（比如 4.13，尤其是 5.0 或 6.0）或是更新许可，因为放弃这一权利在经济层面是不切实际的，而且可能对开发人员造成伤害。但这项政策的结果是，开发人员不必担心选择使用虚幻引擎就会永远受制于 Epic Games 的突发奇想、欲望和领导。（毕竟，元宇宙中没有租金控制委员会，也没有上诉法院。）由于虚幻引擎的许可允许开发人员自由地进行自定义和使用第三方集成，因此开发人员可以选择不使用更新的平台版本，而是建立他们自己的更新内容以取代 Epic Games 在 4.13、4.14、5.0 及更高版本中增加的任何内容。

2021 年，Epic Games 对其虚幻引擎许可证的权限设置进行了另一项重要修改：它放弃了终止该许可的权利，就算开发者没有支付该支付的款项或直接违反了协议也依然如此。如果想维护权益或终止许可，Epic Games 需要将客户告上法庭，以强制对方付款或赢得法院的强制令。这使得 Epic Games 执行其规则变得更难、更慢、成本更高。该政策的目的是与开发人员建立信任，Epic Games 希望这能从总体上促进业务的良性发展。试想一下，如果你的房东因为你违反了租房协议，或者因为你拖欠了 1 天或 60 天的付款，随时都可以把你锁在公寓外面。这不仅会对你的心理健康造成伤害，而且会影响你租房的意愿，以及使你不愿意首选在这个城市生活。在元宇宙中，用户可能会被无缘无故地锁定账号或永久禁止访问，他们的虚拟财产可能会被永久没收。如何防止这些情况发生？技术自由主义者的答案是通过区块链实现去中心化。还有一个答案是通过立法赋予虚拟物品实体性。这两个答案相互之间并不矛盾。蒂姆·斯威尼认为，没有人能从"（拥有）担任法官、陪审团和刽子手能力"的公司中受益，它们的影响力会阻止其他企业从制造产品、分销产品或服务客户的过程中获利。

我对元宇宙最大的期望是，它能带来一场"信任竞赛"。为了吸引开发商，各大平台纷纷投入数十亿美元，以便开发商更容易地以更低的价格、更快速地构建性能更好、能使其获得更多利润的虚拟商品、空间和世界。但它们也通过政策证明了一种新的可能，即它们可以成为值得信任的合作伙伴，而不仅是开发商或平台。合作一直是一个很好的商业策略，并且由于构建元宇宙所需的巨额投资和对开发者的信任，各大平台已经将这一战略放在了最重要的位置。

2021 年 4 月，微软宣布游戏发行商在其 PC 端 Windows 商城中销售游戏只需支付 12% 的费用，而不是传统的 30%（微软在 Xbox 上仍收取 30%）的费用，并且 Xbox 用户可以免费玩游戏，而无须订阅主机的 Xbox Live 服务。两个月后，微软对这一政策做出了修改，非游戏应用程序可以使用自己的计费解决方案，而不是微软的，因此只需要向 Visa 或 PayPal 等基础支付渠道支付交易额 2% ～ 3% 的手续费。到 2021 年 9 月，Xbox 宣布其 Edge 浏览器已经升级，达到了"现代网络标准"，用户可以在该设备上使用 Xbox 竞争对手提供的云游戏流媒体服务，如谷歌的 Stadia 和英伟达的 GeForce Now，而无须使用微软的商店或实时服务。

微软最重大的政策变化发生在 2022 年 2 月，当时微软宣布为其 Windows 操作系统和"该公司为游戏构建的下一代市场"推出了一个新的平台，只收取 14% 的佣金，并且支持第三方支付方式和应用程序商店（不影响选择使用它们的开发者），用户有权将这些替代选项设置为默认选项。而且开发者拥有直接与终端用户沟通的权利（即使这种沟通的目的是告诉用户，他们可以通过放弃微软的应用商店或服务套件来获得更好的价格和服务）。关键是，微软声称并非所有这些原则都将"立即和批量应用于当前的 Xbox 游戏机商店"，因为 Xbox 硬件本身是亏本销售的，它的利润是通过微软专有商店出售的软件累积的。但微软表示："我们意识到，即使是为 Xbox 游戏机商店考虑，我们也需要调整业务模式……随着时间的推移，我们将竭

尽所能缩小其余原则上的差距。"³

扎克伯格在 2021 年 10 月公布 Facebook 的元宇宙战略时，明确表示需要"最大化元宇宙的经济"并支持开发人员。为此，扎克伯格根据当今其他软件平台所采取的方案做出了一系列政策承诺，通过减少 Facebook 的 VR 以及即将推出的 AR 设备的功能和利润，使开发人员受益。例如，扎克伯格表示，虽然 Facebook 的设备（类似于游戏机，但不同于智能手机）将继续以成本价或低于成本价的价格出售，但该公司将允许用户直接从开发人员那里下载应用，甚至通过竞争对手的应用商店下载应用。他还宣布，使用 Oculus 设备将不再需要 Facebook 账号（这是 2020 年 8 月公布的一项新政策），并且该设备将继续使用 WebXR——一个基于浏览器的 AR 和 VR 应用的开源 API 集合，以及 OpenXR——一个用于已安装的 AR 和 VR 应用的开源 API 集合，而不是生成（更不需要）它自己的专有 API 套件。回想一下第 10 章，几乎所有其他计算机操作平台要么屏蔽了浏览器的大量渲染，要么需要开发人员使用专有的 API 集合。

在接下来的几周里，Facebook 开始同时启用几个 API，并开始一体化曾经受到支持但已关闭数年的竞争平台。最值得注意的一个例子是将 Instagram 的链接发布到 Twitter 上，这样相关的 Instagram 照片就会显示在推文中。Instagram 在 2010 年推出后不久就提供了这个 API，但在 2012 年被 Facebook 收购后仅 8 个月就将其删除了。

人们很容易对微软、Facebook 和其他 Web2 时代巨头的策略持怀疑态度。2020 年 5 月，微软总裁布拉德·史密斯（Brad Smith）表示，在开源软件方面，该公司一直"站在历史的对立面"。然后在 2022 年 2 月，他公开支持了美国参议院通过的一项法案，该法案要求苹果和谷歌向第三方应用商店和支付服务开放它们的移动操作系统。(史密斯表示，这项"重要"立法"将促进竞争，确保公平和创新"。)⁴ 如果微软像苹果和谷歌那样在移动领域蓬勃发展，而不是被这些公司取代，或者 Xbox 在游戏机市场排名第一位，而不是垫底，那么微软可能不会做出政策上的调整。如果 Facebook 拥有自己的操作系统，而不是因为缺乏操作系统而使自身发展受到阻碍，它在政策上对侧载①的要求还会如此宽松吗？如果不是因为现在创建广受欢迎的游戏平台为时已晚，Facebook 还会依赖 OpenXR 和 WebXR 吗？这些想法很合理，但也忽略了平台制造商和开发者在过去几十年里吸取的许多真正的教训，当然，这两个群体并不想吸取这些教训，而且它们今天的用户远比2000 年时更聪明。

正如区块链编程的"去信任"和"无许可"性质所表现的那样，Web3运动之所以出现，主要是源于人们对过去 20 年数字应用程序、平台和生态系统的不满。我们在 Web2 时代免费获得了许多很棒的服务，例如谷歌地图和 Instagram，许多职业和业务都是建立在这些服务之上的。尽管如此，许多人认为这种交易并不公平。用户享受了"免费服务"，作为回报，他们为这些服务提供了"免费数据"，这些数据已被用于建立价值数千亿甚至数万亿美元的公司。更糟糕的是，这些公司实际上永久拥有这些数据，这反过来又使生成数据的用户难以在其他地方使用这些数据。例如，亚马逊的推荐功能非常强大，因为它们是建立在多年之前就已对用户搜索和购买数据进行收集之上的，但结果是，即使有同等库存、更低价格和类似技术，沃尔玛（或其他后起之秀）要想让亚马逊的客户满意，始终都面临着更艰难的挑战。许多人因此坚持认为亚马逊必须为用户提供导出历史记录的功能并授予用户将

①侧载可以理解为旁加载，是指不通过官方应用商店、不受任何限制进行安装测试第三方应用的运行模式。——编者注

这些数据带到竞争对手网站的权利。Instagram 用户可以将他们所有的照片导出到一个可下载的压缩文件中，然后上传到竞争对手的平台中，这种操作从技术上说是可行的，但操作过程有些复杂，而且没有办法保留每张照片的点赞和评论。总体而言，许多人也开始相信，围绕着数据建立的公司使现实世界变得更糟了，对使用其服务的人的心理和情感生活产生了负面影响。扎克伯格宣布将公司名称改为 Meta 就招来了人们的嘲笑。为什么像 Facebook 这样的公司会更深入我们的生活呢？大型科技公司不是已经创造了太多威廉·吉布森、尼尔·斯蒂芬森和欧内斯特·克莱恩所描述的反乌托邦世界了吗？

这样看来，"Web3" 和 "元宇宙" 这两个术语被混为一谈也就不足为奇了。如果某些人反对 Web2 的哲学和发展，那么当他们运行一个平行宇宙时，当这个虚拟宇宙的 "原子"——最基本的单元，被他们创建的营利性公司编写、执行和传播时，这些科技巨头就拥有了太多权力，而由此产生的后果非常可怕。仅仅因为 "元宇宙" 一词及其许多灵感来自反乌托邦式科幻小说，而将其设想为反乌托邦式的，这样做是不对的，控制这些虚拟宇宙（矩阵、元宇宙、绿洲）的人倾向于用它来作恶是有原因的：他们的权力是绝对的，绝对的权力会导致腐败。回想一下斯威尼的警告："如果一家中央公司控制了元宇宙，它将变得比任何政府都更强大，甚至成为地球的主宰。"

所有这些都引出了有关元宇宙的严肃讨论中最重要的问题：**它将会对我们周围的世界造成怎样的影响？以及我们将需要哪些政策来应对它带来的影响？**

THE METAVERSE
透视元宇宙

我们如何看待今日科技巨头们的元宇宙布局

1. Facebook 是激进的投资者。光靠投资和信念并不能确保元宇宙的成功。颠覆并不是一个线性的过程，而是一个递归且不可预测的过程。

2. 微软是最有意思的科技巨头，错过很多关键选择，但是它收购了动视暴雪。在许多方面，纳德拉对《我的世界》的收购体现了他对微软整体转型的态度。

3. 谷歌是最保守的投资者。谷歌将在元宇宙中扮演什么角色？该公司宣称自己的使命是"整合全球信息，供大众使用，使人人受益"，但它几乎无法访问虚拟世界中存在的信息，更不用说使用这些信息了。而且它没有虚拟世界、虚拟世界平台、虚拟世界引擎或任何它独有的类似服务。

4. 游戏巨头将是颠覆者。我们已经可以在 Epic Games、Unity Technologies 和 Roblox 等公司中看到新的颠覆者的特征。

5. 亚马逊的态度介于 Facebook 和谷歌之间，中庸但是拥有大量计算资源和数据以及服务。如果说 Facebook 是元宇宙领域最激进的投资者，而谷歌是最保守的投资者，那么亚马逊则处于中间位置。AWS 占据了近 1/3 的云基础设施市场。

6.　苹果公司是元宇宙实实在在的受益者。该公司的硬件、操作系统和应用平台仍将是通往虚拟世界的关键门户，这将为其带来数十亿美元的高利润收入，并扩大其对行业技术标准和商业模式的影响。

7.　索尼是另一个值得分析的企业集团。索尼的游戏几乎只能在 PS 上运行，而索尼互动娱乐在制作热门移动、跨平台或多人游戏方面的成功经验十分有限。尽管索尼在游戏硬件和内容方面实力雄厚，但通常被视为在线服务领域的落伍者，并且在计算和网络基础设施以及虚拟制作方面没有领导力。

8.　我们可能永远不会戴上英伟达品牌的头戴设备，也不会玩英伟达发布的游戏，但至少我们很可能生活在一个很大程度上由英伟达提供动力的元宇宙中。

治理元宇宙，让它成为理想的未来之地

我们生活中的许多方面已经被数字时代改变：我们从未有过如此多的信息获取渠道，也从未有过如此多可免费获得的信息；许多边缘群体和个体掌握了巨大且不可阻挡的"数字话筒"；实际上相距甚远的人会感觉彼此仍很亲近；艺术更加贴近人们的日常生活，艺术家也更容易卖出作品。

然而，在 TCP/IP 协议建立几十年后，人类社会仍然面临着在线生活的众多挑战：错误信息的传播；骚扰事件的发生；用户有限的数据权利；糟糕的数据安全性；算法和个性化的约束和煽动作用；由于在线互动而引发的不满情绪；政府监管无力而平台权力巨大以及其他很多问题。这些问题大多随着时间的推移而越发严重。

尽管技术导致了这些问题的出现、扩散或加剧，但我们在移动时代面临的核心挑战是人类本身的问题和社会问题。随着使用者人数、人均使用时间和线上消费次数的增多，我们面临的线上问题也越来越多。Facebook 拥有数以万计的内容监督员，如果雇用更多的监督员可以解决平台上的骚扰、错误信息和其他问题，那么没有人会比扎克伯格更愿意这样做。然而，包括数亿甚至数十亿日常用户在内的科技世界，比如 Roblox 中的所有独立创作者，正在向"下一代互联网"迈进。

元宇宙意味着人们的工作、生活、休闲、交友、理财等活动等在虚拟世界中的比重将不断增加。实际上，它们将存在于网上，而不仅是像在 Facebook 上发帖或在 Instagram 上传照片那样将信息上传到网上，或者像谷歌搜索或 iMessage 那样借助数字设备和软件来完成这一过程。互联网带来的许多好处将随之增加，但这一事实也将增加我们现在面临的尚未解决的社会技术挑战。这些挑战也会发生变化，很难单纯地用过去 15 年从社交过程中和移动互联网中吸取的教训来解决。

错误信息传播的情况可能会增加，因此我们今天才会深受如此多断章取义的声音片段、欺骗性的推文和错误的科学主张的困扰。去中心化通常被视为那些科技巨头制造的许多问题的解决方案，但它会让监管变得更加困难，令我们更难以制止反叛者，让非法集资发生的可能大大增加。即使这些问题主要局限于文字信息、照片和视频，但骚扰在数字世界中似乎已经成为一种不可阻挡的灾难，它不仅令许多人失去生命，还给更多人造成了伤害。有几种尚未提出的策略可以最大限度地减少人们滥用元宇宙的可能。例如，用户可能需要授予其他用户明确的权限（比如，动作捕捉、通过触觉交互的能力等），准许后者在特定的空间中与之互动，并且平台也会自动阻止某些功能（比如建立"无触摸区"）。然而，新型的骚扰无疑还是会出现。我们有理由对可能发生在元宇宙中的"色情报复"案感到恐惧，因为这类案件的作案人会借助高保真的化身、深度伪造、合成声音构造、动作捕捉和其他新兴的虚拟和物理技术，侦查难度较大。

数据的权利和使用问题更加抽象，但同样令人担忧。这不仅涉及私人公司和政府访问个人数据的问题，还涉及更基本的问题，例如用户是否了解他们所共享的内容？他们是否合理地评估过这些内容？平台是否有义务将数据返还给该用户？免费服务是否应该为用户提供"买断"数据集的选项，如果应该提供，又该如何评估价值？我们现在还没有这些问题的完美答案，也没有办法找到。但元宇宙意味着人们会将更多的数据和更重要的信息放到网上，也意味着他们将与无数第三方共享这些数据，同时也使这些第三方能够修改数据。那么如何安全地管理这个新流程？由谁管理？对于错误、失败、损失和违规的追索权是什么？就此而言，谁应该拥有虚拟数据？一家在 Roblox 内部花费数百万美元进行开发的企业是否有权使用它构建的东西？是否有权把它带到别处？在 Roblox 上购买土地或商品的用户是否享有这种权利？他们应该享有吗？

元宇宙将重新定义工作和劳动力市场的性质。目前，大多数外包工作都是低技术含量的和仅限音频形式的，例如技术支持和账单收集。与此同时，临时性工作通常是个体独自开展的，但所涉及的工作内容并非完全不同：开网约车、打扫房间、遛狗。随着虚拟世界、虚拟片场、实时动作捕捉和触觉传感器的改进，这种情况将发生变化。世界上最好的教练（如健身教练）将通过程序设计按小时收费的体验并参与其中。服装零售店员工可能会从数千米外"打来电话"，并且可能会达到更好的销售效果。他们不会在商店里徘徊着等待客户，而是会在客户需要咨询时出现，并且通过跟踪和投影仪，他们将能够为尺寸或剪裁等客户可能有需求的地方提供咨询。

但元宇宙会对雇用权和最低工资法产生什么影响呢？上述健身教练可以住在秘鲁的首都利马吗？如果可以，这将对个人劳动力的供应（以及个人劳动力的价格）产生哪些影响？这些并不是全新的问题，但如果元宇宙成为世界经济中价值数万亿美元的经济体，那么这些问题将变得更加重要。在对未来的愿景中，最糟糕的情况是，元世界将成为一个虚拟游乐场，在那里许多不可能将成为可能，但这个虚拟游乐场的驱动力是某些劳动者的辛勤工作，目的是为另外一些人提供快乐。

在虚拟世界中，人们的身份问题也需要解决。当现代社会还在为应对文化侵入、服装和发型的伦理问题而苦苦挣扎时，我们正面临着使用虚拟形象来呈现一个不同的、可能更真实的自我，或是如实地复制现实形象的需求。人们可以接受白人男性的化身使用原住民女性的头像吗？在回答这个问题时，头像的真实性是否重要？或者说，它是由虚拟的有机材料还是由金属制成的是否重要？

例如，最近围绕加密朋克 NFT 收藏出现的在线身份问题。回想一下，有 10 000 个由算法生成的 24×24 像素的加密朋克 2D 化身，所有这些化身都是由以太坊区块链生成的，通常被用作各种社交网络上的个人资料照片。在任何交易日，所有出售的加密朋克中，那些有深色头发和深色皮肤的很可能是当天最便宜的。一些人认为，这种价格差异是种族歧视的明显表现。而其他人认为，这反映了一种信念，即加密货币社区的白人是不适合使用这些加密货币的。持这种观点的人还断言，白人甚至不适合拥有它们。如果是这样的话，价格折扣反映了这样一个事实，在大量买卖加密朋克的美国市场以及整个加密社区中，白色加密朋克的数量少得不成比例。因此，并不是"非白人"加密朋克的价格低，而是"白人"加密朋克太稀缺了。

其他担忧还包括"数字鸿沟"和"虚拟隔绝"，尽管这些问题看起来似乎很容易解决。10 年前，一些人担心采用超级强大的移动设备——其中大多数设备比"傻瓜电话"贵数百美元，会使不平等问题加剧。最常用的例子是 iPad 在教育领域的应用。如果一些学生买不起这种设备，不得不依赖"类似物"或是过时的、没有个性化的教科书，而他们中来自富有家庭的同龄人（无论是坐在他们旁边，还是在几千米外的私立学校）能够使用数字化和动态更新的教材，那最终会使部分学生无法得到更先进的教育。幸好，由于这些设备的成本迅速下降，以及它们的用途不断扩大，这种担忧已经缓解了。2022 年，人们可以用不到 250 美元买到一台新的 iPad，这一价格比大多数个人电脑都便宜，而且 iPad 的功能十分强大。最昂贵的 iPhone 的价格是 2007 年第一代 iPhone 价格的 3 倍，但苹果公司目前价格最低的 iPhone 手机却比第一代 iPhone 便宜了 20%（考虑到通货膨胀因素，实际上便宜了 40%），而计算能力有了百倍的提升。学生们都不需要专门为学习而购买这些设备，并且大多数学生已经拥有一台。这是大多数消费电子产品的发展轨迹：它们最初是富人的玩具，早期销量的提升能够增加投资，从而降低生产成本，进而带动销量，提高生产效率，降低价格等。VR 和 AR 头显也不例外。

人们自然会担心未来将没有人走出家门，他们的一生都被绑定在 VR 头显上。然而，这种担忧往往站不住脚。例如，在美国，近 3 亿人平均每天观看视频 5.5 小时（总计 15 亿小时）。你很可能会独自在沙发上或床上观看视频，这一切都与社交无关。正如好莱坞的人经常吹嘘的那样，这些内容是人们被动消费的（用行业术语来说，就是"靠背式娱乐"）。如果人们将这段时间应用到社交、互动和参与度更高的娱乐活动上可能会产生积极的结果，而不是消极的结果。即使这些娱乐活动仍是在室内进行的，情况依然如此。对于老年人来说尤其如此。美国老年人平均每天花 7.5 小时看电视。我们当中很少有人认为退休和长寿是为了在退休后每天花一半的时间看电视。尽管元宇宙中的"航行"可能无法替代加勒比海的真正航行，但与老朋友一起驾驶虚拟帆船能使我们获得非常相似的体验。元宇宙还可以提供各种纯数字的额外服务，这些服务比福克斯新闻或 MSNBC（美国全国广播公司新闻网）要好。

管理元宇宙，以最好的方式引导它

同样地，元宇宙如此具有颠覆性——它是不可预测的、循序渐进的，而且仍然充满不确定性，我们不可能知道会出现什么问题，但我们可以思考如何最好地解决已经存在的问题，以及如何最好地引导它。作为选民、用户、开发者和消费者，我们有决定权。这不仅是关于我们的虚拟角色在虚拟空间中如何遨游的问题，而且是关于围绕着谁构建元宇宙、如何构建以及基于何种哲学角度构建的问题。

我可能比其他许多人更相信政府在元宇宙中扮演的角色，尽管我一生中的大部分时间都在思考、写作和谈论一些人认为的自由市场资本主义的梦想。可以明确的是，元宇宙面临的一个更大的挑战是，它只有虚拟世界平台运营商和服务提供商，而缺乏管理机构。可以确信的是，目前这些群体不足以创建一个健康的元宇宙。

回想一下 IETF 的重要性。该组织是民间自发组建的，致力于主导自发建立的互联网标准，特别是 TCP/IP 协议。如果没有 IETF 和其他非营利性组织，就不会有我们所熟知的互联网。或者我们可能拥有一个更小、更受控制、更不活跃的互联网，或者可能是几个不同的"网络"之一。

IETF 的作用一直持续到今天，虽然年轻一代对其知之甚少。而且该组织的幕后贡献是，让许多人意识到西方国家没有能力进行有效的技术监管或监督。我所说的技术监管不是指反垄断，尽管这个问题亟待解决。我指的是政府在技术发展中扮演的角色。事实上，政府监管和技术发展之间的明显分歧是一个相对较新的问题。整个 20 世纪，各国政府都证明了自己有能力驾驭新技术，从电信到铁路、石油和金融服务，当然还有互联网。只是在过去大约 15 年，它们没有达到目标。元宇宙不仅为用户、开发人员和平台提供了机会，而且为新的规则、标准的制定和治理机构的发展提供了机会，也给这些治理机构带来了新的思路。

这些政策应该是什么样的？我先澄清一件事。由于上述问题涉及道德、人权和判例法的历史，我会注意保持谨慎和谦虚的态度。除了本书详述的许多问题之外，还有一些明显与社会公平相关的问题，比如用于访问元宇宙的设备（及其成本）、这些设备提供的体验质量以及收取的平台费用。我意识到了这些问题，也意识到其他人有权更清晰地表达这些问题。而我将提供一个框架来反映与我自己的专业领域相关的问题，并详细阐述本书前几章中提出的问题。

2022 年，包括美国、欧盟成员国、韩国、日本和印度在内的许多国家都在关注苹果和谷歌是否应该单方面控制应用内计费政策，以及是否有权阻止支付服务方面的竞争或禁止其他支付渠道（例如，ACH 和电汇）。消除苹果和谷歌的霸权会是一个良好的开端，将迅速增加开发者的利润、降低消费者的支出，使新业务和商业模式蓬勃发展，并消除不一致的佣金比例——这些佣金曾用于鼓励开发人员专注于实体商品或广告，而不是专注于虚拟体验和消费性开支。但是，正如我们看到的那样，支付服务只是平台用来控制开发人员、用户和潜在竞争对手的众多手段之一。苹果和谷歌的目标是最大化各自的在线收入。因此，监管机构应迫使平台将身份、软件发布、API 和权利与它们的硬件和操作系统进行解绑。为了让元宇宙和数字经济蓬勃发展，用户必须能够"拥有"他们的在线身份和他们购买的软件。用户还必须能够选择以何种方式支付和安装该软件，而开发人员应有权自行决定是否在特定的平台上发布软件。最终，这两个群体应该能够确定哪些标准和新兴技术是最好的，而不必理会运行结果代码的操作系统所属公司的偏好。解除捆绑将迫使以操作系统为中心的公司更明确地根据各自产品的优势展开竞争。

我们还需要为使用独立游戏引擎、IVWP 和应用商店的开发人员提供更多保护。蒂姆·斯威尼向开发人员免费开放虚幻引擎许可的做法是正确的，他将终止该许可的控制权交给了庭审程序，而不是公司内部。营利性公司不应是唯一决定现实世界法律终点和立法 / 司法程序起点的团体。我们不能指望它们的利他主义，即使像 Epic Games 那样，也是将这种"利他主义"与更好的商业规则相联系的。至关重要的是，除非专门针对虚拟资产、虚拟租赁和虚拟社区制定新的法律，否则为实体商品、实体商场和实体基础设施设计的法律很可能最终会被误用和利用。如果元宇宙有朝一日可以与物理世界相媲美，那么政府就需要对其中的工作、商业交易和消费者权利给予同等重视。

制定相关政策，以及引导 IVWP 在合理程度上正确支持开发人员导出他们创建的环境、资产和体验，这将是一个很好的起点。对于监管机构来说，这是一个相对较新的问题。在当前的互联网上，几乎每个在线"内容单位"，从照片到文本、音频文件或视频，都可以在社交平台、数据库、云供应商、内容管理系统、网络域、托管公司等之间传输。代码大多也是可以移植的。尽管如此，以内容为中心的在线平台很明显并没有努力尝试去建立一个数十亿美元（或万亿美元）的业务。这些公司不需要"拥有"用户的内容并根据用户的消费产生飞轮效应。YouTube 就是一个完美的例子。YouTube 上的内容创作者很容易转投另一种在线视频服务，并带走他们的整个资料库，但他们留了下来，因为 YouTube 为内容创作者提供了更大的用户覆盖面和更高的收入。

　　事实上，YouTube 上的内容创作者可以如此轻易地离开并转投 Instagram、Facebook、Twitch 或亚马逊，这也导致这些平台试图挖走 YouTube 的内容创作者。而这反过来又推动了 YouTube 的创新，使 YouTube 更加努力地满足其内容创作者的需求，并成为一个整体上更负责任的平台。同样，Snapchat 的创建者可以轻松地将其内容发布到所有社交网络，从 Instagram 到 TikTok、YouTube 和 Facebook，这意味着他们可以在不增加制作预算的情况下扩大受众规模。如果像 YouTube 这样的平台希望独占某个创作者，则该平台必须为这种独占付费，而不是寄希望于这种现状：创作者因在多个平台上运营不顺利、需要支付的费用太高而选择离开其他平台。这就是随着时间的推移，每个社交网络都逐渐重点关注原创节目、创作者的收入保障和创作者基金的原因。

　　可惜，适用于 2D 内容网络的这种相互作用并不能很容易地被迁移到 IVWP 上。在 YouTube 或 Snapchat 上制作的大部分内容都不是创作者使用这些平台的工具制作的。相反，它们是创作者使用独立的应用程序制作的，例如苹果公司的 Camera 应用程序，或 Adobe 的 Photoshop 和 Premiere Pro。即使内容是在社交平台上制作的，例如使用 Snap 滤镜制作的 Snapchat Story，通常也很容易导出（并在 Instagram 上再次使用），因为它只是一张照片。而为 IVWP 制作的内容主要是在该平台上制作的，它不能轻易导出或被重新利用，也没有类似于使用 iPhone 的"截图"功能来抓取 Snapchat story 的"黑科技"。因此，在 Roblox 上制作的内容基本上仅限于在 Roblox

上使用。与 YouTube 视频或 Snapchat Story 不同，Roblox 的内容不是昙花一现的（如直播），也不会被编目（就像 YouTube 上的视频博客一样）。相反，它是持续更新的。

　　这些差异带来的影响是深远的。如果开发人员想要跨 IVWP 进行操作，那么他们必须重建几乎每个部分的体验，这种投入对用户来说没有任何价值，只会浪费时间和金钱。在许多情况下，开发者甚至不会去理会跨 IVWP，只会专注于一个平台，从而限制了自己的应用程序的影响范围。开发人员对某个 IVWP 的投资越多，他们就越难离开，因为一旦离开，他们不仅需要重新获得用户，还必须从头开始重建所有体验。因此，开发人员不太可能支持提供优越功能、经济增长潜力的新 IVWP，所以现有 IVWP 面临的改进压力也将更小。随着时间的推移，占主导地位的 IVWP 甚至可能会"寻租"。在过去 10 年中，大多数主要平台都因这种行为而遭到批评。例如，许多品牌认为，Facebook 对新闻推送算法的改变逼迫它们购买广告，以便触达那些自愿为其广告页面点赞的用户。2020 年，苹果修改了其应用程序商店政策，除少数例外情况外，任何使用第三方身份系统（比如，使用 Facebook 或 Gmail 账号登录系统）的 iOS 应用程序也需要支持苹果账号系统。

　　一些 IVWP 确实支持选择性导出。比如 Roblox 用户能够获取在其中生成的模型，并使用 OBJ 文件格式将它们导入 Blender。但正如我们在前文中看到的那样，能够从系统中导出数据并不代表这些数据可用于其他系统。即使数据可用于其他系统，实现过程也不一定容易（只需尝试下载 Facebook 数据并将其导入 Snapchat 便可体会），具体由平台自主决定（回想一下 Instagram 关闭了用于在 Twitter 上分享帖子的 API）。从这个意义上讲，政府既有监管的义务，也有机会去确立元宇宙的准则。通过为 IVWP 设置导出协定、文件类型和数据结构，监管机构还将告知用户任何想要访问这些数据的平台具体的导入协定、文件类型和数据结构。最终，我们希望尽可能容易地将虚拟沉浸式教育环境或 AR 游乐场从一个平台转移到另一个平台，就像在不同的平台转发博客或短信一样简单。诚然，这个目标并不是完全可以实现的，因为 3D 世界的逻辑并不像 HTML 或电子表格那么简单。但这应该是我们的目标，而且远比建立标准化的充电端口更重要。

帮助建立移动时代的公司（如苹果和谷歌）以及帮助创建元宇宙时代的公司（包括但不限于 Roblox 和《我的世界》）应该放弃对其生态系统的控制，让竞争对手也能从它们的成功中获利，虽然这似乎不太公平，但毕竟，正是所有平台众多服务和技术之间的丰富集成，才使它们取得了这样的成功。最好将此类监管视为对这一成功的回应，以及维持一个集体繁荣、能够产生新领导者的市场所需的措施。苹果在 2020 年 9 月修订其云游戏政策时写道："争辩苹果的指导方针是否包含某件事是毫无意义的，因为苹果拥有最终的决定权。苹果可以根据自己的选择修改指导方针，在需要时强制执行，并随意更改。"[1] 这样掌控大权的公司既不是数字经济的可靠基础，更不是元宇宙的。

除了监管主要平台之外，我们还可以通过确定其他明确的法律和政策变化，帮助创造出一个健康的元宇宙。智能合约和去中心化自治组织应该得到法律承认。即使这些协定和整体区块链不会持续存在，它们的法律地位也会激发更多的企业家精神，保护许多人免受剥削，从而吸引更多人使用这些平台和技术并参与其中。经济会伴随这种情况而蓬勃发展。相关机构也可以借此机会扩充所谓的 KYC（Know Your Customer，了解你的客户）法规的内容，用于规范加密货币投资、钱包、内容和交易。这些法规将要求 OpenSea、Dapper Labs 和其他主要基于区块链的游戏等平台验证客户的身份和法律地位，同时向政府、税务机构和证券机构提供必要的文件。区块链的性质决定了 KYC 的要求无法涵盖所有加密货币交易，这与美国国税局和警察都无法监控所有现金交易不同。但是，如果几乎所有主流服务、市场和合约平台都要求提供这些信息，那么大多数交易都会按照这些要求进行，而那些不符合要求的交易将会因为感知到的欺诈风险而减少（就像大多数人宁愿使用 eBay 从经过验证的卖家处购买商品，也不愿通过无品牌市场和匿名账号购买）。

此外，政府应该对数据收集、使用、权利和处罚采取更加严格的监管手段。以元宇宙为中心的平台将主动和被动地生成、收集和处理海量信息。这些数据包括你卧室的尺寸、你的视网膜细节、你的面部表情、你的工作表现和薪酬、你去过哪里、在那里待了多久以及去那里可能的原因，不一而足。几乎你所说和所做的一切都会被一个摄像头或麦克风捕捉到，然后可能会被放置在一个私人公司拥有的数字孪生中，并被更多人共享。今天，这些设备能够捕捉到的内容通常取决于开发人员或运行应用程序的操作系统，而用户对此并不完全了解。监管机构最好能引导并偶尔扩大允许用户操作的范围，而不是只在发生不可预见的后果时才做出反应。"允许的范围"应该包括用户请求删除数据的权利，或下载并轻松上传到其他地方的权利。对于这一部分，政府有能力而且应该规定元宇宙的标准。

公司如何展示他们保护用户信息的能力，以及当他们未能做到这一点时该受到怎样的惩罚，这些同样重要。美联储定期对银行进行"压力测试"，以确保它们能够承受经济冲击、市场崩盘和大规模撤资，同时还要求高管对公司存在的疏忽或财务错报承担个人责任。今天，这种用户数据监督机制依然存在，但它们大多是非正式的查询，而不是正式的流程，而且大型科技公司不太可能自愿接受审计。对数据泄露和丢失处以罚款特别没有效力。

2017 年，美国消费者信用报告机构 Equifax 披露，外国黑客非法访问其系统已超过 4 个月，并窃取了近 1.5 亿美国人和 1 500 万英国人的全名、社会安全号码、出生日期、地址以及驾照号码。两年后，Equifax 同意与受害者达成 6.5 亿美元的和解协议——这笔钱比该公司的年度现金流还少，而且每个受害者只能得到几美元的赔偿。

多国元宇宙，互联网世界重新洗牌

大约 15 年来，我们一直认为互联网会变得越来越区域化。每个国家都使用 TCP/IP 协议，但每个国家的平台、服务、技术和惯例都有差异，部分原因是美国以外的技术巨头数量增加。无论是在欧洲、亚洲、拉丁美洲还是非洲，越来越多成功的本地初创企业和软件开发者，满足了人们从购买杂货到观看视频的一切需求。如果元宇宙将在人类文化和劳动中发挥越来越重要的作用，那么它的出现也很可能会催生更多、更强大的地域参与者。

现代互联网碎片化最重要的原因是世界各国的法规不完全相同。由于世界各国政府都已意识到监管元宇宙的必要性，以及当它们试图消解 Web2 领导者积累的权力时，互联网世界必将经历洗牌，我敢说我们最终看到的结果就是元宇宙。

在本书的开头，我提到了韩国科学和信息通信技术部在 2021 年成立了韩国元宇宙联盟，成员包括 450 多家公司。该组织的具体目标目前还不清楚，但很可能是致力于在韩国建设更强大的元宇宙经济，以及在全球元宇宙中增强韩国的存在感。因此，韩国政府可能会推动建立互操作和元宇宙的标准，这有可能会使联盟的某个成员处于不利地位，但会增加它们的集体力量，使韩国受益。

按照当今中国互联网的可见趋势，可以肯定的是，中国的元宇宙将与西方国家（和由中央公司控制）的元宇宙更加不同。它可能会更早到来，并且也更具可操作性、更加标准化。以腾讯为例，与世界上任何其他发行商相比，它的游戏玩家更多、创造的收入更多、跨越的知识产权更多，雇用的开发人员也更多。腾讯获得了任天堂、动视暴雪和 Square Enix 等公司的游戏在中国的发行权，并开发了《绝地求生》等热门游戏的本地版本。腾讯工作室还负责运营《使命召唤》手游、《Apex 英雄》（Apex Legends）手游和《绝地求生》手游的全球版本。此外，腾讯拥有 Epic Games 大约 40%、Sea Limited（火狐的制造商）大约 20% 以及 Krafton（《绝地求生》开发商）大约 15% 的股份，并且全资拥有和运营中国最受欢迎的两个即时通信应用程序——微信和 QQ，这两款应用程序同时也是应用商店。微信还是中国第二大数字支付公司 / 网络。腾讯已经使用面部识别软件，通过中国的居民身份证系统验证其玩家的身份。没有其他公司能比腾讯更好地促进用户数据、虚拟世界、身份和支付的互操作，同时不会影响元宇宙标准。

元宇宙或许是一个"由实时渲染的 3D 虚拟世界组成的大规模、可互操作的网络"，但是，正如我们所看到的那样，它将通过物理硬件、计算机处理器和网络来实现。无论这些是由企业单独管理、政府单独管理，还是由精通技术的编程人员和开发人员组成的分散群体来管理，元宇宙都离不开这些技术和硬件。一棵虚拟的树的存在和倒下可能永远都会遭到质疑，但物理定律是不可改变的。

THE METAVERSE
透视元宇宙

人类的未来就在元宇宙

1. 元宇宙意味着我们的工作、生活、休闲、交友、理财等活动在虚拟世界的比重将不断增加。

2. 同样，元宇宙如此具有颠覆性——它是不可预测的、循序渐进的，而且仍然充满不确定性，我们不可能知道会出现什么问题，但我们可以思考如何最好地解决已经存在的问题，以及如何最好地引导它。

3. 如果元宇宙将在人类文化和劳动中发挥越来越重要的作用，那么它的出现也很可能会催生更多、更强大的地域参与者。

未来已来，细节之中恰恰蕴藏着颠覆性的力量

　　"技术经常会带来意想不到的惊喜，但规模最大、最让人惊叹的发展往往是人们在几十年前就预料到的。"这句话拉开了这本书的序幕，并且我希望在接下来的讨论中，你能认同这一观点，同时能理解它的局限性。范内瓦·布什有一种不可思议的能力，能够预测未来的设备和它们有能力做到的大部分事情，以及政府在确保这些设备有用并为集体利益服务方面所起的关键作用。同时，他的 Memex 只有书桌那么大，是机电一体化的，能够存储和连接用户可能需要的所有内容。今天的袖珍软件操作计算机仅在理念上与 Memex 相似。在电影《2001：太空漫游》中，斯坦利·库布里克设想了这样的未来：人类已经进行了太空殖民，有意识的人工智能出现了，而类似 iPad 的显示屏只不过是在吃早餐时用来看电视的，电话仍然是有线的。尼尔·斯蒂芬森的《雪崩》数十年来启发了众多研发者，其中描述的技术现在又成为地球上许多最强大的公司的发展方向。然而，斯蒂芬森相信元宇宙将

出现在电视行业，而不是游戏行业，并且惊讶地发现，人们不会像"《雪崩》中那样聚集在主街上的酒吧里，而是加入了《魔兽争霸》中的公会"，从而在游戏中发动"突袭"。

　　我对未来充满信心。实时渲染的 3D 虚拟世界在元宇宙中的核心位置会越来越明显。网络带宽、延迟和可靠性都将得到改善。计算能力将增加，从而实现虚拟世界更高的并发性、更高的持续性、更复杂的模拟和全新的体验（然而，计算资源永远供不应求）。年轻一代将比他们的父母率先接受元宇宙。监管机构将部分解绑操作系统，但拥有这些操作系统的公司仍将蓬勃发展，因为它们的非捆绑产品仍处于市场领先地位，而元宇宙的出现将这些非捆绑产品的市场进一步扩大。元宇宙的整体结构很可能与我们今天看到的互联网情况类似——少数横向和纵向整合的公司将控制相当大的数字经济份额，而且影响力更大。监管机构将对它们进行更严格的审查，但可能仍达不到预期效果。元宇宙中的一些主要的领导者可能不是我们今天所熟知的大型科技公司，而今天一些领域的领导者将被取代，但它们会继续存在，甚至还能得到发展，其他一些则会消亡。我们将继续使用许多前元宇宙时代的数字和移动产品；实时 3D 渲染并不是执行所有任务或体验所有形式的内容的最佳方式。

　　互操作性的实现过程将是缓慢且不完美的，而且不可能一蹴而就或没有成本。虽然市场最终会围绕一个标准的子集确定下来，但这些标准不能完美地相互转换，并且每个都有缺点。在此之前，会有几十种选项被提出、采用、弃用或再度进行细分。各种虚拟世界和 IVWP 将慢慢开放，就像真实世界的经济一样，同时也会采取不同的方式来交换数据和用户。例如，许多开发商将与独立开发商达成定制协议，就像美国与加拿大、印度尼西亚、埃及、洪都拉斯和欧盟国家（欧盟本身就是一个跨越有限"世界"的协议集合）有着不同的政策一样。这个过程将会产生税收、关税和其他费用，以及对多个身份系统、钱包和虚拟储物柜的需求。所有政策都可能发生变化。在我们的元宇宙未来中，区块链的作用是最不确定的。对许多人来说，它可能对元宇宙的实现具有至关重要的作用，是元宇宙结构上不可或缺的部分。其他人则认为区块链是一项有趣的技术，将为元宇宙的实现做出贡献，但无论如何元宇宙都会实现，而且实现的形式与现在基本相同。还有人认为区块链是一场彻头彻尾的骗局。2021 年至 2022 年初，区块链热潮持续升温，吸引了主流开发者、才华横溢的创始人、数百亿的风险投资，更多的机构投资了加密数字货币。然而，在写作本书时，区块链的成功记录仍然相当有限，而它所面临的技术、文化和法律阻碍也是很明显的。

时至今日，我们仍会认同元宇宙已经到来 ①，它的价值达到了数万亿美元。至于它究竟是何时开始的，以及产生了多少交易额，则不得而知。在此基础上，人们将不关注当前的炒作阶段，或关注然后退出下一个阶段。炒作周期将由至少三个因素造成：许多公司过度承诺可能出现的元宇宙体验类型和它的实现时间，以及低估攻克关键技术壁垒的难度。实际上，一家公司就算克服了重重障碍，也需要时间来确定应该在元宇宙中构建什么。

回想一下你的第一部 iPhone（有可能是你的第六部手机）。2007 年至 2013 年，苹果的操作系统是高度拟物化的——它的 iBooks 应用程序在数字书架上显示书籍的数字版本，它的"笔记"应用程序看起来像一个真正的黄色记事本，它的日历有模拟缝合线，它的游戏中心则努力贴近一张桌布。在 iOS 7 中，苹果摒弃了这些传统的设计原则，转而采用移动时代的

---

① 由于"元宇宙"一词被严重滥用，以及它与反乌托邦主题的科幻小说、大型科技、区块链和加密货币等可能存在的负面关联，我们最终可能会为它使用不同的术语。回想一下，2021 年 5 月，腾讯选择将其元界项目命名为"超级数字场景"，然后随着元宇宙的流行而将该项目的名称改为"元宇宙"。未来，这种情况可能会发生某种逆转。

设计原则。正是在苹果的拟物时代，许多当今领先的消费类数字公司成立。Instagram、Snap 和 Slack 等公司重新构想了数字通信的未来——不是使用 IP 拨打固定电话（Skype），也不是用短信（黑莓短信），而是重塑我们的交流方式、交流原因和交流内容。Spotify 并没有尝试通过自己的官网转播广播，也没有制作只能在互联网环境下使用的电台（Pandora），而是改变了人们听音乐和发现音乐的方式。在可预见的未来，"元宇宙应用程序"将停留在开发的早期阶段——视频会议，以 3D 形式呈现与会者并让他们出现在模拟的公司会议室中。对于奈飞来说，就是要让观众出现在虚拟影院内。然后慢慢地，我们将重新创造我们所做的一切。只有当这个过程逐步开始时，而不是在此之前，我们才能认识到元宇宙的重要性。元宇宙与其说是幻想的愿景，不如说是可实现的现实。建立 Facebook 所需的所有技术在扎克伯格创建社交网络之前的几年就已经存在。Tinder 是在 iPhone 出现 5 年后才发明的，当时 18 ～ 34 岁的人中，70% 的人拥有智能手机。技术是元宇宙的受限因素，想象力和时间也是。

元宇宙发展的间歇性和爆发性将会招致批评，并会因部分人的失望和幻想破灭而产生阵痛。1995 年，美国天文学家克利福德·斯托尔（Clifford Stoll）曾在美国能源部劳伦斯伯克利国家实验室担任系统管理员，撰写了现在臭名昭著的书《硅谷万金油：关于信息高速公路的第二个想法》（*Silicon Snake Oil: Second Thoughts on the Information Highway*）。斯托尔在《新闻周刊》围绕这本书的出版而发表的社论中说："互联网出现 20 年后，我很困惑……对这个最时尚和被过度吹捧的领域感到不安。'有远见'的人看到的未来中有远程办公人员、交互式图书馆和多媒体教室。他们谈到电子城镇会议和虚拟社区。贸易和商业将从办公室和商场转向网络和调制解调器。数字网络的自由将使政府更加民主。这纯属胡扯。我们的计算机专家毫无常识吗？互联网骗子不会告诉你的是，互联网是一个巨大的海洋，充斥着未经编辑的数据，毫无完整性可言。"[1] 今天，这读起来像是尚未发表的对元宇宙的批评。2000 年 12 月，《每日邮报》发表了一则新闻《互联网 "可能只是一时的时尚，因为数百万人放弃它了"》（*Internet 'May Just Be a Passing Fad as Millions Give Up on It'*），推测英国将失去其 1 500 万互联网用户中的 200 万。[2] 此批判是在互联网泡沫出现之后提出的，当时纳斯达克综合指数下跌了近 40%，而且仍将继续减半。纳斯达克综合指数花了 12 年才回到互联网时代的高点。本书即将出版时，纳斯达克的股价是之前高点时的 3 倍多。

即使对于先行者来说，未来也很难预测。我们现在正处于元宇宙的风口浪尖，但请思考一下计算和网络的最近两个时代。即使是互联网最狂热的支持者也难以想象这样一个未来：数以百万计的网络服务器可能承载着数十亿个网页；人们每天会收发 3 000 亿封电子邮件；像 Facebook 这样的社交网络每天有数十亿用户，月活跃用户超过 30 亿，日活跃用户超过 20 亿。当史蒂夫·乔布斯在 2007 年 1 月发布首款 iPhone 时，他将其描述为一款革命性产品。当然，他是对的。但第一代 iPhone 既没有 App Store，也没有支持第三方开发 App Store 的计划。为什么？乔布斯告诉开发者："完整的 Safari 引擎在 iPhone 内部……因此，你可以编写令人惊叹的 Web2 和 Ajax 应用程序，它们的外观和功能与 iPhone 上的应用程序完全相同。"[3] 但到了 2007 年 10 月，第一代 iPhone 发布 9 个月、上市 4 个月后，乔布斯改变了主意。2008 年 3 月，苹果发布了 SDK，同年 7 月发布了 App Store。不到一个月，大约 100 万 iPhone 用户下载的应用程序数量，超过了 4 000 万 iTunes 用户下载歌曲数量的 30%。乔布斯随后在接受《华尔街日报》采访时表示："我将不会相信我们的任何预测，因为现实远远超出了我们的预期，我们已经沦落为像你们一样的旁观者，目睹着这一惊人的现象。"[4]

元宇宙的发展轨迹将大体相似。每当出现突破性技术时，消费者、开发人员和企业家都会做出反应。最终，起初看似微不足道的事物——手机、触摸屏、电子游戏，会变成我们周边至关重要的东西，并以意料之外以及情理之中的方式改变世界。

《元宇宙改变一切》这本书的面世要感谢过去 40 年来启发和教导我的家人、支持者、老师、朋友、企业家、梦想家、作家和创造者。我在这里只列出了一小部分人的名字，他们是：乔 - 安妮·博洛克（Jo-Anne Boluk）、特德·鲍尔（Ted Ball）、波普·哈罗（Poppo Harrow）、布伦达·哈罗（Brenda Harrow）、阿尔·哈罗（Al Harrow）、安舒尔·鲁帕雷尔（Anshul Ruparell）、迈克尔·扎瓦尔斯基（Michael Zawalsky）、威尔·梅内瑞（Will Meneray）、阿比纳夫·萨克塞纳（Abhinav Saksena）、贾森·赫希霍恩（Jason Hirschhorn）、克里斯·梅尔德安德里（Chris Meledandri）、塔尔·沙哈尔（Tal Shachar）、杰克·戴维斯（Jack Davis）、朱丽叶·杨（Julie Young）、加迪·爱泼斯坦（Gady Epstein）、雅各布·纳沃克（Jacob Navok）、克里斯·卡塔尔迪（Chris Cataldi）、杰森·齐（Jayson Chi）、索菲亚·冯（Sophia Feng）、安娜·斯威特（Anna Sweet）、伊姆兰·萨瓦尔（Imran

Sarwar）、乔纳森·格利克（Jonathan Glick）、彼得·罗贾斯（Peter Rojas）、彼得·卡夫卡（Peter Kafka）、马修·赫尼克（Matthew Henick）、莎伦·塔尔·雅沃多（Sharon Tal Yguado）、库尼·塔卡哈希（Kuni Takahashi）、托尼·德里斯科尔（Tony Driscoll）、马克·诺斯沃西（Mark Noseworthy）、阿曼达·穆恩（Amanda Moon）、托马斯·莱比恩（Thomas LeBien）、丹尼尔·格斯特尔（Daniel Gerstle）、派拉·奎恩（Pilar Queen）、夏洛特·珀曼（Charlotte Perman）、保罗·雷里格（Paul Rehrig）、乔治·麦克唐纳（Gregory McDonald）。

引　言　元宇宙，生活、工作与思维的大变革

1. Casey Newton, "Mark in the Metaverse: Facebook's CEO on Why the Social Network Is Becoming 'a Metaverse Company'," *The Verge*, July 22, 2021.

2. Dean Takahashi, "Nvidia CEO Jensen Huang Weighs in on the Metaverse, Blockchain, and Chip Shortage," *Venture Beat*, June 12, 2021.

3. Zheping Huang, "Tencent Doubles Social Aid to $15 Billion as Scrutiny Grows," *Bloomberg*, August 18, 2021.

4. Chang Che, "Chinese Investors Pile into 'Metaverse', Despite Offcial Warnings," *SupChina*, September 24, 2021.

5. Jens Bostrup, "EU's Danske Chefforhandler: Facebooks store nye projekt 'Metaverse' er dybt bekymrende," *Politiken*, October 18, 2021.

01　元宇宙，重写人类未来简史

1.　Neal Stephenson, *Snow Crash* (New York: Random House, 1992), 7.

2.　John Schwartz, "Out of a Writer's Imagination Came an Interactive World," *New York Times,* December 5, 2011.

3.　Joanna Robinson, "The Sci-Fi Guru Who Predicted Google Earth Explains Silicon Valley's Latest Obsession," *Vanity Fair,* June 23, 2017.

4.　Stanley Grauman Weinbaum, *Pygmalion's Spectacles* (1935), Kindle edition, p. 2.

5.　Ryan Zickgraf, "Mark Zuckerberg's 'Metaverse' Is a Dystopian Nightmare," *Jacobin*, September 25, 2021.

6.　J. D. N. Dionisio, W. G. Burns III, and R. Gilbert, "3D Virtual Worlds and the Metaverse: Current Status and Future Possibilities," *ACM Computing Surveys* 45, issue 3 (June 2013).

7.　Josh Ye, "One Gamer Spent a Year Building This Cyberpunk City in Minecraft," *South China Morning Post,* January 15, 2019.

8.　Josh Ye, "Minecraft Players Are Recreating China's Rapidly Built Wuhan Hospitals," *South China Morning Post,* February 20, 2020.

9.　Tim Sweeney (@TimSweeneyEpic), Twitter, June 13, 2021.

10.　Tim Sweeney (@TimSweeneyEpic), Twitter, June 13, 2021.

11.　Dean Takahashi, "The DeanBeat: Epic Graphics Guru Tim Sweeney Foretells How We Can Create the Open Metaverse," *Venture Beat*, December 9, 2016.

02　困惑与不定：是炒作，还是真未来

1.　Satya Nadella, "Building the Platform for Platform Creators," LinkedIn, May 25, 2021.

2. Sam George, "Converging the Physical and Digital with Digital Twins, Mixed Reality, and Metaverse Apps," Microsoft Azure, May 26, 2021.

3. Andy Chalk, "Microsoft Says It Has Metaverse Plans for Halo, Minecraft, and Other Games," *PC Gamer*, November 2, 2021.

4. Alex Sherman, "Execs Seemed Confused About the Metaverse on Q3 Earnings Calls," CNBC, November 20, 2021.

5. CNBC, "Jim Cramer Explains the 'Metaverse' and What It Means for Facebook," July 29, 2021, accessed January 5, 2022.

6. Elizabeth Dwoskin, Cat Zakrzewski, and Nick Miroff, "How Facebook's 'Metaverse' Became a Political Strategy in Washington," *Washington Post*, September 24, 2021.

7. Tim Sweeney (@TimSweeneyEpic), Twitter, August 6, 2020.

8. Alaina Lancaster, "Judge Gonzalez Rogers Is Concerned That Epic Is Asking to Pay Apple Nothing," *The Law*, May 24, 2021.

9. John Koetsier, "The 36 Most Interesting Findings in the Groundbreaking Epic Vs Apple Ruling That Will Free The App Store," *Forbes*, September 10, 2021.

10. Wikipedia, s.v. "Internet," October 13, 2021.

11. Paul Krugman, "Why Most Economists' Predictions Are Wrong," *Red Herring Online*, June 10, 1998, Internet Archive.

12. Wired Staff, "May 26, 1995: Gates, Microsoft Jump on 'Internet Tidal Wave,'" *Wired*, May 26, 2021.

13. CNBC, "Microsoft's Ballmer Not Impressed with Apple iPhone," January 17, 2007.

14. Drew Olanoff, "Mark Zuckerberg: Our Biggest Mistake Was Betting Too Much On HTML5," *TechCrunch*, September 11, 2022.

15. M. Mitchell Waldrop, *Complexity: The Emerging Science at the Edge of Order and*

Chaos (New York: Simon & Schuster, 1992), 155.

03　8个元素，精确定义元宇宙

1. Dean Takahashi, "How Pixar Made Monsters University, Its Latest Technological Marvel," *Venture Beat*, April 24.

2. Wikipedia, s.v. "Metaphysics," October 28, 2021.

3. Stephenson, *Snow Crash*, 27.

4. CCP Team, "Infinite Space: An Argument for Single-Sharded Architecture in MMOs," *Game Developer,* August 9, 2010.

5. Upload VR, "John Carmack Facebook Connect 2021 Keynote," October 28, 2021.

04　元宇宙，下一代互联网

1. Josh Stark and Evan Van Ness, "The Year in Ethereum 2021," *Mirror*, January 17, 2022.

2. BBC, "Military Fears over PlayStation2," April 17, 2000.

3. "Secretary of Commerce Don Evans Applauds Senate Passage of Export Administration Act as Modern-day Legislation for Modern-day Technology," Bureau of Industry and Security, US Department of Commerce, 6 September 2001.

4. Chas Littell, "AFRL to Hold Ribbon Cutting for Condor Supercomputer," Wright-Patterson Air Force Base, press release, November 17, 2010.

5. Lisa Zyga, "US Air Force Connects 1,760 PlayStation 3's to Build Supercomputer," Phys.org, December 2, 2010.

6. Even Shapiro, "The Metaverse Is Coming. Nvidia CEO Jensen Huang on the Fusion of Virtual and Physical Worlds," *Time*, April 18, 2021.

7. David M. Ewalt, "Neal Stephenson Talks About Video Games, the Metaverse, and His New Book, REAMDE," *Forbes,* September 19, 2011.

8. Daniel Ek, "Daniel Ek—Enabling Creators Everywhere," *Colossus,* September 14, 2021.

9. David M. Ewalt, "Neal Stephenson Talks About Video Games, the Metaverse, and His New Book, REAMDE," *Forbes,* September 19, 2011.

05 网络化，元宇宙的门槛

1. Farhad Manjoo, "I Tried Microsoft's Flight Simulator. The Earth Never Seemed So Real," *New York Times*, August 19, 2022.

2. Seth Schiesel, "Why Microsoft's New Flight Simulator Should Make Google and Amazon Nervous," *Protocol*, August 16, 2020.

3. Eryk Banatt, Stefan Uddenberg, and Brian Scholl, "Input Latency Detection in Expert-Level Gamers," Yale University, April 21, 2017.

4. Rob Pegoraro, "Elon Musk: 'I Hope I'm Not Dead by the Time People Go to Mars,' " *Fast Company,* March 10, 2020.

06 计算，元宇宙的底层逻辑

1. Foundry Trends, "One Billion Assets: How Pixar's Lightspeed Team Tackled Coco's Complexity," October 25, 2018.

2. Dean Takahashi, "Nvidia CEO Jensen Huang Weighs in on the Metaverse, Blockchain, and Chip Shortage," *Venture Beat*, June 12, 2021.

3. Raja Koduri, "Powering the Metaverse," Intel, December 14, 2021.

4. Tim Sweeney (@TimSweeneyEpic), Twitter, January 7, 2020.

5. Peter Rubin, "It's a Short Hop from Fortnite to a New AI Best Friend," *Wired*, March 21, 2019.

07　虚拟世界引擎，元宇宙的建立基础

1. NEXON, " 'The Future—It's Bigger and Weirder than You Think—' by Owen Mahoney, NEXON CEO," December 20, 2019.

2. Roblox, "A Year on Roblox: 2021 in Data," January 26, 2022.

08　互操作性，元宇宙的通行证

1. Josh Ye (@TheRealJoshYe), Twitter, May 3, 2021.

2. Tom Phillips, "So, Will Sony Actually Allow PS4 and Xbox One Owners to Play Together?" *Eurogamer*, March 17, 2016.

3. Jay Peters, "Fortnite's Cash Cow Is PlayStation, Not iOS, Court Documents Reveal," *The Verge*, April 28, 2021.

4. Aaron Rakers, Joe Quatrochi, Jake Wilhelm, and Michael Tsevtanov, "NVDA: Omniverse Enterprise—Appreciating NVIDIA's Platform Strategy to Capitalize ($10B+) on the 'Metaverse,'" *Wells Fargo*, November 3, 2021.

5. Chris Michaud, "English the Preferred Language for World Business: Poll,"

Reuters, May 12, 2016.

6.　Epic Games, "Tonic Games Group, Makers of 'Fall Guys', Joins Epic Games,"
March 2, 2021.

09　硬件，元宇宙的头号入口

1.　Mark Zuckerberg, Facebook, April 29, 2021.

2.　Tech@Facebook, "Imagining a New Interface: Hands-Free Communication
without Saying a Word," March 30, 2020.

3.　Tech@Facebook, "BCI Milestone: New Research from UCSF with Support from
Facebook Shows the Potential of Brain-Computer Interfaces for Restoring Speech
Communication," July 14, 2021.

4.　Antonio Regalado, "Facebook Is Ditching Plans to Make an Interface that Reads
the Brain," *MIT Technology Review*, July 14, 2021.

5.　Andrew Nartker, "How We're Testing Project Starline at Google," Google Blog,
November 30, 2021.

6.　Will Marshall, "Indexing the Earth," *Colossus*, November 15, 2021.

7.　Nick Wingfield, "Unity CEO Predicts AR-VR Headsets Will Be as Common as
Game Consoles by 2030," *The Information*, June 21, 2021.

10　支付方式，元宇宙的中心战场

1.　NACHA, "ACH Network Volume Rises 11.2% in First Quarter as Two Records
Are Set," press release, April 15, 2021.

2. Takashi Mochizuki and Vlad Savov, "Epic's Battle with Apple and Google Actually Dates Back to Pac-Man," *Bloomberg*, August 19, 2020.

3. Tim Sweeney (@TimSweeneyEpic), Twitter, January 11, 2020.

4. Epic Games, "Epic Games Store Weekly Free Games in 2020!" January 14, 2022.

5. Epic Games, "Epic Games Store 2020 Year in Review," January 28, 2021.

6. Epic Games, "Epic Games Store 2021 Year in Review," January 27, 2022.

7. Tyler Wilde, "Epic Will Lose Over $300M on Epic Games Store Exclusives, Is Fine With That," *PC Gamer*, April 10, 2021.

8. Adi Robertson, "Tim Cook Faces Harsh Questions about the App Store from Judge in Fortnite Trial," *The Verge*, May 21, 2021.

9. Nick Wingfield, "IPhone Software Sales Take Off: Apple's Jobs," *Wall Street Journal*, August 11, 2008.

10. John Gruber, "Google Announces Chrome for iPhone and iPad, Available Today," *Daring Fireball*, June 28, 2021.

11. Kate Rooney, "Apple: Don't Use Your iPhone to Mine Cryptocurrencies," *CNBC*, June 11, 2018.

12. Tim Sweeney (@TimSweeneyEpic), Twitter, February 4, 2022.

13. Marco Arment (@MarcoArment), Twitter, February 4, 2022.

14. Manoj Balasubramanian, "App Tracking Transparency Opt-In Rate—Monthly Updates," *Flurry*, December 15, 2021.

11　区块链，元宇宙最大化的驱动力

1. Telegraph Reporters, "What Is Ethereum and How Does It Differ from Bitcoin?" *The Telegraph*, August 17, 2018.

2. Ben Gilbert, "Almost No One Knows about the Best Android Phones on the Planet," *Insider*, October 25, 2015.

3. Wikipedia, s.v. "Possession is Nine-Tenths of the Law," last edited December 6, 2021.

4. Hannah Murphy and Joshua Oliver, "How NFTs Became a $40bn Market in 2021," *Financial Times*, December 31, 2021.

5. Kevin Roose, "Maybe There's a Use for Crypto After All," *New York Times*, February 6, 2022.

6. Kevin Roose, "Maybe There's a Use for Crypto After All," *New York Times*, February 6, 2022.

7. Helium, accessed March 5, 2022.

8. CoinMarketCap, "Helium," accessed February 7, 2022.

9. Dean Takahashi, "The DeanBeat: Predictions for gaming in 2022," *Venture Beat*, December 31, 2021.

10. Ephrat Livni, "Venture Capital Funding for Crypto Companies Is Surging," *New York Times*, December 1, 2021.

11. Olga Kharif, "Crypto Crowdfunding Goes Mainstream with ConstitutionDAO Bid," *Bloomberg*, November 20, 2021.

12. Miles Kruppa, "Crypto Assets Inspire New Brand of Collectivism Beyond Finance," *Financial Times*, December 27, 2021.

13. Lizzy Gurdus, "Nvidia CEO Jensen Huang: Cryptocurrency Is Here to Stay, Will Be an 'Important Driver' For Our Business," CNBC, March 29, 2018.

14. Visa, "Crypto: Money Is Evolving," accessed February 2, 2022.

15. Dean Takahashi, "Game Boss Interview: Epic's Tim Sweeney on Blockchain, Digital Humans, and Fortnite," *Venture Beat*, August 30, 2017.

16. Tim Sweeney (@TimSweeneyEpic), Twitter, January 30, 2021.

17. Tim Sweeney (@TimSweeneyEpic), Twitter, September 27, 2021.

18. Tim Sweeney (@TimSweeneyEpic), Twitter, October 15, 2021.

12　元宇宙什么时候到来

1. Tom Huddleston Jr., "Bill Gates Says the Metaverse Will Host Most of Your Office Meetings Within 'Two or Three Years'—Here's What It Will Look Like," CNBC, December 9, 2021.

2. Meta, "The Metaverse and How We'll Build It Together—Connect 2021," October 28, 2021.

3. Steven Ma, "Video Games' Future Is More Than the Metaverse: Let's Talk 'Hyper Digital Reality'," *GamesIndustry*, February 8, 2022.

4. George Smiley, "The U.S. Economy in the 1920s," Economic History Association.

5. Tim Hartford, "Why Didn't Electricity Immediately Change Manufacturing?" August 21, 2017.

6. David E. Nye, *America's Assembly Line* (Cambridge, MA: MIT Press, 2015), 19.

13　元宇宙＋，重塑未来商业的 5 大新模式

1. Wikipedia, s.v. "Baumol's cost disease," last edited October 2, 2022.

2. US Bureau of Labor Statistics, accessed December 2021.

3. Melissa Pankida, "The Psychology Behind Why We Speed Swipe on Dating Apps," *Mic*, September 27, 2019.

4. Benedict Evans, "Cars, Newspapers and Permissionless Innovation," September 6,

2015.

5. Gene Park, "Epic Games Believes the Internet Is Broken. This Is Their Blueprint to Fix It," *Washington Post*, September 28, 2021.

6. Bob Woods, "The First Metaverse Experiments? Look to What's Already Happeningin Medicine," CNBC, December 4, 2021.

14　元宇宙新经济，赢家与输家重新洗牌

1. Microsoft, "Microsoft to Acquire Activision Blizzard to Bring the Joy and Community of Gaming to Everyone, Across Every Device," January 18, 2022.

2. AdiRobertson, "Tim Cook Faces Harsh Questions about the App Store from Judge in Fortnite Trial," *The Verge*, May 21, 2021.

3. Brad Smith, "Adapting Ahead of Regulation: A Principled Approach to App Stores," Microsoft, February 9, 2022.

4. Brad Smith (@BradSmi), Twitter, February 3, 2022.

15　治理元宇宙，让它成为理想的未来之地

1. Sean Hollister, "Here's What Apple's New Rules about Cloud Gaming Actually Mean," *The Verge,* September 18, 2020.

结　语　未来已来，细节之中恰恰蕴藏着颠覆性的力量

1.　Clifford Stoll, "Why the Web Won't Be Nirvana," *Newsweek*, February 26, 1995.

2.　James Chapman, "Internet 'May Just Be a Passing Fad as Millions Give Up on It'," *Daily Mail*, December 5, 2000.

3.　9to5 Staff, "Jobs' Original Vision for the iPhone: No Third-Party Native Apps," *9to5 Mac,* October 21, 2011.

4.　Nick Wingfield, " 'The Mobile Industry's Never Seen Anything Like This': An Interview with Steve Jobs at the App Store's Launch," *Wall Street Journal,* originally recorded August 7, 2008, published in full on July 25, 2018.

未来，属于终身学习者

我这辈子遇到的聪明人（来自各行各业的聪明人）没有不每天阅读的——没有，一个都没有。巴菲特读书之多，我读书之多，可能会让你感到吃惊。孩子们都笑话我。他们觉得我是一本长了两条腿的书。

——查理·芒格

互联网改变了信息连接的方式；指数型技术在迅速颠覆着现有的商业世界；人工智能已经开始抢占人类的工作岗位……

未来，到底需要什么样的人才？

改变命运唯一的策略是你要变成终身学习者。未来世界将不再需要单一的技能型人才，而是需要具备完善的知识结构、极强逻辑思考力和高感知力的复合型人才。优秀的人往往通过阅读建立足够强大的抽象思维能力，获得异于众人的思考和整合能力。未来，将属于终身学习者！而阅读必定和终身学习形影不离。

很多人读书，追求的是干货，寻求的是立刻行之有效的解决方案。其实这是一种留在舒适区的阅读方法。在这个充满不确定性的年代，答案不会简单地出现在书里，因为生活根本就没有标准确切的答案，你也不能期望过去的经验能解决未来的问题。

而真正的阅读，应该在书中与智者同行思考，借他们的视角看到世界的多元性，提出比答案更重要的好问题，在不确定的时代中领先起跑。

湛庐阅读App：与最聪明的人共同进化

有人常常把成本支出的焦点放在书价上，把读完一本书当作阅读的终结。其实不然。

时间是读者付出的最大阅读成本

怎么读是读者面临的最大阅读障碍

"读书破万卷"不仅仅在"万"，更重要的是在"破"!

现在，我们构建了全新的"湛庐阅读"App。它将成为你"破万卷"的新居所。在这里：

● 不用考虑读什么，你可以便捷找到纸书、电子书、有声书和各种声音产品；

● 你可以学会怎么读，你将发现集泛读、通读、精读于一体的阅读解决方案；

● 你会与作者、译者、专家、推荐人和阅读教练相遇，他们是优质思想的发源地；

● 你会与优秀的读者和终身学习者为伍，他们对阅读和学习有着持久的热情和源源不绝的内驱力。

下载湛庐阅读 App，
坚持亲自阅读，
有声书、电子书、阅读服务，
一站获得。

本书阅读资料包

给你便捷、高效、全面的阅读体验

本书参考资料

☑ **参考文献**
为了环保、节约纸张，部分图书的参考文献以电子版方式提供

☑ **主题书单**
编辑精心推荐的延伸阅读书单，助你开启主题式阅读

☑ **图片资料**
提供部分图片的高清彩色原版大图，方便保存和分享

相关阅读服务

☑ **电子书**
便捷、高效，方便检索，易于携带，随时更新

☑ **有声书**
保护视力，随时随地，有温度、有情感地听本书

☑ **精读班**
2~4周，最懂这本书的人带你读完、读懂、读透这本好书

☑ **课 程**
课程权威专家给你开书单，带你快速浏览一个领域的知识概貌

☑ **讲 书**
30分钟，大咖给你讲本书，让你挑书不费劲

湛庐编辑为你独家呈现
助你更好获得书里和书外的思想和智慧，请扫码查收！

（阅读资料包的内容因书而异，最终以湛庐阅读App页面为准）

图书在版编目（CIP）数据

元宇宙改变一切 ／（加）马修·鲍尔
（Matthew Ball）著；岑格蓝，赵奥博，王小桐译. --
杭州：浙江教育出版社，2022.9
　　书名原文：The Metaverse
　　ISBN 978-7-5722-4052-2

Ⅰ. ①元… Ⅱ. ①马… ②岑… ③赵… ④王… Ⅲ.
①信息经济-研究 Ⅳ. ①F49

中国版本图书馆CIP数据核字(2022)第126645号

上架指导：商业趋势／元宇宙

浙江省版权局
著作权合同登记号
图字：11-2022-186号

元宇宙改变一切
YUANYUZHOU GAIBIAN YIQIE

[加] 马修·鲍尔（Matthew Ball）　著

岑格蓝　赵奥博　王小桐　译

责任编辑：李　剑
文字编辑：傅美贤
美术编辑：韩　波
封面设计：湛庐文化
责任校对：高露露
责任印务：陈　沁
出版发行：浙江教育出版社（杭州市天目山路 40 号　电话：0571-85170300-80928）
印　　刷：唐山富达印务有限公司
开　　本：710mm ×965mm 1/16
印　　张：27.25　　　　　　　　　　**字　　数：**375 千字
版　　次：2022 年 9 月第 1 版　　　　**印　　次：**2022 年 9 月第 1 次印刷
书　　号：ISBN 978-7-5722-4052-2　　**定　　价：**109.90 元

如发现印装质量问题，影响阅读，请致电 010-56676359 联系调换。